Der große

Vogelführer

in Farbe

Der große

Vogelführer

in Farbe

von Neil Ardley

Deutsch von Bettina Runge

Delphin Verlag

Seite 5
Der Waldbaumläufer klettert Baumstämme hinauf, um die Rinde nach versteckten Insekten abzusuchen.

Seite 6
Ein Star vor einer Wiese mit Glockenblumen.

Seite 8/9
Seeschwalbe im Gleitflug.

Umschlaggestaltung:
Christa Manner, München
Satz: R. & J. Blank, München
Printed and bound
by Vallardi Industrie Grafiche,
Milano, Italy.
ISBN 3.7735.2451.X.

Inhalt

Vorwort

Das seit etwa dreißig Jahren ständig wachsende Interesse an der Naturgeschichte ist bemerkenswert. Naturschützer und Biologen, Amateure und Forscher haben uns mit so vielen Erkenntnissen und Fragen konfrontiert, daß wir die Bedeutung der Mannigfaltigkeit des Tierreiches und die Eingriffe, die es bedrohen, nicht mehr ignorieren können.
Vor allem die Vögel sind sehr beliebt, denn viele Arten lassen sich leicht beobachten. Selbst Stadtbewohner können das Verhalten von Spatzen, Staren und Tauben studieren, und vielleicht denkt dabei der eine oder andere auch einmal darüber nach, wie erfolgreich sich manche Vögel dem Stadtleben angepaßt haben.
Neil Ardley hat sich sehr gründlich mit der Vogelwelt beschäftigt und behandelt dieses Thema sehr umfassend und informativ. Der erste Teil ist dem Vogel im allgemeinen gewidmet – seinem Körperbau und Verhalten. Der zweite Teil befaßt sich mit der Vogelstudie, dem optimalen Zeitpunkt und Ort der Vogelbeobachtung. Das führt konsequent zum dritten Teil, zur Bestimmung der Vogelarten. Damit trägt dieses Buch mit dazu bei, aus dem Vogelfreund einen Vogelforscher zu machen.

Peter Olney
B.Sc., Dip. Ed., F.L.S.
Mitglied des Kuratoriums für Vögel, Zoologische Gesellschaft, London
Herausgeber des *International Zoo Yearbook.*

Ein Säbelschnäbler mit seinen Eiern, die er in ein einfaches Nest am Erdboden legt. Der Säbelschnäbler gehört zu den vielen gefährdeten Vogelarten, die durch wirksamen Vogelschutz gerettet werden konnten.

Erster Teil

Die Welt der Vögel

Ein Fischreiher in seinem Baumnest. Obwohl er zu den größten europäischen Vogelarten gehört, nistet der Fischreiher meistens auf Bäumen.

Der Vogelkörper

Kaum eine andere Gruppe im Reich der Tiere ist so beliebt wie die Klasse der Vögel. Das liegt zum großen Teil daran, daß der Lebensbereich der Vögel auch der des Menschen ist und deshalb viele Vögel leicht zu beobachten sind. Außerdem sind Vögel zumeist auffällige Tiere; da sie durch ihr Flugvermögen sicheren Abstand zum Menschen halten können, brauchen sie sich nicht vor ihm zu verstecken. Manche Vogelarten sind zwar sehr scheu, doch auch sie bleiben dem geduldigen und erfahrenen Vogelbeobachter nicht verborgen. Nicht zuletzt faszinieren uns die Vögel, weil sie schön sind und fliegen können. Seit jeher zählt das Fliegen zu den größten Träumen der Menschheit.

Selbst wer sich nur beiläufig für Vögel interessiert, weiß, daß die Vogelwelt ungeheuer vielfältig und abwechslungsreich ist. Manche Vögel sind häufige Besucher unserer Gärten, andere sind ausschließlich an Meeresküsten oder See- und Flußufern anzutreffen; einige fliegen zumeist in großen Höhen, andere halten sich hauptsächlich am Boden auf; viele ernähren sich vegetarisch, andere sind geschickte Jäger; manche werden nur bei Nacht aktiv, andere gehen bei Einbruch der Dunkelheit zur Ruhe. Obwohl die Lebensweise der Vögel sehr unterschiedlich ist, sind sich alle Vögel in den physischen Merkmalen verblüffend ähnlich.

Die Lebensweise des Vogels ist durch seine Körperform festgelegt. Jedes Merkmal des Vogelkörpers wird von dem angeborenen Drang gesteuert, in einer bestimmten Umgebung zu überleben. Der Vogel paßt sich seinem Lebensraum an und würde wahrscheinlich in einer anderen Umgebung nicht überleben können.

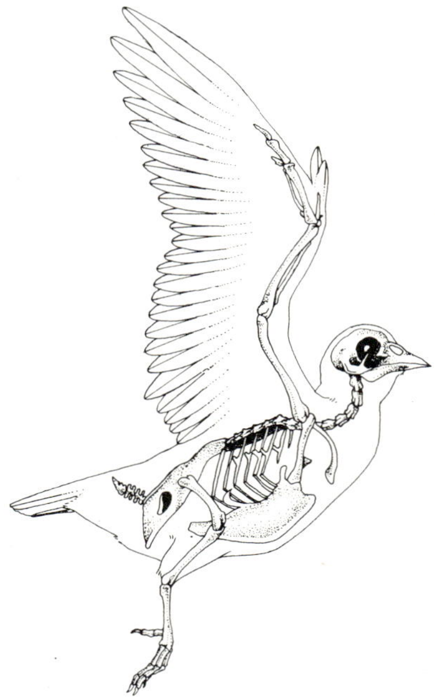

Oben: Das Skelett eines Vogels hat lange Hand- und Armknochen, an denen die Schwungfedern befestigt sind, und ein großes Brustbein zur Verankerung der Flügelmuskeln. Bei dem abgebildeten Vogel handelt es sich um eine Möwe.

Das Skelett – ein Gerüst zum Fliegen

Mag sich der Vogel auch äußerlich von anderen Tieren deutlich unterscheiden, so besteht doch im Skelett eine große Ähnlichkeit zwischen ihm und allen anderen Wirbeltieren einschließlich dem Menschen. In jedem Fall stützt das Rückgrat einen Brustkorb, an dem wiederum die Knochen von vier Gliedmaßen und die Halswirbel mit dem Schädel hängen. Diese Grundähnlichkeit rührt daher, daß diese Tiere aus gemeinsamen Vorfahren hervorgegangen sind, die vor vielen Millionen Jahren die Erde bevölkerten. Die Vögel entwickelten sich aus Reptilien, und möglicherweise sind sie die lebenden Nachfahren der Dinosaurier. Federn – sie sind *das* Merkmal, das die Vögel von allen anderen Tieren unterscheidet – entwickelten sich aus den Schuppen, die den Reptilienkörper bedecken. Obwohl wirklich flugfähige Reptilien ausgestorben sind, haben Vögel und Reptilien noch einige andere Eigenschaften und Merkmale gemeinsam. So sind ihre Skelette und Muskeln ähnlich aufgebaut, und außerdem vermehren sie sich ausschließlich durch Eier. Frisch geschlüpfte Reptilien und Vögel besitzen einen Eizahn, mit dem sie die Eischale beim Schlüpfen aufbrechen.

Der erste bekannte Vogel ähnelte mehr einem Reptil als einem heutigen Vogel. Dieser Urvogel, der vor etwa 150 Millionen Jahren lebte, erhielt den wissenschaftlichen Namen *Archaeopteryx* (»alter Flügel«). Sein vollständiger Abdruck wurde in Bayern gefunden. Im Gegensatz zu den neuzeitlichen Vögeln hatte er noch einen Kiefer mit Zähnen, drei freie Zehen mit Krallen an den vorderen Gliedmaßen und einen langen, aus Wirbeln bestehenden Schwanz. Es handelte sich jedoch zweifellos um einen Vogel – das beweisen seine Federn. Die Meinungen gehen auseinander, wie gut der taubengroße *Archaeopteryx* fliegen konnte. Wir können auch nicht mit Bestimmtheit sagen, ob er ein direkter Vorfahre des heutigen Vogels ist, aber er besaß doch zumindest die gleichen Hauptmerkmale wie dieser.

Leichtigkeit und Festigkeit

Aufgrund ihrer Flugfähigkeit besitzen alle Vögel einen sehr ähnlichen Körperbau, doch das ist nicht das einzige gemeinsame Körpermerkmal. Alle flugfähigen Vögel sind relativ leicht. Einer der größten Flugvögel, der Höckerschwan, wiegt kaum über 14 Kilogramm; die kleinste europäische Vogelart, das Wintergoldhähnchen, ist nur etwa 5 1/2 Gramm schwer. Diese einzigartige Erscheinung unter den Wirbeltieren ist dadurch bedingt, daß die meisten Knochen des Vogelkörpers hohl und von Luftsäcken durchzogen sind. Außerdem verdauen und scheiden Vögel die Nahrung fast umgehend aus; die Eier wachsen sehr schnell und werden in kurzer Zeit gelegt. Und das alles ist so organisiert, um den Körper so leicht wie möglich zu halten. Die Leichtigkeit darf jedoch nicht auf Kosten der Festigkeit gehen, deshalb sind die Hohlräume in den Knochen von einem Spangensystem aus Knochensubstanz durchzogen.

Unten: Zur Landung ansetzende Goldammer. Die Schwanzfedern sind gespreizt, um die Fluggeschwindigkeit zu verringern, die Schwingenfedern sind abwärts gespreizt, um die Luft nach unten zu drücken. An dem leuchtend gelben Kopf erkennt man das Männchen; das Weibchen ist am ganzen Körper hellbraun. Der Farbunterschied trägt dazu bei, daß die Vögel in der Brutzeit zusammenfinden.

Vogelknochen

Der Schädelbau des Vogels ist im wesentlichen ähnlich wie der anderer Wirbeltiere. Die Kieferknochen sind lang und bilden den Schnabel des Vogels. Zähne fehlen, dafür ist jedoch bei manchen Vögeln der Schnabelrand, ähnlich dem Blatt einer Säge, mit Kerben versehen. Solche Schnäbel sind zum Greifen von schlüpfriger Beute und nicht so sehr zum Schneiden ausgebildet. Der Oberkiefer oder Oberschnabel hat zwei Nasenlöcher. Die Ohröffnungen sind an der Schädelseite. Der Schädel geht in einen langen, äußerst beweglichen Hals über, der sich aus bis zu 28 Wirbeln zusammensetzt. Daher kann der Vogel seinen Kopf besonders gut strecken und drehen – ein großer Vorteil bei der Nahrungssuche, beim Erspähen von Feinden und Putzen des Gefieders. Die Halswirbel sind mit dem Rückgrat verbunden, das einen vergleichsweise kleinen Brustkorb hält. Das Brustbein vor den Rippen ist jedoch sehr groß, oft größer als der Brustkorb selbst, denn im Brustbein sind die langen und kräftigen Schwingenmuskeln verankert. Bei Laufvögeln wie dem Strauß ist das Brustbein entsprechend kleiner ausgebildet. Die Schwungfedern sitzen an Hand- und Armknochen. Oberarm,

Links: Die Silbermöwe bewegt sich durch Schlagflug und Gleitflug in der Luft fort. Die äußeren Schwungfedern und die inneren Deckfedern sind deutlich unterscheidbar.

Elle und Speiche sind ähnlich wie beim Menschen, Handwurzel- und Fingerknochen dagegen völlig anders. Die Handwurzelknochen sind lang und schmal, und es gibt nur drei Finger, die beweglich sind und die Schwungfedern beim Flug kontrollieren.
Das Rückgrat endet in den Schwanzwirbeln, an denen die beweglichen Schwanzfedern befestigt sind. Die Knochen der Vogelbeine sind ähnlich wie unsere Beinknochen, haben allerdings andere Proportionen. Oberschenkel und Knie sind unter dem Gefieder verborgen. Der erste sichtbare Abschnitt ist das Schienbein. Das erste sichtbare Gelenk ist das Laufgelenk, nicht das Knie. Dann erst kommt der Fuß mit den vier Zehen. Da Vögel nicht mit den Fingern greifen können, sind die Zehen dehn- und streckbar und mit Krallen ausgerüstet. Die meisten Vögel besitzen kräftige Beinmuskeln; daher können sie gut laufen, hüpfen oder einen Ast umklammern. Die Beine sitzen unter dem Körperzentrum, so daß der Vogel leicht das Gleichgewicht halten kann. Bei vielen Wasservögeln sind die Zehen mit Häuten versehen, da die Füße vorwiegend zum Schwimmen verwendet werden. Um dem Wasser möglichst wenig Widerstand entgegenzusetzen, sind die Beine oft weit nach hinten gestellt. Das ist für die Fortbewegung auf dem Lande sehr hinderlich, und deshalb watscheln viele Wasservögel so schwerfällig.

Flügel und Flugarten

Alle Vögel besitzen Flügel, doch nicht alle können fliegen. Manche flugunfähigen Vögel, zum Beispiel der Pinguin, verwenden ihre Flügel als Paddel zum Unterwasserschwimmen. Daß sie überhaupt Flügel haben, ist darauf zurückzuführen, daß sie sich aus dem Flugvogel entwickelt haben. Alle europäischen Vögel können fliegen. Der einzige flugunfähige Vogel Europas, der große Alk, ist ausgestorben.
Voraussetzungen zum Fliegen sind Auftrieb und Vortrieb. Der Auftrieb hat zwei Grundlagen. Die Flügelfläche wird so gestellt, daß der Luftstrom auf der Flügeloberseite schneller ist als auf der Flügelunterseite. Bei der sich schneller bewegenden Luft entsteht

Unten: Flugbild des Haussperlings. Beim Ende des Aufschlags (1) schließen sich die Schwungfedern, beim Niederschlag (2) werden sie zusammengehalten, wobei die Luft nach unten gedrückt wird. Beim Aufschlag (3) spreizen sich die Federn, um die Luft durch die Schwingen zu lassen. Zum Landen (4) werden die Schwingen- und Schwanzfedern gespreizt.

ein Unterdruck oder Sog, bei der langsamer strömenden Luft ein Überdruck. Beides hebt den Flügel an. Wenn die aus Sog und Druck zusammengesetzte Luftkraft stärker ist als das Gewicht des fliegenden Körpers, so steigt er auf. Auftrieb kommt auch zustande, wenn die Luft heruntergedrückt wird. Das ist beim Propeller eines Hubschraubers und beim Flügelschlag des Vogels der Fall.
Um sich in der Luft vorwärts zu bewegen, müssen Vogel und Flugzeug die Luft zurückdrücken. Beim Flugzeug übernimmt der Motor diese Aufgabe, beim Vogel der Flügelschlag. Der Vogel kann sich aber auch gleitend bewegen. Dabei hält er seine Flügel ausgestreckt, fliegt in einer leichten Abwärtsbewegung und wird durch die Erdanziehungskraft vorwärts gezogen. Die Geschwindigkeit muß dann so groß sein, daß der Vogel ausreichend Auftrieb erhält, um sich in der Luft halten zu können. Um an Höhe zu gewinnen, ohne mit den Flügeln zu schlagen, sucht ein gleitender Vogel Aufwinde. Vögel, die in großen Höhen fliegen, gleiten auf diese Weise – ebenso Meeresvögel, die über den Wellen gleiten.
Manche Vögel führen den Rüttelflug aus. Darunter versteht man den Flug auf der Stelle. Wir unterscheiden zwischen dem Rütteln in unbewegter Luft, wobei der Auftrieb allein durch die Propellertätigkeit der Flügel entsteht, und dem Rütteln bei Gegenwind, wobei der Gegenwind praktisch so stark ist wie die Eigenbewegung des Vogels. Letzteres kann man beim Turmfalken beobachten, der, gegen den Wind gestellt, langsam mit den Flügeln schlägt.
Vögel benutzen Flügel- und Schwanzfedern als Antriebs- und Steuerorgane. Beim Flügel unterscheiden wir zwei Federarten,

Man unterscheidet verschiedene Flugarten, die der Lebensweise des jeweiligen Vogels angepaßt sind; die Flügelformen wiederum sind der Flugart angepaßt. Daher sagt die Form der Flügel viel über die Lebensweise des Vogels aus.

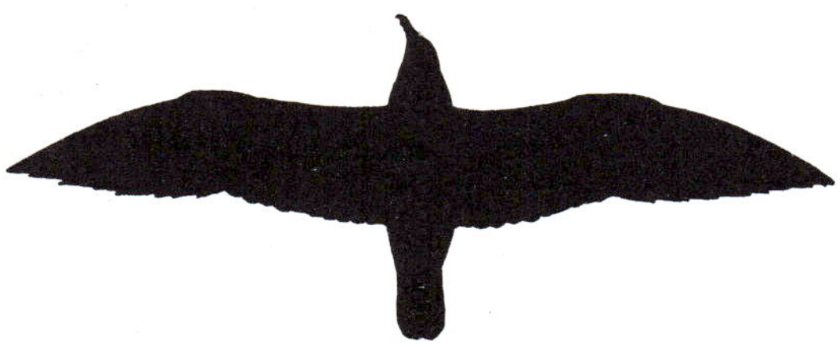

Sturmvögel *besitzen lange, schmale Flügel, mit denen sie, dicht über dem Meer segelnd, vom Wind getragen werden.*

Segler *sind die schnellsten und geschicktesten Flieger und verbringen den größten Teil ihres Lebens in der Luft. Ihre langen, sichelförmigen Flügel ermöglichen ihnen wahre Flugkünste.*

Wildvögel *wie Fasane leben vorwiegend am Boden und fliegen nur, um bei Gefahr zu flüchten. Mit ihren kurzen abgerundeten Flügeln können sie zwar schnell auffliegen, das Tempo jedoch nicht lange halten.*

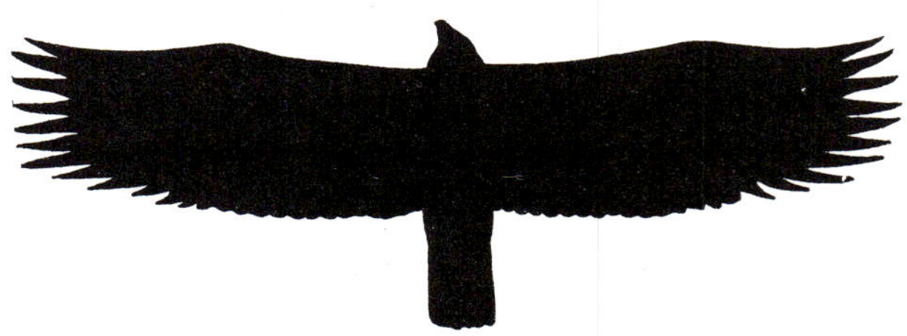

Adler *schweben hoch in den Lüften und suchen den Boden nach Beute ab. Ihre weiten Flügel sorgen für Auftrieb, und die weit gespreizten Schwungfedern steuern den Flug fast ohne Flügelschlag.*

Ein Löffler bei der Landung. Er stellt die Flügelbewegungen ein, spreizt zur Reduzierung der Fluggeschwindigkeit Flügel- und Schwanzfedern und die Beine nach unten.

Schwung- und Deckfedern. Die Schwungfedern bilden den äußeren Rand des Flügels und sind je nach Vogelart verschieden spreizbar. Sie dienen zum Vortrieb und Steuern des Fluges. Um die Luft optimal zurückzuschieben, schließen sich die Schwungfedern beim Abschlag des Flügels. Beim Aufschlag dagegen werden die Federn gespreizt, um die Luft durchzulassen, da sonst der Schubeffekt des Abschlags aufgehoben würde. Die Deckfedern am inneren Flügelteil sorgen für die Aufwärtsbewegung. Eine kleine Federgruppe über dem Vorderrand des Handfittichs bildet den Nebenfittich (Alula), der den Flug bei geringer Geschwindigkeit reguliert. Beim Wenden im Flug neigt der Vogel Flügel und Körper und benutzt den Schwanz als Ruder.

Start und Landung stellen eine besondere Schwierigkeit dar. Kleine Singvögel können ganz einfach in die Luft hüpfen. Manche Wasservögel, so zum Beispiel die Schwäne, müssen auf dem Wasser laufen, um den notwendigen Schwung zu bekommen. Meeralken lassen sich von einem hohen Felsen herabfallen. Segler können nicht gut vom Boden starten, da ihre Beine sehr schwach sind. Sie vermeiden es daher auch, am Boden zu landen und halten sich lieber an senkrechten Wänden fest.

Zum Landen spreizen die Vögel Flügel- und Schwanzfedern, um die Fluggeschwindigkeit zu verringern, und strecken die Beine vor, um sich an einen Ast zu klammern oder auf dem Boden aufzusetzen. Für viele Wasservögel ist die Landung ebenso problematisch wie der Start, und so lassen sie sich oft ziemlich abrupt ins Wasser platschen.

Sinn und Zweck des Gefieders

Ein Merkmal unterscheidet den Vogel von allen anderen Lebewesen – sein Gefieder. Andere Tiere legen vielleicht Eier oder können fliegen, ein Federkleid aber trägt sonst kein Tier. Die Feder hat sich aus den Schuppen der Reptilien entwickelt. Vögel besitzen an ihren Läufen noch heute Schuppen, und der Vogelschnabel besteht aus demselben Material wie Federn und Schuppen, nämlich aus Keratin. Das ist derselbe Stoff, aus dem auch die menschlichen Haare und Fingernägel aufgebaut sind. Federn können, wie unsere Nägel, rauh oder glatt sein und kommen, wie unser Haar, in vielen Farben vor. Ein Vogel ist dicht mit Federn bedeckt. Ein kleinerer Vogel, zum Beispiel ein Sperling, hat 2000 Federn, ein Schwan dagegen bis zu 25000. Wir unterscheiden zwei Hauptfedertypen: Konturfedern und Dunen. Die Konturfedern bedecken den Körper des ausgewachsenen Vogels und bestimmen, wie der Name andeutet, seine äußere Gestalt. Flügel- und Schwanzfedern gehören dazu. Eine Konturfeder muß fest und gleichzeitig sehr leicht sein. Sie besteht aus einem hohlen Zentralschaft, der an der Basis Federspule genannt wird und von dem aus beidseitig Federfahnen mit Federästen ausgehen. Die Ästchen bestehen aus Federstrahlen mit winzigen rückwärts zeigenden Häkchen, welche für die Festigkeit der Feder sorgen. Konturfedern müssen fest sein, weil sie die äußere Schutzhülle des Vogels bilden. Die Flügel- und Schwanzfedern müssen außerdem elastisch sein, weil sie die Flug- und Steuerorgane des Vogels sind.

Dunen sind die flauschigen Federn, die den Körper von Jungvögeln bedecken. Sie sind ähnlich wie Konturfedern, nur weisen sie keinen Schaft und an den Strahlen keine Häkchen auf. Bei ausgewachsenen Vögeln sitzen die Dunen unter dem Konturgefieder. Sie haben keine Deckfunktion, sondern dienen als Kälteschutz. Vögel sind

Unten links: Das Rotkehlchen und andere Vögel sehen im Winter häufig dick aus. In Wirklichkeit haben sie jedoch dieselbe Figur wie zu anderen Jahreszeiten und plustern sich nur auf, um sich warm zu halten. Durch das Aufplustern nimmt die Luftmenge im Gefieder zu und sorgt für zusätzliche Isolation gegen die Kälte.

Links: Die Vergrößerung einer Entenfeder zeigt deutlich die Federäste und Federstrahlen. Die Federstrahlen sind ineinander verhakt und halten die Federäste zusammen, aus denen sich die Federfahne bildet.

Unten: Reiher besitzen kammartige Zehen, mit denen sie eine puderähnliche Substanz durch ihr Gefieder kämmen, um es von Unreinheiten zu befreien.

Ganz unten: Ein Höckerschwan beim Putzen seines Gefieders. Er fährt mit seinem Schnabel durch die Federn, um Schmutz und Parasiten zu entfernen und beschädigte Federfahnen zu reparieren.

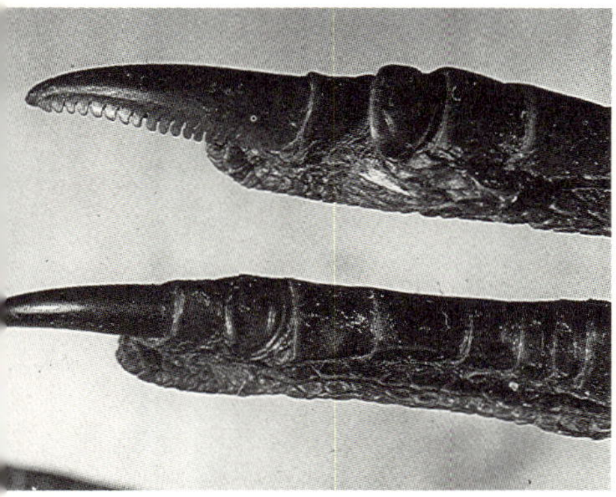

Warmblüter mit einer Körpertemperatur von 41 °C; deshalb brauchen sie im Winter eine wirksame Isolierschicht. Wasservögel besitzen ein besonders dichtes Federkleid und halten sich selbst bei extremer Kälte im Wasser auf. Andere Vögel plustern ihr Gefieder auf, wenn es besonders kalt ist, und vergrößern dadurch die Isolierschicht. Ist es dem Vogel im Sommer zu warm, dann stellt er die Federn auf, um kühlende Luft bis zur Haut vordringen zu lassen.

Färbung

Das Vogelgefieder zeichnet sich durch eine mannigfaltige, oft prächtige Färbung und Zeichnung aus. Alle Vögel einer bestimmten Art haben gewöhnlich dieselbe Färbung, wobei jedoch Unterschiede zwischen jungen und ausgewachsenen Vögeln und oft zwischen Männchen und Weibchen bestehen. Die Farbzeichnungen können sich außerdem von einer Jahreszeit zur anderen verändern. Diese Farben sind auf bestimmte Pigmente im Keratin zurückzuführen. Die wichtigsten Farbstoffe sind rot, braun, gelb, grün und schwarz. Weißes Gefieder enthält überhaupt keine Pigmente. Das ist bei fast völlig weißen Vögeln der Fall. Weißes Gefieder kann jedoch auch durch Mutation entstehen; hier spricht man von Albino-Vögeln.

Farbwirkungen werden auch durch die Oberflächenstruktur der Federn beeinflußt. Feine Rillen in der Hornstruktur bewirken, daß sich die reflektierenden Lichtstrahlen überkreuzen [Interferenz] und eine glänzende oder schimmernde Farbwirkung hervorrufen.

Das oft prächtige Gefieder des Vogels ist jedoch nicht nur Schmuck, sondern erfüllt zwei äußerst wichtige Aufgaben. Farbe und Musterung des Gefieders dienen oft der Tarnung (Camouflage). Außerdem hilft das Farbmuster bei der Identifizierung der eigenen Art. Auf diese Weise finden Vögel derselben Art während der Brutzeit zusammen und Vogelscharen haben dadurch einen besseren Zusammenhalt, wenn auch im letzteren Fall der Vogelruf eine wichtigere Rolle spielt.

Gefiederpflege

Das Gefieder ist für den Vogel lebenswichtig und bedarf der ständigen Pflege. Die Vögel fahren mit ihrem Schnabel durch die Federn, entfernen Schmutz, Parasiten und andere Fremdkörper und reparieren schadhafte Federfahnen. Durch die außergewöhnliche Beweglichkeit ihres Halses erreichen sie mit dem Schnabel Flügel- und Schwanzfedern, Rücken und Brust, aber nicht den Kopf. Hierzu nehmen sie die Zehen eines Beines zu Hilfe, während sie auf dem anderen balancieren. Reiher und einige andere Wasservögel besitzen besonders geformte kammähnliche Krallen, die ihnen bei der Gefiederpflege sehr nützlich sind. Reiher produzieren außerdem eine Art Körperpuder, den bestimmte Dunen liefern. Diesen Puder bürsten sie gleichmäßig durch ihr Gefieder, um schlammige Unreinheiten zu entfernen.

Viele Vögel kann man auch häufig beim Baden beobachten. Das Staubbaden dient wahrscheinlich der Bekämpfung von Parasiten;

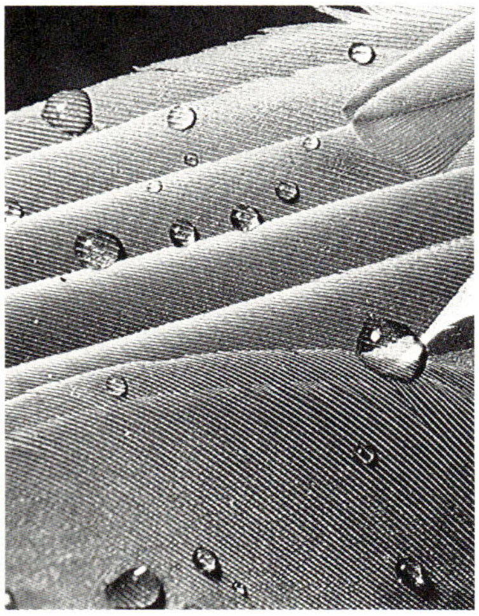

Oben: Die Wassertropfen auf dem Entengefieder zeigen in der Vergrößerung, wie wasserfest das Gefieder ist.

Oben rechts: Ein Eichelhäher beim Baden. Um besser durchnäßt zu werden, hat er das Gefieder aufgeplustert.

das Wasserbaden dagegen dem Befeuchten und Säubern der Federn. Vögel befeuchten ihr Federkleid, um es beim Putzen geschmeidiger zu machen und es für eine dritte Art von Gefiederpflege vorzubereiten, für das Ölen. Die meisten Vögel ölen ihr Gefieder, indem sie eine fettige Substanz aus der Bürzeldrüse über die Federn verteilen. Das Ölen bewirkt, daß das Gefieder wasserfest und elastisch bleibt. Möglicherweise versorgt das Öl den Vogel auch mit Vitaminen.

Die Mauser

Wenn die Federn auch noch so fest sind, so nutzen sie sich doch ab. Deshalb muß der Vogel mindestens einmal im Jahr sein Gefieder erneuern. Das Ausfallen alter und Wachsen neuer Federn wird Mauser genannt. Die meisten Vögel mausern sich allmählich, damit sie keine kahlen Stellen auf dem Körper bekommen und ihre Flugfähigkeit nicht verlieren. Die Mauser erstreckt sich gewöhnlich über mehrere Wochen im Spätsommer, nach der Brutzeit. Enten, Gänse, Schwäne und Rallen wechseln all ihre Flügel- und Schwanzfedern gleichzeitig und sind daher eine Zeitlang flugunfähig. In diesen Wochen sind sie gefährdet und verstecken sich im Röhricht oder tun sich in großen Gruppen zusammen. Besonders auffällig ist die Mauser bei Stockenten, denn die Männchen verlieren ihr grünes Kopfgefieder und ihr typisches Körpermuster und sind vorübergehend von den mattfarbenen Weibchen kaum zu unterscheiden. Dieser Federwechsel hilft den Enten, sich während der kritischen Phase zu tarnen.

Die Mauser dient nicht nur der Erneuerung des Federkleides, sondern auch dem Farbwechsel. Von ganz besonderer Bedeutung ist die Ruhemauser; gemeint ist die Mauser vor der Brutzeit, wenn sich der Vogel ein farbenprächtiges Brautkleid zulegt. Das kann man bei allen Vögeln beobachten, die im Winter ein farbloses und eintöniges Federkleid tragen. Bei vielen Vogelarten wechseln nur die Männchen das Gefieder. Mit diesem Hochzeitskleid locken sie die Weibchen an.

Der Farbwechsel ist nicht ausschließlich auf das Mausern zurückzuführen. Bei manchen Vogelarten nutzen sich beispielsweise die Federspitzen im Laufe des Jahres ab, so daß andere Farben von außen sichtbar werden.

Die Vogelläufe

Die Läufe von Flugtieren scheinen nicht sehr wichtig zu sein. Das trifft sicherlich bei Seglern zu, die den größten Teil ihres Lebens fliegend verbringen und nicht nur im Fluge ihre Nahrung erbeuten, sondern sogar im Flug schlafen. Zum Brüten krallen sie sich an senkrechten Wänden und Vorsprüngen fest und landen, wenn irgend möglich, nicht auf dem Erdboden. Muß ein Segler dennoch einmal am Boden landen, so ist er hilflos, da seine kurzen Läufe nicht kräftig genug sind, um ihn durch einen energischen Sprung wieder in die Luft zu befördern.
Die Segler stellen jedoch eine Ausnahme dar. Die meisten Vögel verbringen einen Großteil der Zeit in Bäumen, auf dem Boden oder im Wasser; ihre Füße sind dem jeweiligen Gebrauch und der Umgebung angepaßt. Die große Ordnung der Sperlingsvögel, die viel auf dem Boden umherhüpfen, besitzt Läufe, bei denen drei Zehen nach vorn und eine nach hinten gerichtet sind. Damit können sich die Vögel gut auf dem Erdboden fortbewegen oder an einem Zweig festklammern. Ihre kurzen Beine sorgen dafür, daß sie sich leicht in Laub- und Astwerk bewegen können und im Gras schwer zu entdecken sind. Spechte sind Baumvögel und besitzen völlig andere Läufe. Sie klettern an Stämmen und dicken Ästen empor und müssen sich deshalb sehr fest an der Rinde halten. Zwei ihrer Zehen sind nach vorn und zwei nach hinten gerichtet, so daß sie optimalen Halt haben; gleichzeitig stützen sie sich mit ihrem Schwanz ab.
Wasservögel haben besonders eindrucksvolle Füße. Sie benutzen sie vorwiegend als Paddel zum Schwimmen und Tauchen. Bei Tauchern, Baßtölpeln, Kormoranen, Enten, Gänsen, Schwänen, Möwen, Seeschwalben und Alken sind die Füße mit Schwimmhäuten versehen. Manche Wasservögel bedienen sich beim Schwimmen unter Wasser auch ihrer Flügel. Ganz besondere Schwimmfüße haben die Lappentaucher und Bläßhühner. Statt mit Schwimmhäuten, sind ihre Zehen mit Lappen versehen, die sich beim Rückwärtsziehen der Füße öffnen und beim Vorwärtsziehen schließen. Die meisten Wasservögel bewegen sich am Erdboden nur sehr ungeschickt vorwärts, obgleich sie oft am Land Nahrung suchen oder brüten.
Manche Vögel leben zur Hälfte im Wasser und zur Hälfte auf dem trockenen Land. Wasseramseln zum Beispiel sind Sperlingsvögel, die dem Leben in fließenden Gewässern angepaßt sind. Ihre Füße erlauben es ihnen, durch flaches Wasser oder auch unter Wasser zu laufen. Beim Tauchen bedienen sie sich ihrer Flügel. Wat- und Stelzvögel leben am Wasser und in Sümpfen. Sie waten auf langstelzigen Beinen in seichtem Wasser oder laufen mit weit gespreizten Zehen, die ein Einsinken verhindern, über Schlammboden.
Füße können auch direkt der Nahrungssuche dienen. Greifvögel töten ihre Beute mit ihren scharfen, mächtigen Krallen und zerrei-

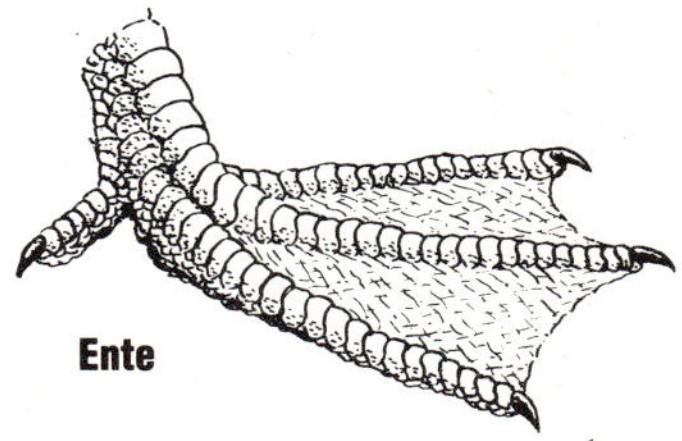
Ente

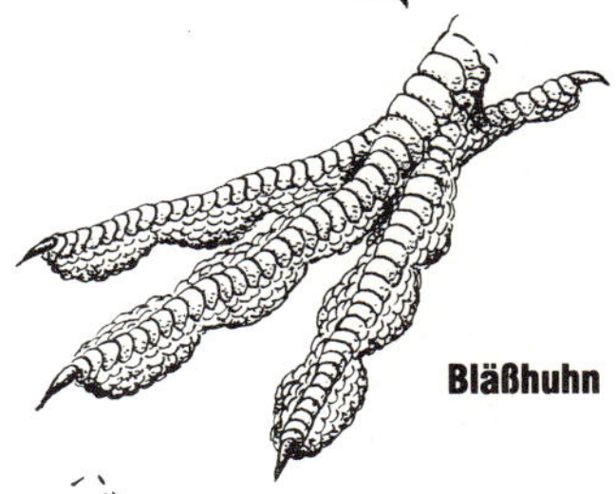
Bläßhuhn

Kohlmeise

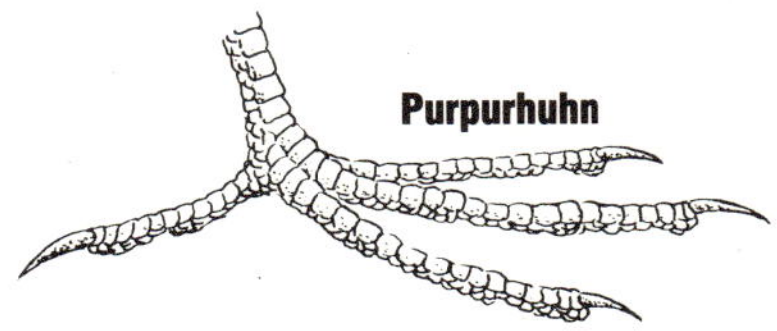
Purpurhuhn

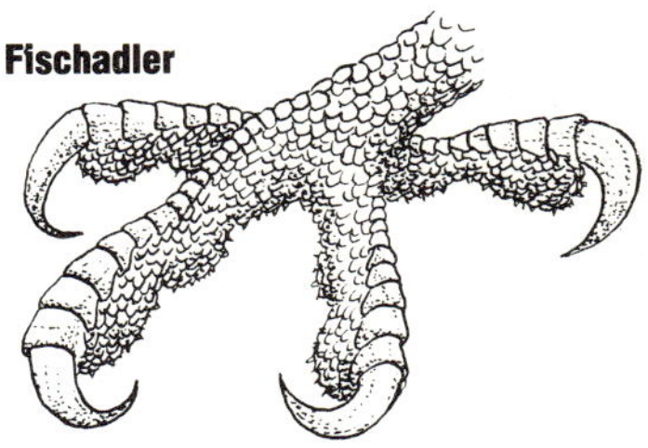
Fischadler

Segler

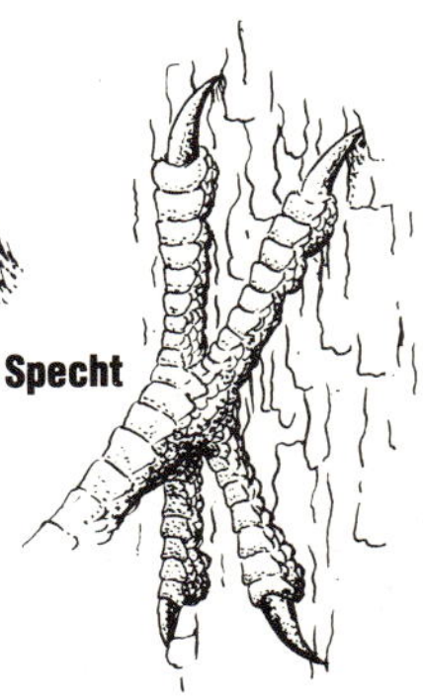
Specht

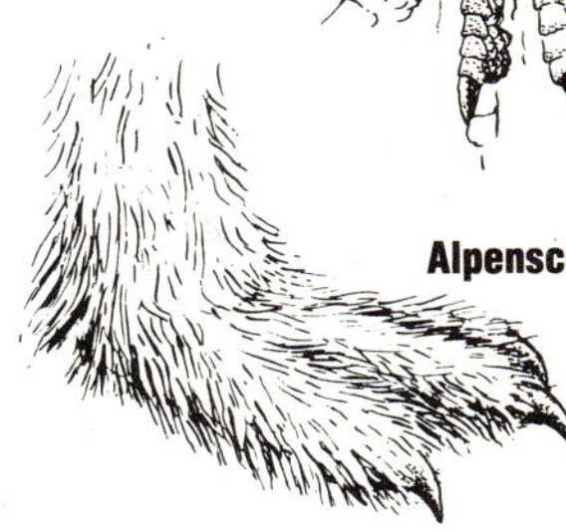
Alpenschneehuhn

ßen sie dann erst mit dem Schnabel. Die Zehen des Fischadlers sind besonders zum Fischfang ausgebildet. Er taucht mit den Läufen voran ins Wasser und packt seine Beute mit zwei Zehen von vorn und zwei Zehen von hinten. Die vier Zehen sind gleich lang und an der Unterseite mit dornenartigen Schuppen versehen.

Schnabelformen und Ernährung

Der Vogelschnabel ist gleichzeitig Hand- und Mundwerkzeug. Gefiederpflege und Sammeln von Nestmaterial sind ohne Schnabel undenkbar. Vor allem dient jedoch der Schnabel der Nahrungssuche, deshalb ist er entsprechend der Ernährungsart des Vogels geformt. Da er sich durch seinen mannigfaltigen Gebrauch ständig abnutzt, wächst er dauernd und gleichmäßig nach und bewahrt seine Form.
Vögel derselben Art besitzen einen ganz bestimmten Schnabeltyp, anhand dessen man sie identifizieren kann. Greifvögel, von den großen Adlern bis zu den kleineren Falkenarten, und Eulen haben hakenförmig gebogene Schnäbel, mit denen sie ganze Stücke aus ihrer Beute reißen. Finken, Ammern und Sperlinge besitzen kräftige Schnäbel, mit denen sie Samenhüllen aufbrechen können. Fischfressende Vögel wie See- und Lappentaucher, Reiher und Eisvögel haben speerförmige Schnäbel zum Fang ihrer Beute. Wat- und Stelzvögel können mit ihren meist sehr langen Schnäbeln im tiefen Schlamm nach Nahrung suchen. Die breiten und flachen Schnäbel der Enten, Gänse und Schwäne dienen zum Abbeißen von Pflanzen. Grasmücken sind mit einem dünnen, stachelartigen Schnabel ausgerüstet, der für den Fang von Kleininsekten und Larven ausgebildet ist, während Vögel, die im Flug nach Insekten schnappen, einen abgeflachten, breiteren Schnabel besitzen.
Bei manchen Vogelgruppen, die sich grundsätzlich ähnlich ernähren, variiert die Schnabelform nur geringfügig, so daß sich jede Art auf eine ganz spezifische Nahrung spezialisiert. So können verschiedene Arten nebeneinander existieren, ohne sich die Nahrung streitig zu machen. In einer Schlammzone leben oft verschiedene Stelzvögel mit unterschiedlich langen Schnäbeln beieinander, von denen jeder seine bevorzugte Nahrung in einer anderen Schlammtiefe sucht. Auch samenfressende Vögel besitzen Schnäbel unterschiedlicher Größe und Stärke. Einige ernähren sich von großen, harten Samen, während andere kleinere, leichter zu öffnende Samen bevorzugen. So kann ein verhältnismäßig kleines Gebiet mehrere Arten von samenfressenden Vögeln beherbergen.
Nur wenige Vögel sind jedoch auf eine einzige Nahrungsart beschränkt. Drosseln ernähren sich von Würmern, Insekten oder Früchten. Wird ihre bevorzugte Nahrung rar, so wenden sich viele Vögel einer anderen Quelle zu. Meisen sind vorwiegend Insektenfresser, greifen jedoch im Winter auch gern auf Samen zurück. Rabenvögel dagegen sind das ganze Jahr hindurch Allesfresser. Sie haben mächtige, kräftige Schnäbel, mit denen sie jegliche Art von Nahrung zerkleinern können. Der Schnabel ist immer der jeweiligen Lebensweise des Vogels angepaßt.

Links: Watvögel wie dieser Stelzenläufer haben lange Beine, mit denen sie durch flaches Wasser waten können. Mit dem langen Schnabel suchen sie im Schlamm nach Nahrung.

Rechts: Mit seinem langen, scharfen Schnabel und mittels geschickter Tauchstöße fängt der Eisvogel Fische. Er verschlingt den Fisch dann mit dem Kopf zuerst, damit die Flossen nicht in seinem Hals steckenbleiben.

Vögel besitzen ein hochentwickeltes Sehvermögen. Dieser Steinadler kann ein Kaninchen aus einer Entfernung von zwei Kilometern erspähen. Wir brauchen ein Fernglas, um so weit sehen zu können. Adler und alle anderen Greifvögel besitzen scharf gekrümmte Schnäbel, die sie zum Reißen ihrer Beute gebrauchen.

Amseln verbringen den größten Teil ihrer Zeit auf dem Boden, um Würmer in der Erde zu suchen. Ihre Läufe ermöglichen ihnen ein flinkes Hüpfen. Nur das Männchen ist schwarz; das Weibchen ist dunkelbraun.

Ein Grünling beim Zerbeißen einer Erdnuß. Wie alle samenfressenden Vögel besitzt auch der Grünling einen äußerst kräftigen Schnabel, mit dem er Nüsse und Samen aufbrechen kann. Mit seinen beweglichen Füßen kann er sich an dünnen Zweigen festklammern und an Samen gelangen, die sonst unerreichbar wären.

Sinnesorgane des Vogels

Die Sinne des Vogels entsprechen in etwa denen des Menschen, wobei einige besser und andere weniger gut entwickelt sind. Aufgrund dieser Ähnlichkeit der Sinneswelten fühlen wir uns den Vögeln oft wesensverwandter als den meisten anderen Tieren.
Unter den Sinnesorganen des Vogels steht das Auge mit Abstand an der Spitze. Vögel brauchen einen scharfen Gesichtssinn zur Nahrungssuche, zur Partnersuche während der Brutzeit, zum Meiden von Gefahren und zum Zusammenhalt beim Vogelzug. Der Augapfel des Vogels ist im Verhältnis zu seinem Körper sehr groß; bei Greifvögeln ist er sogar größer als beim Menschen. So ist es möglich, daß der Adler seine Beute aus einer Entfernung bis zu zwei Kilometern erspähen kann. Nicht alle Vögel sind Jäger, doch alle brauchen einen ausgezeichneten Gesichtssinn, um herannahende Feinde rechtzeitig zu erkennen. Bei den meisten Vögeln sind die Augen hervorstehend und seitlich am Kopf sitzend, so daß das Tier einen optimalen Sehradius hat.
Bei Eulen sind die Augen nach vorn gerichtet, daher ist ihr Blickfeld begrenzt. Da sie Jäger sind und sich nur selten in Gefahr befinden, können sie ruhig ihren Kopf herumdrehen, um hinter sich zu schauen. Die meisten Eulen jagen bei Nacht und ihre Augen sind so lichtstark, daß sie auch bei schwächstem Licht sehen können.
Die fein abgestuften Schmuckfarben der Vögel deuten auf einen ausgeprägten Farbensinn hin. Die exakte Farbwahrnehmung spielt bei der Identifikation anderer Vögel und eventuell bei der Nahrungssuche eine sehr wichtige Rolle. Wasservögel haben eine zusätzliche Sichthilfe in Form einer transparenten Membran, die sich beim Tauchen unter Wasser über den Augapfel schiebt. Sie dient als Linse, um das Auge richtig einzustellen.
Vögel gebrauchen ihre Stimmen zur Verständigung und daher ist ihr Gehörsinn gut entwickelt. Der Hörbereich des Vogels ähnelt dem unseren, die Empfindlichkeit des Vogelohrs kann jedoch, je nach Art, wesentlich stärker ausgeprägt sein. Einige Eulenarten können auch dann noch jagen, wenn bei zu großer Dunkelheit ihr Sehvermögen ausgeschaltet ist. Sie erkennen trotzdem genau Richtung und Entfernung, aus der ein Geräusch kommt.
Die drei anderen Sinne – Geruchssinn, Geschmackssinn und Körperempfindlichkeit – sind für den Vogel weniger von Bedeutung. Vögel können riechen, dieser Sinn ist jedoch nicht hoch entwickelt. Auch der Geschmackssinn hat für den Vogel keine große Bedeutung. Das Geschmacksorgan, die Geschmacksknospen, ist nur gering entwickelt. Es ist eher das Farbsehen, welches den Vögeln hilft, Ungenießbares zu erkennen. Vögel besitzen Zungen, bedienen sich ihrer jedoch nur in seltenen Fällen. Spechte sind eine Ausnahme; sie holen mit ihrer klebrigen Zunge Insekten aus der Rinde.
Der gesamte Vogelkörper, ganz besonders die Haut, ist mit Nerven versehen. So kann der Vogel u.a. Erschütterungen wahrnehmen. Watvögel ertasten mit dem Schnabel Nahrung im Schlamm. Andere Vögel, die fliegende Insekten jagen, haben im Umfeld ihres Schnabels hauchdünne Borsten, mit denen sie die von ihrer Beute verursachten Schwingungen wahrnehmen können.

Waldschnepfe

Eule

Drossel

Bei der Waldschnepfe sind die Augen oben am Kopf angebracht, so daß sie alles um sich herum sehen und Gefahr aus jeder Richtung wahrnehmen kann. Bei der Eule sind die Augen nach vorn gerichtet, so daß sich die beiden Blickfelder überschneiden. Dadurch entsteht Tiefenschärfe wie beim Menschen, und die Eule kann ihre Beute leichter lokalisieren. Bei der Drossel sind die Augen seitlich angebracht, so daß sie gleichzeitig nach Nahrung suchen und nach Feinden Ausschau halten kann.

Lebensweise

Vögel führen ein bewegtes und ereignisreiches Leben. Im Verlauf eines einzigen Jahres muß ein ausgewachsener Vogel einen Brutpartner finden, ein Nest bauen, seine Jungen großziehen, sein Gefieder erneuern, eventuell zweimal die Gefiederfarbe wechseln und vielleicht sogar im Herbst in wärmere Gegenden ziehen, um im Frühling zu seinem Nistplatz zurückzukehren. Jeden Tag muß Nahrung gesucht und das Gefieder gepflegt werden. Dennoch sind Vögel Gewohnheitstiere. Innerhalb einer Jahreszeit gleicht ein Tag, mit geringen Abweichungen, dem anderen, und ein Jahr unterscheidet sich kaum vom nächsten. Nur außergewöhnliche klimatische Bedingungen können einen Vogel zwingen, seine Lebensgewohnheiten zu ändern; und oft ist er nicht in der Lage, sich anzupassen, was meist verheerende Folgen hat.

Rechts oben: Rotkehlchen sind nicht gesellig und tun sich nie in Gruppen zusammen. Sie brauchen ein großes Gebiet, um genügend Nahrung zu finden.

Unten: Diese Trottellummen (rechts oben eine Dreizehenmöwe) haben sich auf einem Küstenfelsen zu einer Kolonie zusammengefunden, um gefahrloser brüten zu können. Im Winter gehen sie wieder auseinander und jagen einzeln auf dem Meer.

Gruppen- oder Einzelleben

Eines der augenscheinlichsten Merkmale im Verhalten eines Vogels ist die Frage, ob er in Gesellschaft mit anderen Artgenossen lebt oder ein Dasein als Einzelgänger vorzieht. In einem Garten kann man häufig Meisen beobachten, die sich um eine Nahrungsquelle scharen, wobei jede einzelne geduldig wartet, bis sie an der Reihe ist, um möglichst schnell möglichst viel Futter aufzupicken. Gleichzeitig sieht man vielleicht ein Rotkehlchen oder einen Zaunkönig allein am Boden umherhüpfen und die Erde nach Maden oder Insekten absuchen.
Wichtigstes Motiv für einen Vogel, bei seinen Artgenossen Anschluß zu suchen oder lieber allein zu leben, ist die Nahrungsfrage. Lebt der Vogel von Nahrung, die im Überfluß vorhanden ist, so wird er eher zu einem geselligen Leben neigen. Solche Futterquellen sind Bäume und Sträucher voller Früchte, Felder mit reifem Getreide, Strände oder Schlammzonen wimmelnd von Würmern oder Schalentieren, Gestrüpp strotzend von Maden und Insekten. Hier kann sich jeder einzelne Vogel des Schwarms nach Herzenslust satt essen.
Für viele Vögel ist die Nahrungssuche nicht so problemlos. Das Angebot an Würmern in einem Garten ist begrenzt und reicht vielleicht gerade für ein einziges Rotkehlchen oder eine Amsel. Vögel, die größere Tiere jagen, würden nicht genügend Nahrung finden, wenn mehrere Vögel ihrer Art im selben Revier nach Beute suchten. Greifvögel neigen deshalb dazu, ein Einzelleben zu führen und allein auf Beutefang zu gehen; nur so können sie überleben. Ein weiteres Motiv für das Einzelgängertum der Greifvögel ist die erfolgreichere Jagd im Alleingang. Eine Gruppe von vielen Jägern ist auffällig und wird ein potentielles Opfer viel eher warnen und aufscheuchen als ein einzelner Vogel.

Sicherheit in der Gruppe

Viele Vögel schließen sich zum Schutz auch außerhalb der Brutzeit in Gruppen zusammen. Zwar zieht ein großer Vogelschwarm eher die Aufmerksamkeit auf sich, dafür aber hat der einzelne Vogel innerhalb der Gruppe größere Überlebenschancen: Für einen erbeuteten Vogel können Hunderte unversehrt entkommen. Vögel tun sich gelegentlich auch zusammen, um gemeinsam einer Gefahr entgegenzutreten. So rotten sich kleine Waldvögel zusammen und unternehmen zusammen ausgeklügelte Scheinangriffe gegen eine Eule oder Elster.

Für zahlreiche Vögel jedoch ist die Sicherheit in der Gemeinschaft kein ausreichendes Motiv, um sich mit anderen Artgenossen zusammenzutun. Wenn sie tatsächlich in Gefahr sind, verstecken sie sich. Viele dieser Einzelgänger bedienen sich ihrer speziellen Tarnmechanismen, so daß sie an ihrem üblichen Standort nur schwer zu erkennen sind.

Jahres- und tageszeitliche Veränderungen

Oben: Viele Watvögel – wie diese Rotschenkel, Alpenstrandläufer, Dunlins, Knutten, Sanderlinge und Austernfischer – leben im Winter in dichten Schwärmen am Meeresufer. Die Gruppe bietet ihnen Sicherheit bei der Nahrungssuche. Zur Brutzeit zerstreuen sie sich wieder und ziehen vorwiegend landeinwärts.

Kein Vogel lebt ständig allein. Irgendwann einmal muß er sich mit einem Artgenossen des anderen Geschlechts zusammentun, sich paaren und fortpflanzen. Fast alle ausgewachsenen Vögel brüten jährlich, und so ergeben sich mit dem Wechsel der Jahreszeiten regelmäßige Veränderungen im Sozialleben eines Vogels.

Die Brutzeit kann eine vollständige Umkehrung der Lebensgewohnheiten mit sich bringen. Meeresvögel verbringen den Winter als Einzelgänger oder in kleinen Gruppen auf dem Meer und schließen sich zur Brutzeit zu riesigen Kolonien zusammen, um ihre Jungen großzuziehen. Sie leben im Frühling und Sommer so dicht beieinander, daß sie sich fast berühren. Im Herbst und Winter dagegen verstreuen sie sich und sind kilometerweit voneinander entfernt. Umgekehrt sondern sich Arten, die gewöhnlich in Schwärmen leben, zur Brutzeit paarweise ab und leben in einer Ehegemeinschaft, bis sie ihre Jungen großgezogen haben.

Hauptmotive für die abrupte Änderung der Lebensweise dieser Vögel sind Sicherheit und Verfügbarkeit von Nahrung. Viele Meeresvögel bilden zum Nisten riesige Kolonien. Die meisten Kolonien sind auf Felsklippen oder Inseln, die räuberische Säugetiere nicht erreichen können. Dennoch werden die Eier und Jungvögel stets von einem Elternteil bewacht, während der andere am offenen Meer auf Fischfang geht. Dort findet er, ohne die Konkurrenz der anderen Artgenossen, leichter ausreichend Nahrung. Daher verstreuen sich die Vögel, sobald sie ihre Jungen verlassen können. Die Waldvögel dagegen trennen sich zur Brutzeit, und die Vogelpaare verstecken sich zum Nisten. Sie verstreuen sich, um sicherzugehen, daß sie zum Aufziehen ihrer Jungen genügend Nahrung finden. Die restliche Zeit des Jahres leben sie aus Sicherheitsgründen in Gruppen, denn dann ist Nahrung im Überfluß vorhanden.

Vögel können auch bei Tag ein anderes Sozialverhalten annehmen als bei Nacht. So füttern manche Arten ihre Jungen tagsüber allein und finden sich nachts zum Schlaf in Gruppen zusammen. Stare, die sich bei Einbruch der Dunkelheit scharenweise in unseren Stadtzentren einfinden, suchen tagsüber in Parks, Gärten und der näheren Stadtumgebung ihre Nahrung. Sie ziehen die Gemeinschaft aus Sicherheitsgründen vor.

Zusammenhalt

Der Zusammenhalt eines Schwarms ist nur gewährleistet, solange es eine Kommunikation zwischen den Vögeln gibt. Ohne Kommunikation ist kein Gruppenleben möglich. Die gesamte Vogelgruppe muß daher in einem gegebenen Augenblick ein ähnliches Verhalten an den Tag legen, wenn sie ihren einzelnen Mitgliedern Schutz und Sicherheit bieten will. Man nimmt jedoch an, daß den Vögeln innerhalb der Gesellschaft unterschiedliche Rollen zukommen. Einige warnen die Gruppe vor Gefahren, andere führen den Schwarm beim Flug an. Bei der Ausübung ihrer verschiedenen

Unten rechts: Greifvögel sind nicht gesellig. Sie müssen ihrer Beute auflauern und sind deshalb erfolgreicher, wenn sie allein jagen. Der in Europa am weitesten verbreitete Greifvogel ist der Turmfalke, der hier gerade einen Fasan erlegt hat.

Aufgaben machen die Vögel von ihren Stimmen Gebrauch. Im Gefahrenfall stoßen sie Alarmrufe aus, um die restliche Gruppe zu warnen. Andere Rufe sollen die Vögel veranlassen, dem Rufenden in die Luft zu folgen; Rufe zwischen den Vögeln wiederum halten die Tiere im Flug zusammen.
Solche Rufe, die übrigens vom üblichen Gesang des Vogels völlig abweichen, sind eine Grundvoraussetzung dafür, daß Vogelschwärme auch bei Dunkelheit zusammenbleiben. Dies gilt ganz besonders für den Vogelzug. Tagsüber reagieren die Vögel auch auf visuelle Signale. Das Körpermuster hilft dem Vogel, seine Artgenossen zu erkennen. Enten besitzen leuchtende Farbflecken auf ihren Flügeln – diese sind, im Gegensatz zum restlichen Gefieder, bei Männchen und Weibchen gleich und nur bei ausgebreiteten Flügeln deutlich erkennbar. Das gilt auch für die Flügelbinde bei Finken. Sobald der Vogel zum Flug die Flügel ausbreitet, werden diese Farbstreifen klar sichtbar. Durch diesen plötzlichen Farbschock sollen die anderen Vögel des Schwarms, die noch am Boden sind, sofort zum Start veranlaßt werden.
Vögel bedienen sich auch visueller Kommunikation, um innerhalb der Gruppe Eintracht zu gewährleisten. So können Konflikte beim Wettbewerb um Nahrung und Schlafplätze auftreten. Doch obwohl ein Vogel bei solch einem Streit als Sieger, der andere als Verlierer hervorgehen muß, kommt es nur in den seltensten Fällen zu regelrechten Kämpfen. Stattdessen nehmen die Vögel bestimmte Körperhaltungen ein, die Überlegenheit oder Unterwerfung ausdrükken. Der Konflikt wird gelöst, ohne daß den Beteiligten etwas geschieht oder der Zusammenhalt des Schwarms in Gefahr gerät.

Mischgruppen und Pickordnung

Gewöhnlich sind die Vögel eines Schwarms ausschließlich Artgenossen – möglicherweise sogar desselben Geschlechts. Gelegentlich aber, vor allem im Winter, wenn Nahrung knapp ist, sieht man auch Schwärme, die sich aus verschiedenen Arten zusammensetzen. Eine Futterquelle kann Vögel verschiedener Arten anziehen. Das läßt sich bei einem Vogelhäuschen gut beobachten.
Studiert man das Verhalten verschiedener Vögel an einem Vogelhaus, so stellt man fest, daß es unterschiedliche Rangordnungen gibt. Gewöhnlich ist eine Art dominierend; sie bedroht die anderen Vögel und kommt als erste ans Futter. Andere Arten sind als nächste an der Reihe und so fort. Diese Rangordnung wird Pickordnung genannt. Sie variiert zwar von Standort zu Standort, doch meist bedienen sich zuerst Stare an einem Vogelhäuschen, dann Hausspatzen, gefolgt von Kohlmeisen und schließlich Blaumeisen. Auch innerhalb eines Schwarms derselben Art besteht eine Pickordnung.

Tagvögel und Nachtvögel

Will man das Verhalten *aller* Vögel innerhalb eines Gebiets studieren, so muß man es während sämtlicher Tag- und Nachtstunden

tun. Man kann viele Vögel bei Tag beobachten, viele sind jedoch ausschließlich nachts aktiv.
Warum ziehen es manche Vögel vor, tagsüber zu schlafen und erst nach Einbruch der Dunkelheit auf Nahrungssuche zu gehen, während andere unserem üblichen Rhythmus folgen und bei Nacht ruhen?
Die meisten Vögel sind Tagtiere, das heißt, sie sind ausschließlich am Tage aktiv. Sie sind außerstande, bei Nacht Nahrung zu finden und nutzen die schützende Dunkelheit aus, um zu schlafen. Alle Greifvögel sind Diurnen, das heißt Tagraubvögel, wenn auch der Baumfalke noch in der Dämmerung Fledermäusen, Schwalben und Lerchen nachstellt. Greifvögel jagen lebende Beute und besitzen ein hervorragendes Sehvermögen, so daß sie ihr Opfer selbst aus großer Entfernung erkennen. Auch Vögel, die sich von Fischen ernähren, können unmöglich bei Dunkelheit jagen. Und schließlich brauchen auch samen- und fruchtfressende Vögel Licht zur Nahrungssuche. Nachtvögel, Eulen ausgenommen, sind bei der Nahrungssuche nicht so sehr auf ihren Gesichtssinn angewiesen. Das ist u.a. bei den Watvögeln der Fall, die mit ihren langen Schnäbeln den Schlamm, Sand oder feuchten Boden nach Würmern, Schalen- und Weichtieren absuchen. Abgesehen von der Waldschnepfe ernähren sich Watvögel bei Nacht. Vögel, die fliegende Insekten jagen, tauchen oft in der Abenddämmerung auf und gehen bis tief in die Nacht auf Beutefang, wenn die Insekten am aktivsten sind. Sie nehmen zum Teil die Schwingungen der fliegenden Insekten wahr und können ihre Beute so auch im Dunkeln orten.
Nicht nur zum Nahrungserwerb suchen Vögel den Schutz der Dunkelheit. So nimmt man an, daß Nachtigallen bei Nacht singen, weil ihr Gesang nachts besser übertragen und daher leichter von einem potentiellen Partner gehört wird.
Nachtvögel befinden sich zwar nachts in relativer Sicherheit, dafür sind sie aber tagsüber, wenn sie schlafen, um so mehr gefährdet. Eulen haben kaum Feinde, obwohl sie gelegentlich durch die Warnrufe von Waldvögeln aus dem Schlaf gerissen werden und die Schlafstätte wechseln müssen. Andere Nachtvögel verstecken und tarnen sich tagsüber.

Rechts: Eine Schleiereule fliegt mit einer Ratte im Schnabel zum Nest. Schleiereulen jagen bei Nacht, da sie mit ihrem scharfen Gehör die Beute auch bei totaler Dunkelheit lokalisieren können. Schleiereulen fliegen fast geräuschlos, so daß sie von ihrem Opfer nicht gehört werden.

Links: Der Kernbeißer ist ein Tagvogel. Er braucht das Licht, um Nahrung zu finden. Die leuchtenden Farben seines Gefieders sollen ihn auf andere Kernbeißer aufmerksam machen.

Besonders während der Brutzeit greift ein Vogel gelegentlich andere Lebewesen an. Dieser Höckerschwan vertreibt einen Fotografen, der sich zu nah an sein Nest herangewagt hat.

Angriff und Verteidigung

In dem harten Kampf ums Dasein können nur die stärksten und gesündesten Tiere überleben. Daher muß auch der Vogel jederzeit zum Angriff und zur Verteidigung bereit sein. Er braucht jedoch nicht, wie der Mensch, eine Entscheidung zu fällen, sondern sein Handeln wird von Instinkten geleitet, das heißt angeborenen Verhaltensweisen, die durch Schlüsselreize ausgelöst und von einer Generation zur nächsten weitergegeben werden. Diese Instinkte vervollkommnen sich durch Erfahrung und Übung. Ein flugfähiges Tier besitzt den großen Vorteil, aus der Luft angreifen und fliegend an einen Ort flüchten zu können, an den ihm kein flugunfähiges Tier zu folgen vermag. Seine scharfen Sinne ermöglichen es ihm, gezielt anzugreifen und gleichzeitig auf die Warnrufe anderer Vögel augenblicklich zu reagieren.

Kampf ums Überleben

Vögel greifen andere Tiere, auch andere Vogelarten, meist mit dem Ziel an, sie zu töten und zu fressen. Gelegentlich töten sie auch Artgenossen. In einer Möwenkolonie zum Beispiel kommt es vor, daß Altvögel umherirrende Jungvögel fressen. Doch nicht alle Vögel sind Jäger; viele sind Vegetarier. So fressen Tauben nur gelegentlich kleine Tierchen wie Maden und Raupen. Die meisten Vögel sind in der Lage, andere Tiere zu jagen, wenn sie der Hunger dazu treibt.

Schnee-Eulen leben in der arktischen Tundra und machen vorwiegend Jagd auf Lemminge. Diese Schnee-Eule trägt einen Lemming im Schnabel. Schnee-Eulen müssen am Tage jagen, denn in arktischen Regionen wird es ja im Sommer nie dunkel. Das weiße Gefieder dient als Tarnung im Schnee und sorgt gleichzeitig dafür, daß der Vogel in der Luft fast unsichtbar ist und so seine Beute besser überrumpeln kann.

Greifvögel und Eulen machen gewöhnlich Jagd auf größere Tiere. Andere Vogelarten erbeuten Insekten, Raupen, Würmer, Käfer oder Schalentiere, während wieder andere sich bestens auf den Fischfang verstehen. Bei ihrer Beutejagd bedienen sich die verschiedenen Vögel der unterschiedlichsten Techniken.

Luftjäger

Die gefährlichsten Jagdvögel greifen direkt aus der Luft an. Auf diese Weise können sie ihr Opfer überrumpeln und lassen ihm nur geringe Fluchtchancen. Große Greifvögel ziehen am Himmel weite Kreise und suchen den Erdboden mit ihren scharfen Augen ab. Haben sie ein Reptil, einen Lurch oder ein kleines Säugetier erspäht, so schießen sie pfeilartig herab und versetzen dem Opfer einen tödlichen Hieb mit ihren nadelscharfen Klauen und ihrem gefährlich gekrümmten Schnabel.
Weihen jagen dicht über dem Boden und bewegen sich in ruhigem Gleitflug über Sumpf- und Moorland. Wanderfalken und Merline bringen regelrechte Angriffskunststücke zuwege. Beide machen Jagd auf kleinere Vögel, wobei sich der Wanderfalke blitzschnell und fast senkrecht auf seine Beute stürzt, während der Merlin dicht über dem Boden jagt und dabei ständig Schleifen und Kreise zieht. Der Wanderfalke schießt mit einer Geschwindigkeit bis zu 130 Stundenkilometern auf sein Opfer zu – so schnell, daß er sich nicht auffangen könnte und tödliche Verletzungen davontrüge, würde er sein Ziel verfehlen. Der Wanderfalke tötet sein Opfer durch einen Hieb mit seinen Klauen und läßt es dann zu Boden fallen, wo er es in Ruhe verzehren kann.

Auch Geier zählen zu den Greifvögeln, wenn sie sich auch völlig anderer Jagdtechniken bedienen. Sie fangen nur selten lebende Tiere und ziehen verendende Tiere oder Aas vor, das sie mit ihren scharfen Augen aufspüren, wenn sie am Himmel ihre Kreise ziehen.
Die Eulen werden nicht zu den Greifvögeln gezählt, sondern bilden eine Ordnung für sich, obgleich sie auf ähnliche Tiere Beute machen. Eulen führen jedoch eine überwiegend nächtliche Lebensweise und haben andere Jagdtechniken. Eulen haben einen sehr stark entwickelten Gesichtssinn und können ihre Beute selbst bei fast völliger Dunkelheit mit sicherem Griff packen. Dabei verlassen sie sich vor allem auf ihr Hörvermögen und lauschen auf die Geräusche ihrer Beute. Um ihre Opfer nicht aufzuschrecken, fliegen Eulen fast lautlos.
Fliegende Insekten sind die bevorzugten Beutetiere von Luftjägern wie Seglern, Schwalben, Fliegenschnäppern und Ziegenmelkern. All diese Vogelarten müssen ausgezeichnete Flieger sein, schnell und beweglich zugleich. Zum Fangen ihrer Beute reißen sie den Schnabel weit auf. Die Segler sind die schnellsten aller Vögel. Der Stachelschwanzsegler erreicht eine Rekordgeschwindigkeit von 170 Kilometern pro Stunde.
Es gibt auch Vogelarten, die sich, zumindest teilweise, vom Fang anderer Vögel ernähren. Das ist beispielsweise bei Raubmöwen der Fall, die andere Meeresvögel so lange jagen, bis diese ihre Beute fallen lassen. Die Raubmöwe erhascht die Beute noch im Flug und verzehrt sie auch fliegend. Mißglückt ihr das Manöver, so zwingt sie auch gelegentlich den verfolgten Vogel zu Boden und beraubt ihn erst dort.

Greifvögel werden von kleineren Vogelarten sehr gefürchtet. Dieser Sperber hat eine Kohlmeise erbeutet.

Bodenjäger

Viele Vögel jagen am Boden oder in Bäumen nach kleinen Tieren, nach Insekten, Maden und Würmern. Der Waldbaumläufer ist einer unter vielen Baumbewohnern unserer Wälder und Stadtparks. Er klettert Baumstämme und Äste hinauf und hinunter und sucht mit seinem langen gebogenen Schnabel die Rinde nach versteckten Insekten ab. Auch der Wald hat seine räuberischen Vögel, hauptsächlich Mitglieder der Rabenfamilie. So stehlen Elstern gern Jungvögel und Eier aus den Nestern.
Der Erdboden ist für viele Vögel eine reiche Nahrungsquelle. In unseren Gärten können wir Zaunkönige und Heckenbraunellen beobachten, die den Boden nach Insekten absuchen. Drosseln lassen sich auf dem Rasen nieder, bewegen den Kopf zur Seite und halten angestrengt nach Würmern Ausschau. Auch die Meeresküste bietet vielen Vögeln reichlich Nahrung. Hier sind die verschiedensten Watvögel anzutreffen, die mit ihren langen Schnäbeln nach Würmern und Schalentieren stochern. Besonders verwegene Bodenjäger sind die Steinwälzer. Sie tragen diesen Namen, weil sie Steine und was sonst am Boden herumliegt umwälzen, um darunter nach Insekten, Würmern oder Muscheln zu suchen. Austernfischer ernähren sich von Weichtieren, Würmern und Muscheln. Äußerst

geschickt öffnen sie die fest verschlossenen Muschelschalen mit dem meißelförmigen Schnabel.

Wasserjäger

Wasservögel haben beim Fang von Fischen und anderen Unterwassertieren ein schwieriges Problem zu bewältigen: Da sie leicht sind und vom Wasser getragen werden, können sie nur unter größerem Kraftaufwand tauchen. Dennoch ernähren sich viele Vögel von Tieren, die in Flüssen, Seen und im Meer leben. Dabei brauchen nicht alle schwimmen oder tauchen zu können. Langbeinige Vögel wie Reiher waten in seichtem Wasser und erfassen ihre Beute durch ein plötzliches Vorschnellen ihres langen, scharfen Schnabels. Die Mehrzahl der Vögel jedoch ernährt sich schwimmend im Wasser. Zum Teil stecken sie einfach den Kopf unter Wasser, um nach Nahrung zu suchen, so wie wir es von Möwen und Stockenten kennen. Andere Arten ernähren sich unter Wasser und holen aus der Luft die Kraft zum Tauchen. Baßtölpel schießen kopfüber ins Wasser und tauchen Sekunden später mit ihrer Beute auf. Seeschwalben tauchen aus der Luft nach Fischen, indem sie jählings ins Wasser stürzen. Eisvögel jagen an Flüssen und Seen und erbeuten mit ihrem langen, scharfen Schnabel kleine Fische im Tauchstoß. Fischadler dagegen fangen die Beute mit ihren spitzen Krallen, indem sie, mit den Füßen voran, ins Wasser tauchen.
Andere Vögel können lange unter Wasser tauchen und ihr Opfer regelrecht jagen. Lappentaucher, Seetaucher und Kormorane tauchen von der Wasseroberfläche aus, denn sie bedürfen der Beschleunigung aus der Luft nicht. Solche Vögel haben ein höheres spezifisches Gewicht und bleiben deshalb leichter unter Wasser.

Der Fischreiher ernährt sich von Fischen und anderen Wassertieren. Er steht oder watet in seichten Gewässern und stößt mit seinem langen, scharfen Schnabel ins Wasser.

Auch Alken sind gute Taucher; sie verwenden ihre Flügel als Ruder und ihre Füße zum Steuern. Zu den ausgefallensten Tauchvögeln zählt die Wasseramsel, die an Gebirgsbächen lebt und sich von kleinen Wassertieren ernährt. Dabei breitet sie ihre Flügel aus und läßt sich durch die Strömung unter Wasser drücken. Auf diese Weise kann sie am Boden des Baches entlanglaufen.

Verteidigung

Die meisten Vögel haben verschiedene Feinde und müssen sich wirksam verteidigen. Dazu versucht jeder Vogel, Gefahren möglichst aus dem Weg zu gehen. Er versteckt sich beispielsweise an entlegenen Plätzen, auf Bäumen, im Gebüsch oder im Schilf. Alken nisten in riesigen Kolonien auf hohen Küstenfelsen, wo sie von keinem Landtier bedroht werden können. Saatkrähen bauen ihre Nester in Baumwipfeln, denn Jungvögel sind besonders gefährdet. Ein ausgewachsener Vogel kann sich gewöhnlich retten, indem er davonfliegt.
Vögel müssen sich jedoch auch aktiv zu verteidigen wissen, um sich und ihre Jungen zu schützen. Angriff ist eine Art der Verteidigung, und nistende Vögel sind bisweilen gezwungen, einen Eindringling anzugreifen, um ihn vom Nest zu vertreiben. Ein Vogelbeobachter, der sich zu nah an ein Raubmöwennest heranwagt, kann von den Elternvögeln in Sturzflügen heftig angegriffen werden. Auch brütenden Schwänen sollte man sich nur mit Vorsicht nähern – sie können den Menschen mit einem Flügelschlag ernstlich verletzen. Eissturmvögel spritzen eine übelriechende Flüssigkeit aus, wenn ihre Jungen bedroht werden. Kleinere Vögel müssen sich zusammenrotten, um einen Feind zu vertreiben. Durch den Alarmruf eines Mitglieds ihres Schwarms angetrieben, unternehmen sie mit lebhaftem Geschrei Scheinangriffe oder tatsächliche Angriffe gegen eine Eule oder Katze. Manche Watvögel locken einen herumlungernden Feind, einen Fuchs oder Hund, von ihrem Nest fort, indem sie sich vom Nest entfernen und dabei so auffällig benehmen, als seien sie verletzt. Der Eindringling folgt dem scheinbar kranken Vogel, und sobald das Nest außer Gefahr ist, fliegt der Vogel auf und davon.

Tarnung

Viele Vögel bedienen sich einer äußerst wirksamen Verteidigungsmethode, die keinerlei Eigeninitiative voraussetzt. Sie verbergen sich zwischen Blattwerk, Gräsern und anderer Vegetation und verlassen sich ganz allein auf die Tarnfarben ihres Gefieders. Zu den Meistern der Tarnung zählen Ziegenmelker und Rohrdommel. Die Rohrdommel paßt sich schon durch ihre Färbung und Musterung ihrem Lebensraum, dem Schilf und Röhricht an. Bei akuter Gefahr erstarrt sie mit emporgestrecktem Schnabel in der »Pfahlstellung«.

Oben: Vor allem am Boden lebende oder brütende Vögel müssen sich aus Sicherheitsgründen tarnen. Diese Waldschnepfe sitzt auf ihrem Nest und ist kaum von ihrer Umgebung zu unterscheiden.

Mitte: Im Sommer trägt das Alpenschneehuhn ein braunes Federkleid, das der Umgebung farblich angepaßt ist.

Unten: Im Winter ist das Alpenschneehuhn völlig weiß, so daß man es im Schnee kaum erkennen kann.

Bewegt der Wind das Schilf, so wiegt sich die Rohrdommel im selben Rhythmus hin und her.

Das in Nordeuropa, im nördlichen Schottland und in den Alpen lebende Alpenschneehuhn verbringt den Winter in schneebedeckter Landschaft, den Sommer auf nacktem Felsgestein oder in niedriger Vegetation, die im Herbst abstirbt. Schneeflecken bedecken im Frühjahr und zu Winterbeginn den Boden. Um sich diesen außerordentlichen Veränderungen seiner Umgebung anzupassen, verändert das Alpenschneehuhn mehrmals die Schutzkleidung. Im Winter ist es schneeweiß, sein Sommerkleid ist, bis auf Flügel und Bauchseite, bräunlich wie das Erdreich; im Herbst wechselt die Gefiederfarbe ins Grau und wird dann im Frühjahr und Spätherbst fleckig. Dadurch ist der Vogel jederzeit gut getarnt und wird von seinen Verfolgern nicht so leicht aufgespürt.

Sobald sich die Rohrdommel bedroht fühlt, erstarrt sie mit nach oben gerichtetem Schnabel. Ihr Gefieder hat dieselbe Farbe und Musterung wie das Schilf und Röhricht, in dem sie sich verbirgt.

Vorratshaltung und Gebrauch von Werkzeug

Ganz oben: Der Schwarzreiher spreitzt seine Flügel nach unten, um die Wasserspiegelung auszuschalten und die Fische besser erkennen zu können. Reiher lernen sehr schnell, wenn es darum geht, neue Methoden der Nahrungsbeschaffung zu entwickeln.

Oben: Um ihre Jungen zu schützen, bedeckt die Feldlerche ihr Nest mit trockenem Gras. Auf diese Weise sind die Jungen weniger der glühenden Sonne ausgesetzt und können von Feinden nicht so leicht aufgespürt werden.

Der Winter kann für viele Vögel sehr hart sein. Oft kommt es zu Nahrungsknappheit. Eine Reihe von Vogelarten zieht in wärmere Regionen oder an Orte, wo Nahrung im Überfluß vorhanden ist. Von den Arten, die im Winter ihren Standort nicht wechseln, speichern einige im Herbst Nahrung, mit der sie sich über den Winter retten. Der geschickteste Vorratshalter unter den Vögeln ist der Eichelhäher. Er gehört zur Familie der Rabenvögel, die bekanntlich eine Vorliebe für das Sammeln hat. Die Elster zum Beispiel steht in dem Ruf, Ringe und andere glänzende Gegenstände aus Häusern zu stehlen und in ihr Nest zu tragen. Eichelhäher und Tannenhäher sind praktischere Sammler und legen Nahrungsvorräte für den Winter an. Der Eichelhäher speichert Eicheln, der Tannenhäher Nüsse und Tannenzapfen. Die Vögel richten verschiedene Vorratslager ein und graben dann im Winter die Eicheln, Nüsse und Tannenzapfen wieder aus. Selbst wenn der Boden mit Schnee bedeckt ist, finden sie ihre versteckten Vorräte wieder. Wahrscheinlich orientieren sie sich dabei an bestimmten Punkten, zum Beispiel an Bäumen. Mitunter vergessen sie jedoch einige ihrer Verstecke. Die im Boden vergrabenen Samen schlagen dann Wurzeln und wachsen zu Bäumen heran. Auf diese Weise tragen die Vögel zur Verbreitung der Samen und somit zur natürlichen Ausdehnung unserer Wälder bei.

Es gibt sogar Vögel, die sich beim Nahrungserwerb eines Werkzeugs bedienen. Eine Finkenart auf den Galapagosinseln benutzt kleine Stöckchen, um die Baumrinde nach Maden abzusuchen. In der ostafrikanischen Steppe hat man Schmutzgeier beobachtet, die Straußeneier mit Hilfe von Steinen öffnen. Straußeneier haben besonders dicke und harte Schalen und sind mit Schnabelhieben nur schwer zu zerbrechen. Der Schmutzgeier sucht deshalb Steine und läßt sie auf die Eier fallen. Singdrosseln lesen Gehäuseschnecken auf und schlagen sie auf einen Stein, um die Schale zu zertrümmern. Möwen lassen Muscheln und andere Schalentiere auf Felsgestein fallen, um sie aufzubrechen. Der Bartgeier bricht auf ähnliche Weise Knochen auf, um an das Mark zu gelangen.

Instinkt oder Intelligenz?

Das Verstecken und Lagern von Nahrung und der Gebrauch von Werkzeug setzen keine Einsicht voraus, sondern gehören wie der Nestbau und das Brutverhalten zu den angeborenen Instinkthandlungen. Der Vogel denkt nicht nach wie er am besten an seine Nahrung gelangt, sondern handelt instinktiv, getrieben von Impulsen, die er von seinen Vorfahren geerbt hat. Diese Instinkte setzen jedoch häufig Übung voraus, damit die dementsprechende Handlung perfekt abläuft. Junge Schmutzgeier mögen spontan Steine auflesen, wenn sie ein Straußenei sehen, doch sie müssen sie sicherlich mehrmals fallen lassen, bevor sie das Ei treffen und zerschmettern. Vögel können sehr geschickte Methoden der Nahrungssuche ent-

Die Singdrossel bricht ein Schneckenhaus auf, indem sie es mit dem Schnabel gegen einen Stein schlägt. Ein seltenes Beispiel für Werkzeuggebrauch bei Vögeln.

wickeln. So öffnen Meisen Milchflaschen, indem sie Löcher in den Verschluß aus dünnem Stanniolpapier picken. So intelligent das auch zu sein scheint, darf man doch nicht vergessen, daß Meisen besonders geschickte, bewegliche und anpassungsfähige Vögel sind und die verschiedensten Futterquellen auszunutzen verstehen. Ein ähnlich ausgeprägtes Anpassungsvermögen kann man bei Krähen beobachten, die sich ohne Schwierigkeiten an jede mögliche Nahrungsform gewöhnen.

Gewisse Handlungen der Vögel scheinen jedoch einem Grenzbereich von Instinkt und Intelligenz anzugehören. Meisen und Krähen zum Beispiel können bestimmte Handlungen ganz folgerichtig ausführen, um an eine Futterquelle zu gelangen. So stellen Reiher beim Fischen die Flügel auf, um die Spiegelung des Wassers auszuschalten, und sollen sogar Nahrungsstückchen als Köder ins Wasser werfen, um Fische anzulocken. Teichhühner gelangen an Nahrung, die im Eis gefroren ist, indem sie sich darauf setzen und das Eis mit ihrer Körperwärme zum Schmelzen bringen.

Fortpflanzung

Die Brutzeit ist die wichtigste Zeit im Leben eines Vogels. Manche Vögel legen Tausende von Kilometern zurück, um an ihre Brutplätze zu gelangen, viele wechseln ihr Federkleid, andere tragen vor der Fortpflanzung Kämpfe aus; alle müssen viele Mühen und Gefahren auf sich nehmen, um ihre Jungen aufzuziehen. Das Brüten setzt bei fast allen Vögeln eine große Änderung der Lebensweise voraus. Der Instikt zwingt den Vogel zur Paarung, zum Brüten und zur Aufzucht der Jungen.

Zu den Balzhandlungen der Vögel zählt auch das rituelle Füttern, bei dem ein Partner den anderen füttert, als wäre er ein hilfsbedürftiger Jungvogel. Hier zwei Saatkrähen beim Balzfüttern.

Die Brutzeit

Die Vögel sind nicht immerzu mit Brüten beschäftigt, sondern pflanzen sich in der Regel zu der Jahreszeit fort, die bestmögliche Ernährungsverhältnisse für die Jungenaufzucht gewährleistet. In Europa und den meisten anderen (nicht äquatorialen) Teilen der Welt brüten die Vögel vorwiegend im Frühling und Sommer. Unter den Tropenvögeln unterscheidet man zwischen Trockenzeit- und Regenzeitbrütern. In unseren Breiten kann man verallgemeinernd feststellen, daß die Vögel dann brüten, wenn es verhältnismäßig warm ist und reichlich Nahrung zur Verfügung steht. Darüberhinaus sind in dieser Zeit die Tage länger, so daß den Elternvögeln mehr Zeit für die Futtersuche bleibt. Im hohen Norden können brütende Vögel im Licht der Mittsommernacht sozusagen non-stop arbeiten. Sie müssen ihre Jungen im Vergleich mit anderen Vögeln aber auch besonders schnell großziehen, denn die nördlichen Sommer sind sehr kurz.

Ein wichtiger Faktor für die Bestimmung des Brutzeitbeginns ist die Art der Nahrung, mit der die Jungvögel gefüttert werden. Rotkehlchen- und Blaumeisenjunge fressen Raupen, die nur im Frühsommer reichlich zu finden sind; das Futter der jungen Grauschnäpper besteht aus fliegenden Insekten, die erst im Hochsommer in großer Zahl auftreten. Daher brüten Rotkehlchen und Blaumeisen früher als Grauschnäpper.

Auch das Wetter kann den genauen Zeitpunkt des Brutgeschäfts beeinflussen. So brüten die Vögel in einem extrem warmen Frühling viel eher als gewöhnlich.

Einige andere Faktoren der Ernährungssituation wirken sich ebenfalls auf die Datierung der Brutperiode aus. Der Waldkauz brütet im zeitigen Frühling, weil er in dieser Zeit leichter Mäuse fängt als im Sommer, wenn die dichte Vegetation im Wald seine Beute verbirgt. Eine wesentliche Rolle bei der zeitlichen Bestimmung des Brutgeschäftes spielt auch die zusätzliche Nahrung, die das Weibchen für die Eibildung benötigt.

Bestand und Überlebenschancen

Manche Vögel brüten zwei- selbst dreimal in einer einzigen Saison, wenn die Witterungs- und Ernährungsverhältnisse günstig sind. Eine Brut setzt sich meist aus mehreren Jungen zusammen. Bestimmte Meeresvögel und große Greifvögel begnügen sich jedoch mit einem einzigen Ei. Diese Vögel leben gewöhnlich auch länger als diejenigen, die mehrere Junge gleichzeitig großziehen. In der Vogelwelt herrscht ein unerbittlicher Kampf ums Dasein. Viele Jungvögel erreichen das Erwachsenenalter gar nicht. Nur wenn die fortpflanzungsfähigen Vögel mehr Junge aufziehen als effektiv überleben, ist dafür gesorgt, daß die Art zahlenmäßig nicht abnimmt. Außerdem kann dieser Überschuß an Jungvögeln eine erhöhte Sterberate bei Altvögeln auffangen, zum Beispiel bei ungünstiger Witterung oder einer Ölpest, so daß sich der Vogelbestand nach Kurzzeitkatastrophen verhältnismäßig schnell wieder erholt. Nur selten erreichen wildlebende Vögel ihr natürliches Lebensalter, wobei jedoch die Lebenserwartung bei größeren Vögeln wesentlich höher als bei kleinen Vögeln ist.

Bei vielen Vogelarten tragen Männchen und Weibchen ein unterschiedliches Federkleid. Bei diesem Fasanenpaar ist das Männchen farbenprächtig, das Weibchen unscheinbar braun. Das Weibchen zieht die Jungen allein auf, und ihr unauffälliges Gefieder dient als Tarnung. Würde auch das Männchen für die Brut sorgen, dann wäre das bunte Federkleid eine Gefahr für die Jungen, denn es ist zu auffällig.

Paarbildung

Wenn Vögel nicht gezwungen sind, aus Sicherheitsgründen in der Gemeinschaft zu leben, so gehen sie ihre eigenen Wege und suchen

allein nach Nahrung. Das ändert sich aber, sobald die Brutzeit beginnt. Männchen und Weibchen müssen zum Zweck der Fortpflanzung eine Partnerschaft eingehen. Die meisten Paare bleiben während der gesamten Brutzeit zusammen, um ihre Jungen gemeinsam großzuziehen. Dabei ist das Männchen anderen männlichen Artgenossen gegenüber sehr viel aggressiver als gewöhnlich, denn Rivalen müssen daran gehindert werden, die Ehegemeinschaft zu stören oder in das genau abgegrenzte Nahrungsrevier einzudringen. Am Ende der Brutzeit nehmen die Männchen dann wieder ihre früheren Verhaltensweisen an.
Auslöser dieser Verhaltensänderungen sind Hormone, deren Wirkungen durch instinktgesteuerte Handlungen unterstützt werden. Diese der Partnersuche dienenden Handlungen oder Handlungsketten ergeben zusammen als eine Art symbolischer Vogelsprache die Balz.

Oben: Eine Ringeltaube verhält sich zu ihrem Spiegelbild als wäre es ein Artgenosse. Sie hebt ihre Schwanzfedern zu einem Fächer. Das ist eine aggressive Pose, mit der ein Rivale bedroht werden soll.

Die Brautwerbung

Bei fast allen Vogelarten wirbt das Männchen um das Weibchen. Dagegen bemüht sich bei den Wassertretern das größere und farbenprächtigere Weibchen um das zurückhaltende Männchen. Später übernimmt das Männchen sogar das Brüten und das Betreuen der Jungen.
Da Vögel ein ausgezeichnetes Sehvermögen besitzen und auch in Farben sehen, ist die Brautwerbung sehr häufig mit Farbsignalen verbunden. Bei vielen Vogelarten ist das Männchen lebhafter gefärbt als das Weibchen. Das Gefieder des Männchens wird bunter, sobald sich der Frühling ankündigt. Manche Arten entwickeln sogar für die Brutzeit besondere Schmuckfedern, Federbüsche, Kämme und Kehllappen. Eines der auffallendsten Hochzeitskleider unter den europäischen Vögeln trägt das Kampfläufermännchen. Es legt zur Brutzeit eine große aufrichtbare Halskrause aus bunten Federn an.
Bei den Männchen vieler Gattungen ist die Balz mit besonderen Handlungen verbunden. Der farbenprächtigste Teil des Gefieders wird wirkungsvoll zur Schau gestellt [Imponiergehabe]. So sind die Balzhandlungen des Kampfläufers, der in Mooren und Sümpfen nistet, sehr beeindruckend. Bei der Großtrappe, die leider bei uns immer seltener wird, blähen die Hähne bei der Balz den Hals auf und spreizen ihr Gefieder derart, daß die sonst unsichtbaren weißen Federn hervorgekehrt werden. Die Hähne der Birkhühner spreizen die Flügel und den schwarzen leierförmigen Schwanz, springen in die Luft und geben kollernde Laute von sich, um auf sich aufmerksam zu machen.
Nicht alle Vögel haben ein besonderes Hochzeitskleid. Bei vielen Arten kann man die Männchen kaum von den Weibchen unterscheiden, doch auch diese Vögel vollführen während der Balz bestimmte Zeremonien. Es ist erwiesen, daß ein Pinguinmännchen das Geschlecht des Artgenossen, vor dem es balzt, selbst nicht eher kennt, bis es von diesem eine geschlechtsspezifische Antwort erhalten hat.

Oben rechts: Gegenseitiges Putzen ist eine Form des Balzverhaltens. Hier ein Löfflerpaar beim gegenseitigen Putzen des Gefieders.

Unten links: Ein Gänsesägermännchen bei der Balz. Hier eine besonders merkwürdige Verrenkung, die sogenannte Knickspose.

Unten rechts: Kampfläufermännchen tragen zur Balz eine sonderbare Halskrause, die bei jedem einzelnen Vogel anders gefärbt ist. Die Hähne treffen sich auf offenem Gelände und liefern sich Duelle, bevor die Weibchen eintreffen.

Beim Balztanz stellen sich die Haubentaucher Brust gegen Brust und schütteln ihren gesträubten Kopfschmuck.

Die Balzzeremonien stellen häufig alltägliche Handlungen dar, so zum Beispiel das Putzen.

Die Tänze werden im Verlauf der Balz immer intimer. Hier bietet ein Partner dem anderen einen Fisch an.

Bei der sogenannten Katzenpose breitet ein Vogel vor dem anderen die Flügel aus, was die Aggressionen abbauen hilft.

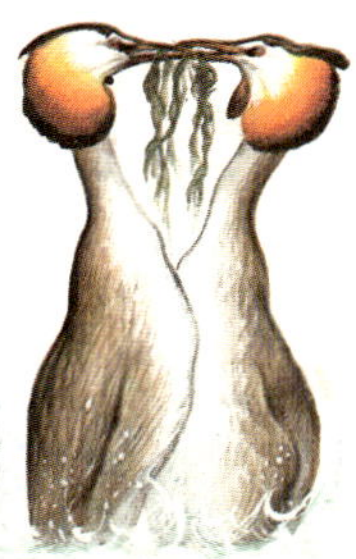

Bei der sogenannten Pinguin-Pose schwimmen die Partner aufeinander zu, bieten sich gegenseitig Niststoff an und richten sich gegeneinander auf.

Die Brautwerbung besteht aus einer Serie bestimmter Bewegungen, welche die Gefühle und Absichten der Vögel ausdrücken. Das Balzverhalten soll das Weibchen zur Paarung mit dem Männchen einladen und eventuell vorhandene Aggressionen lindern. So spreizen die Männchen bei der Balz die Flügel, schütteln den Kopf oder drehen ihn zurück, damit das Weibchen sein Mißtrauen verliert. Diese Besänftigungsbalz ist ähnlich wie das Verhalten der Vögel, wenn sie ihre Streitigkeiten durch ihre Körpergestik auf friedliche Weise lösen.

Viele Vögel steigern sich bei der Balz zu richtigen Tänzen. Einige dieser Balzzeremonien stellen in ritueller Form Handlungen dar, die mit der Jungenaufzucht zu tun haben. Bei vielen Finken zum Beispiel setzt sich das Weibchen auf den Nestrand und bettelt das Männchen um Futter an. Solche Handlungen lösen bei den Vögeln elterliche Instinkte aus. Besonders eindrucksvoll ist das Balzverhalten der Haubentaucher, das in der sogenannten Pinguin-Pose seinen Höhepunkt findet. Dabei schwimmen die Partner aufeinander zu, richten sich hoch aneinander auf und bieten sich gegenseitig Niststoff an. In der Pinguin-Pose wird der Nestbau symbolisch dargestellt. Besonders lebhaft sind die Balztänze der Kraniche; sie springen erregt auf und nieder und werfen mit dem Schnabel Äste oder Grashalme hoch in die Luft.

Gesang und andere Laute

Die Sprache der Balz ist nicht ausschließlich visueller Art. Vögel besitzen ein gutes Gehör und kräftige Stimmen; von beidem machen sie in der Brutzeit reichlich Gebrauch. Die meisten Vögel stoßen zu jeder Jahreszeit artspezifische Laute aus, die soziale Funktionen erfüllen. Es sind dies kurze Strophen, die eine knappe und präzise Information enthalten, auf die andere Vögel reagieren. Während der Brutzeit erweitern viele Vögel ihr Stimmrepertoire zu einem regelrechten Gesang, der hauptsächlich der Brautwerbung und der Abgrenzung des Brutreviers, aber wohl auch der Freude am Singen dient.

Der Gesang besteht aus einer einzigen Strophe oder aus einer Folge von Strophen, die ständig wiederholt wird. Er kann für unser Ohr melodisch, aber auch disharmonisch klingen. Mancher Balzgesang klingt so, als stamme er gar nicht von einem Vogel. Das ist zum Beispiel bei dem nebelhornähnlichen Ruf der Rohrdommel der Fall. Doch ganz gleich, ob uns der Balzgesang , den fast immer nur das Männchen ausführt, gefällt oder nicht, in den Ohren des Weibchens ist er Musik. Der Balzgesang hat eine andere Bedeutung als die visuelle Brautwerbung. Er dient vor allem dazu, das Besitzrecht des Männchens an einem bestimmten Territorium anzukündigen und gleichzeitig ein brutfähiges Weibchen anzulocken. Der Balzgesang ist auf größere Entfernung wirksamer als die visuellen Zeremonien der Brautwerbung. Der Gesang ist daher zu Beginn der Brutsaison am wichtigsten. Der Vogel singt zwar auch noch nach der Paarbildung, meist bis zum Ende der Brutzeit, doch wird der Gesang deut-

Rechts: Kein Vogel kann mit dem großartigen Hochzeitskleid des Pfaus konkurrieren. Das Männchen richtet bei der Balz seine Oberschwanzdecke zu einem großen Rad auf.

Unten: Ein Birkhuhnmännchen wirbt um ein Weibchen, indem es seinen hübschen weißen Schwanz fächerartig aufstellt. Birkhühner leben in Moor- und Sumpfgebieten; zu Beginn der Balz ist der Boden noch häufig mit Schnee bedeckt.

lich leiser, sobald die Jungen geschlüpft sind. Der Gesang eines starken Männchens ist besonders kräftig und deutet auf seine Überlegenheit hin. Um das Eindringen von männlichen Artgenossen zu vermeiden, muß das Männchen also auch nach der Brautwerbung weitersingen. Diese Drohrufe können von einem rivalisierenden Männchen beantwortet werden, wobei ein Wechselgesang entsteht, der wie ein Liebeslied klingt, in Wirklichkeit aber ein Kampfduett ist. Es gibt auch Vogelarten, insbesondere tropische Vögel, bei denen Männchen und Weibchen im Duett singen. Auch Eulenpaare kann man nachts rufen hören. Das »kuwitt huu hu« des Waldkauzes stammt nicht nur von einem, sondern von *zwei* Vögeln, entweder einem Männchen und einem Weibchen oder einem Jung- und einem Altvogel.

Ein Vogel, der auf Partnersuche ist, muß seine Anwesenheit den anderen Vögeln der Umgebung bekanntgeben. Viele Vögel haben bestimmte Singwarten, exponierte Zweige oder erhöhte Stellen, von denen aus sie leicht gehört und gesehen werden. Manche Vögel machen Singflüge. Lerchen sind ein sehr anschauliches Beispiel. Sie steigen geradlinig oder in weiten Spiralen empor, wobei sie unentwegt singen.

Der Gesang ist für den Vogel auch eine Gefährdung, denn er zieht damit die Aufmerksamkeit auf sich. Deshalb stellen viele Vögel das Singen ein, sobald ihre Jungen schlüpfen. Oft sind sie allerdings auch zu sehr mit der Nahrungssuche für ihre Jungen beschäftigt, um noch singen zu können. Zu Beginn der Brutzeit scheint der Vogel alle Vorsichtsmaßnahmen zu vergessen und die Gefahr zu ignorieren. Das Vogelverhalten wird jedoch von gegensätzlichen Impulsen gesteuert. Der Bruttrieb steht im Widerspruch zu der angeborenen

Zu Beginn der Brutsaison singen die Vogelmännchen, um brutfähige Weibchen anzulocken. Manche singen während der gesamten Brutzeit, um den Partner zu besänftigen. Außerdem dient der Gesang der Einschüchterung männlicher Artgenossen. Hier eine singende Amsel, die auf einer Hecke sitzt, um von den anderen Amseln gehört und gesehen zu werden.

Wachsamkeit, aber nur vorübergehend ist der Bruttrieb stärker als die Furcht.

Manche Vögel verbergen sich, während sie singen. Die Nachtigall zum Beispiel singt im Schutze der Dunkelheit, die Rohrdommel in ihrem Schilfversteck. Ihre Stimmen klingen weit. Das Lied der Nachtigall dringt durch die Stille der Nacht, die sonderbar dumpfen Laute der Rohrdommel haben eine besondere Resonanz, deshalb trägt dieser Vogel auch den volkstümlichen Namen Moor- oder Riedochse.

Der Gesang dient auch der Identifizierung. Zilpzalp und Fitis sind zwei Grasmückenarten, die sich äußerlich sehr ähnlich sehen und denselben Lebensraum haben. Man kann sie mehr oder weniger nur durch ihren Gesang unterscheiden. Durch den stark abweichenden Gesang wird vermieden, daß sich die beiden Arten untereinander paaren.

Andere Vögel verständigen sich durch Geräusche, die nicht durch ihre Stimmen erzeugt werden. Spechte zum Beispiel trommeln zur Brautwerbung mit ihren scharfen Schnäbeln auf dünne Äste, wobei jede Spechtart einen ganz bestimmten Geräuschrhythmus hat. Bekassine lassen bei der Balz ein eigenartiges Gemecker ertönen, das sie im Sturzflug durch das Vibrieren ihrer Schwanzfedern erzeugen. Sie werden deshalb im Volksmund auch Himmelsziegen oder Mekkerschnepfen genannt. Ringeltauben vollführen Balzflüge, bei denen sie ihre Flügel zusammenschlagen, um die Aufmerksamkeit auf sich zu ziehen.

Der Fitis (oben) und der Zilpzalp (unten) sind zwei Grasmückenarten, die sich so ähnlich sehen, daß man sie äußerlich kaum unterscheiden kann. Ihre Stimmen jedoch sind sehr verschieden. Der Gesang des Fitis besteht aus einer weichen, abfallenden Strophe, der des Zilpzalp aus einem monotonen zweisilbigen Lied, von dem der Name abgeleitet ist.

Besetzen des Brutreviers

Kein Vogel lebt völlig ortsungebunden. Zumindest zeitweise bezieht jeder Vogel ein bestimmtes Revier. Dringt ein Artgenosse in dieses Territorium ein, so wird er verjagt. Seevögel, die sich im Winter auf dem Meer aufhalten, und alle Arten, die dünn verstreut leben, brauchen ihr Territorium nicht zu verteidigen, da normalerweise keine Nahrungskonkurrenz mit anderen Artgenossen besteht. Während der Brutzeit muß sich jedoch jeder Vogel mit einem Artgenossen einlassen, und dann bezieht ein Vogelpaar bis zum Ende der Brutzeit ein Revier.

Das Territorialverhalten ist während der Brutzeit am stärksten ausgeprägt, obgleich viele Vögel selbst nach der Brutaufzucht noch gewisse Territorialrechte ausüben. Ein Rotkehlchen verjagt Artgenossen auch im Winter aus seinem Revier und verhält sich dabei ebenso streitsüchtig wie in der Brutzeit. Vögel, die im Winter in Schwärmen leben, halten meist eine gewisse Entfernung zu ihren Artgenossen ein, die sogenannte Individualdistanz. Dadurch wird vermieden, daß zwei Vögel nach demselben Bissen schnappen. Ähnlich halten Vögel, die in großer Zahl auf Gebäuden oder Bäumen in unseren Städten übernachten, nachts einen bestimmten Einzelabstand ein.

Zwei Hauptfaktoren bestimmen die Art des Territoriums, das ein Vogel zum Überleben benötigt: der Ernährungsfaktor und der Sicherheitsfaktor. Diese Bedürfnisse sind während der Brutzeit weit mehr ausgeprägt, da die Vögel dann nicht nur für sich selbst, sondern auch für ihre Brut Sorge tragen müssen. Für verschiedene Vögel ist das Territorium ein Gebiet, das gleichzeitig ein sicheres Nistrevier *und* ein gutes Nahrungsrevier darstellt. Zu diesen reviergebundenen Vögeln zählen u.a. Rotkehlchen, Zaunkönige und Amseln. Rotkehlchen werden aggressiv, sobald sich ein Eindringling in ihr Revier wagt. Man hat beobachtet, daß Rotkehlchen und Amseln ihr eigenes Spiegelbild in einer Autoradkappe angreifen, so stark ist ihr angeborener Trieb, ihr Territorium zu verteidigen. Vögel, die ihr Territorium als Nahrungsrevier verstehen, benötigen ein verhältnismäßig großes Gebiet. Bei kleineren Vögeln erstreckt sich das Revier etwa auf die Größe eines Gartens, während Greifvögel ein Territorium von mehreren Quadratkilometern für sich beanspruchen.

Viele Vögel verstehen ihr Territorium als Nistrevier und nicht als Nahrungsrevier. Sie entfernen sich aus ihrem Territorium, um Nahrung zu suchen, und verteidigen ausschließlich das Gebiet im Umkreis des Nestes. Das ist bei Meeresvögeln der Fall, die in großen Kolonien brüten. Das Meer bietet ihnen ausreichend Nahrung, und so brauchen die Vögel nicht untereinander zu konkurrieren. Ihre Nester müssen jedoch gegen Vögel verteidigt werden, die auf den Raub von Eiern und Jungvögeln spezialisiert sind. Das Leben in Kolonien bringt den Vorteil, daß Eindringlinge wirksam vertrieben werden können. Dabei liegen die Nester jedoch nicht so dicht beieinander, daß die Vögel Tuchfühlung haben, aber nah genug, daß eine erfolgreiche Abwehr von Feinden möglich ist.

Auch manche Waldvögel besetzen ihr Territorium nur zum Nisten und verlassen es, um Nahrung für ihre Jungen zu suchen. Sie leben jedoch nicht in Kolonien, da sie damit die Aufmerksamkeit ihrer Feinde auf sich ziehen würden. Sie schützen sich bei Gefahr durch Tarnung und nehmen nur ein relativ kleines Revier für sich in Anspruch.

Oben: Viele Vögel besetzen zur Brutzeit ein Revier. Der Umkreis dieses Seggenrohrsängernestes, das aus Sicherheitsgründen im Buschwerk versteckt liegt, wird gegen Artgenossen heftig verteidigt. Die Elternvögel suchen in diesem Revier Nahrung für sich und ihre Jungen.

Treffpunkte

Mit der Besetzung eines Brutreviers wird gewöhnlich die Brutsaison eröffnet. Bei den meisten Vogelarten geht das Männchen erst dann auf Partnersuche, wenn es bereits ein Revier belegt hat. Einige Zugvogelarten paaren sich schon während des Zugs, bevor sie ihr Nistterritorium erreicht haben.

Nach der Besetzung des Territoriums kann die eigentliche Brautwerbung beginnen. Durch Gesang oder durch Balzzeremonien versucht das Männchen, ein Weibchen in sein Revier zu locken und gleichzeitig rivalisierende Männchen aus seinem Territorium zu verdrängen. Es verteidigt seine Reviergrenzen energisch und wird dabei von dem Weibchen unterstützt, sobald sich dieses häuslich bei ihm niedergelassen hat. Neben der Sicherung des Nistplatzes und der Ernährung dient die Verteidigung des Reviers auch der Festigung der Partnerschaft und somit der gemeinsamen Jungenaufzucht.

Einige Vögel hängen so sehr an ihrem Territorium, daß sie immer wieder zu ihm zurückkehren. Baßtölpel zum Beispiel finden sich jährlich in derselben Kolonie ein, auch Raubvögel kehren gern zu ihren alten Nistplätzen zurück.
Bei manchen Vogelarten finden sich zur Paarung immer wieder dieselben Partner zusammen. Sie trennen sich, sobald die Brutzeit abgelaufen ist, und gehen bis zur folgenden Brutzeit ihre eigenen Wege. Es gibt jedoch auch Vögel, die lebenslänglich zusammenbleiben. Bei Schwänen, Gänsen und Dohlen sollen solche Ehegemeinschaften vorkommen. Andere Vögel gehen zum Zweck der Fortpflanzung gar keine feste Verbindung ein. Sie treffen nur vorübergehend zur Begattung zusammen und bilden keine eigentlichen Paare. Das ist zum Beispiel bei Birkhühnern, Fasanen und Kampfläufern der Fall. Sobald die Brutzeit beginnt, finden sich die Vögel auf Gemeinschaftsbalzplätzen zusammen. Dabei besetzt jedoch jedes Männchen ein kleines Territorium auf dem Balzplatz. Dort versucht es, durch Gesang und Zeremonien, die Aufmerksamkeit eines Weibchens auf sich zu lenken, wobei es gleichzeitig die Grenzen seines Territoriums festlegt und gegen andere männliche Artgenossen verteidigt. Die Weibchen schauen dabei zu und wählen schließlich einen Partner. Die Paarung findet an Ort und Stelle statt. Danach verstreuen sich die Weibchen und ziehen ihre Jungen allein groß, während die Männchen sich bemühen, ein neues Weibchen zu gewinnen.

Unten: Greifvögel besitzen besonders große Reviere; sie sind Jäger und finden nur in weiten Gebieten ausreichend Nahrung. Dieser Steinadler zieht seine Jungen auf einem Felsvorsprung groß, wo sie vor Füchsen und anderen Raubtieren sicher sind.

Das Vogelnest

Bereits vor dem Schlüpfen sind Vögel großen Gefahren ausgesetzt. Vogeleier sind zart und zerbrechlich und eine vielbegehrte Nahrung. Sie müssen warmgehalten (gehudert) werden, damit sich der Embryo zu einem lebensfähigen Vogel entwickeln kann. Nach dem Schlüpfen sind die meisten Jungvögel hilflos und für Räuber eine leichte Beute. So sind die ersten Wochen und Monate eines Vogellebens ganz besonders risikoreich.
Ein Vogel kann nur dann erfolgreich brüten, wenn er seine Eier und Jungen wirkungsvoll zu schützen vermag, sie warmhält und dem Zugriff räuberischer Eindringlinge entzieht. Zu diesem Zweck bauen Vögel Nester für ihre Eier und Jungvögel.
Das Vogelnest kann eine bereits vorhandene Mulde im Boden, eine Höhle im Baum oder ein in langer Arbeit hergestelltes Kunstwerk sein. Gefahren drohen aus zwei Richtungen, vom Boden und aus der Luft. Säugetiere und Schlangen suchen nach Eiern und Jungvögeln und klettern auch auf Bäume. Krähen, Elstern, Dohlen, Eichelhäher und auch Möwen bedrohen die Nester aus der Luft. Möwen sind derart auf den Nestraub festgelegt, daß sie sich gelegentlich sogar an Nestern der eigenen Brutkolonie vergreifen.

Nestarten

Viele Vögel verstecken ihre Nester sehr sorgfältig. Da kleinere Vögel kaum eine Chance haben, Nesträuber abzuwehren, halten sie

das Nest möglichst verborgen. Waldvögel verstecken ihre Nester im Laubwerk von hohen Bäumen und dichten Büschen. Sie bauen gewöhnlich napfförmige Nester, indem sie Gras und andere Pflanzenfasern oder dünne Zweige zusammenweben und die Ausbuchtung mit Dunen, feinen Gräsern oder Schlamm auslegen.

Die meisten Bodenbrüter verbergen ihre Nester sehr geschickt. Sie bauen ihre Nester aus demselben Pflanzenmaterial, das die Umgebung des Nestes bildet. Viele Bodenbrüter sind eintönig braun gefärbt und der Umgebung ebenso angepaßt wie die Nester. Der einzige Schutzfaktor dieser Nester ist die Tarnung.

Viele Meeresvögel besitzen überhaupt keine Nester. Sie legen ihre Eier auf den nackten Boden oder begnügen sich mit einer Mulde im Untergrund, die sie mit wenigen Pflanzenteilen auspolstern. In vielen Fällen sind die Eier gesprenkelt und ähneln großen Kieselsteinen. Außerdem brüten diese Vögel oft an abgelegenen Orten, an einsamen Stränden, auf Felsen oder Inseln, wo Gefahren nur aus der Luft zu erwarten sind. Um auch diese Gefahr so gut wie möglich zu meiden, suchen viele Meeresvögel die Sicherheit in der Masse und brüten in Kolonien.

Auch am Süßwasser lebende Vögel bauen ihre Nester an schwer zugänglichen Orten. Lappentaucher bauen schwimmende Nester aus Wasserpflanzenteilen, die sie im Röhricht verankern.

Im Gegensatz zu den offenen Nestformen bauen andere Vögel überdachte Nester mit einem winzigen Loch zum Ein- und Ausfliegen. Elstern zimmern überdachte Haubennester, Zaunkönige Kugelnester und Laubsänger Backofennester. Hausmeisen verwenden Schlamm, um ihre Nester an Gebäudewände zu bauen.

Manche Vögel verstecken ihre Eier in Nesthöhlen, machen sich jedoch nicht die Mühe, sie selbst zu bauen, sondern benutzen bereits vorhandene Höhlen. Baumhöhlen oder Risse in Steilwänden und Felsen oder im Gemäuer sind für viele Vögel ideale Nistplätze. Papageitaucher und Sturmtaucher suchen Höhlen am Boden, Eisvögel und Uferschwalben dagegen Höhlen in lehmigen und sandigen Uferböschungen auf. Andere Arten bevorzugen Löcher in Baumstämmen, in senkrechten Mauern oder Felsen. Manche Vögel nisten sogar in verlassenen Kaninchenbauten, während andere ihre Nesthöhlen selbst zimmern. Der Specht meißelt mit seinem scharfen Schnabel eine Baumhöhle in morsches Holz.

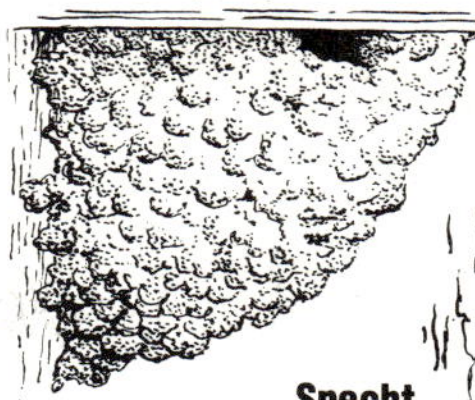
Hausschwalbe

Specht

Nistkasten

Teichrohrsänger

Haubentaucher

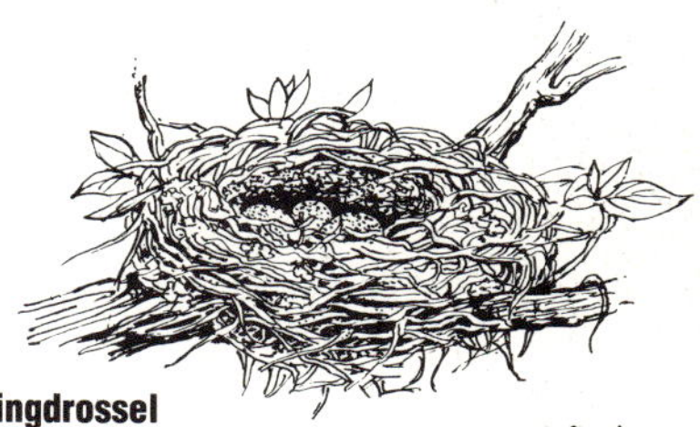
Singdrossel

Schwanzmeise

Rotkehlchen

Links: Bei den Meisen sind Männchen und Weibchen kräftig gefärbt. Um durch ihr leuchtendes Gefieder nicht den Standort ihres Nestes zu verraten, verbergen sie es im Laubwerk von Bäumen und Büschen.

Zwergseeschwalbe

Steinadler

Nicht alle Vögel, die in Höhlen brüten, suchen Nistmaterial zum Auspolstern, sondern legen ihre Eier oft auf den nackten Boden der Höhle.
Einige Vögel bauen jedes Jahr ein neues Nest, andere kehren zu ihrem alten Nest zurück, obwohl sie es meistens ausbessern müssen. Adler benutzen immer wieder denselben Horst und fügen lediglich etwas Astwerk hinzu. Adlerhorste erreichen einen Durchmesser bis zu 3 Meter. Greifvögel wie Turmfalken und Sperber beziehen lieber die Nester anderer Vögel, statt ein eigenes Nest zu bauen. Spatzen sieht man häufig aus Hausschwalbennestern fliegen, nachdem sie die ursprünglichen Bewohner verjagt haben. Stare vertreiben nicht selten Spechte aus ihren Baumhäusern. Kleiber beugen solchen Hausbesetzungen vor, indem sie ihre Nesthöhle mit Schlamm so weit zukleistern, bis das Eingangsloch für potentielle Hausbesetzer zu klein ist.

Oben: Viele Vögel leben zur Brutzeit in Kolonien. Saatkrähen bilden Nestgruppen auf Baumwipfeln, sogenannte Krähenhorste. Dort sind die Nester vor Bodenjägern in Sicherheit, und die Elternvögel können sich bei Gefahren aus der Luft zum Gegenangriff zusammenrotten; Nahrung bieten die umliegenden Felder.

Nestbau

Vögel, die zu ihrem alten Nest zurückkehren, ersparen sich die alljährliche Suche nach neuen Nistplätzen und die Mühe des Nestbaus. Die meisten Vögel müssen jedoch für jede Brutzeit einen neuen Brutplatz suchen und ein neues Nest bauen. Diese Aufgabe bleibt häufig einem einzigen Elternteil überlassen. Bei Vögeln, die Nester weben, bestimmt gewöhnlich das Weibchen, wo das Nest gebaut werden soll. Bei Höhlenbrütern entscheidet das Männchen, wo die Jungen großgezogen werden. Beim Birkhuhn bestimmt das Weibchen nicht nur den Nistplatz, sondern übernimmt auch allein den Nestbau. Der Hahn kümmert sich überhaupt nicht um die Jungenaufzucht. Dasselbe ist bei einigen Vögeln der Fall, die paarweise brüten. Sehr oft teilt sich das Vogelpaar jedoch die Aufgabe des Nestbaus. Je nach Art kann der Bau eines Nestes sehr mühevoll und zeitaufwendig sein und dauert manchmal mehrere Wochen. Nur bei einigen Arten übernimmt das Männchen den Hauptanteil des Nestbaus. Bei den Zaunkönigen herrscht eine spezielle Arbeitsteilung: Das Männchen baut den äußeren Teil des Nestes, das Weibchen polstert es aus. Der Nestbaudrang des Zaunkönigmännchens ist so stark ausgeprägt, daß es gleich mehrere Nester in seinem Territorium errichtet. Das Weibchen trifft dann die Wahl und vollendet das bevorzugte Nest. Das Kugelnest des Zaunkönigs gewährt einen hervorragenden Schutz. Außerhalb der Brutzeit schläft das Männchen gelegentlich darin.

Eiablage und Bebrütung

Obwohl Eier sehr dünn und zerbrechlich sind, dienen sie der Arterhaltung optimal. Die Vogelweibchen wären überaus gefährdet, wenn sie den Embryo wie die Säugetiere bis zum Zeitpunkt der Geburt im Körper tragen müßten, denn das zusätzliche Gewicht

Unten: *Viele Meeresvögel brüten in Kolonien auf Küstenklippen oder Felseninseln, so zum Beispiel die Baßtölpel. Das Gruppenleben gewährt ihnen mehr Sicherheit.*

würde zur Flugunfähigkeit führen. Auf diese Weise würden nicht nur die Muttervögel, sondern auch die ungeborenen Jungen umkommen. Dieses Risiko umgeht die Natur, indem sie jeden Embryo mit einer Schale und ausreichend Nahrung umgibt. Zwar ist der Embryo im Ei nicht ungefährdet, sollte er jedoch getötet werden, so hat zumindest das Muttertier die Chance, zu entkommen und weitere Eier zu legen.

Den Embryo umgeben Klarei und Dotter, die dem empfindlichen Embryo als Nahrung und Pufferung innerhalb der Eischale dienen. Die Schale selbst besteht aus einer dünnen weißen Kalkmasse, der jedoch in vielen Fällen durch Drüsen im Eileiter Pigmente hinzugefügt werden, die das Ei färben.

Durch Färbung und Musterung der Schale paßt sich das Ei seiner Umgebung an. Besonders bei Bodenbrütern entgeht das Ei durch diese Tarnung leichter der Aufmerksamkeit hungriger Feinde. Manche Elternvögel locken ihre Feinde durch »Verleiten« vom Brutplatz fort, indem sie sich verletzt stellen und auffällig benehmen, andere hingegen bleiben bei Gefahr möglichst lange sitzen. Das ist jedoch nur dann möglich, wenn der Elternvogel selbst getarnt ist. Das Fasanenweibchen zum Beispiel ist eintönig braun gefärbt und paßt sich seiner Umgebung täuschend an. Es bleibt daher solange auf seinem Nest sitzen bis es gezwungen ist, sich selbst in Sicherheit zu bringen. Auffälligere Vögel verlassen ihre Nester schon bei geringster Gefahr, da sie sonst ihre Eier gefährden würden. Dadurch werden zwar die Eier sich selbst überlassen, sind jedoch durch ihre Sprenkel und Streifen kaum von der Umgebung zu unterscheiden. Enten und Lappentaucher bedecken ihre Eier vor dem Verlassen mit Niststoffen oder Dunen.

Höhlenbrüter wie Eulen und Spechte legen gewöhnlich weiße Eier. Sie haben Farbanpassung nicht nötig, da die Eier feindlichen Blikken nicht ausgesetzt sind. Außerdem ist es für die Elternvögel leichter, die weißen Eier in der dunklen Höhle zu lokalisieren. Baumbrüter haben meist blau-grün gesprenkelte Eier. Diese Färbung ist eine vorzügliche Tarnung.

Von einigen Meeresvögeln und den Großgreifvögeln abgesehen, bestehen die Gelege der meisten europäischen Vogelarten aus mehr als einem Ei. Die gewöhnlichen Garten- und Waldvögel legen etwa drei bis sechs, nur Meisen sieben bis zwölf Eier. Höhlenbrüter legen vier bis sieben Eier. Die größten Gelege haben die Entenvögel und die Wildvögel. Die Stockente legt zehn bis zwölf Eier; die Gelege von Fasan und Rebhuhn enthalten bis zu sechzehn Eier. Sind mehr als achtzehn Eier in einem Nest, so stammen sie von mehreren Weibchen.

Die Gelegegröße entspricht in etwa dem Maximum an Jungvögeln, das die Altvögel aufzuziehen vermögen. Ein Vogel wird niemals mehr Eier legen, als er voraussichtlich ernähren kann. Der Umfang eines Geleges derselben Vogelart kann somit von Ort zu Ort und von Brutsaison zu Brutsaison, entsprechend der jeweiligen Ernährungssituation, variieren. In Großbritannien legen Segler im Durchschnitt zwei bis drei Eier, auf dem europäischen Kontinent dagegen, wo die Sommer wärmer und Insekten zahlreicher sind, besteht ein Gelege aus drei bis vier Eiern. Bei einigen Vögeln, vor allem bei den Schnee-Eulen, wird die Gelegegröße besonders stark vom Nahrungsangebot beeinflußt und schwankt zwischen drei und fünfzehn Eiern. Sind die Witterungsverhältnisse während der Brutzeit besonders günstig, so kann ein zweites oder drittes Gelege folgen.

Obwohl sich die Eiablage über einen längeren Zeitabschnitt erstreckt, schlüpfen die Jungen bei den meisten Vogelarten gleichzeitig. Das läßt sich dadurch erklären, daß die Vögel erst dann zu brüten beginnen, wenn das Gelege vollständig ist. Bis zu diesem Zeitpunkt haben sich bei den Elternvögeln Brutflecken an der Unterseite gebildet, nackte Hautstellen, die besonders stark durchblutet sind. Alle Vogeleier benötigen Wärme für ihre Entwicklung. Entweder sitzt das Vogelweibchen ständig auf seinen Eiern und läßt sich vom Partner füttern, oder Weibchen und Männchen wechseln sich beim Brüten ab. Die Eier können jedoch auch kurze Zeit schadlos alleingelassen werden. Diese Brutpausen sind nötig, damit die Elternvögel bei Gefahr das Nest kurzzeitig verlassen können oder ein partnerloses Weibchen ungestört auf Nahrungssuche gehen kann.

Bei einigen Vögeln fällt der Brutbeginn mit der Ablage des ersten Eies zusammen. Die Jungen schlüpfen dann im selben Zeitabstand, in dem die Eier gelegt wurden. Hier haben die älteren Jungvögel größere Überlebenschancen als ihre jüngeren und schwächeren Geschwister. Das ist vor allem bei den Vogelarten vorteilhaft, deren Ernährungssituation unsicher ist. Oft verhungern die jüngeren Nestlinge, die älteren jedoch überleben und fressen gelegentlich sogar ihre schwächeren Geschwister auf. Hätten alle Jungvögel dasselbe Alter, so müßte die vorhandene Nahrung gleichmäßig aufgeteilt werden, und es würden im Durchschnitt weniger Jungvögel überleben können.

Bei der Mönchsgrasmücke beträgt die Inkubationszeit nur zehn bis zwölf Tage, beim Kernbeißer elf bis dreizehn Tage. Die meisten Wald- und Gartenvögel sitzen etwa zwei Wochen auf ihren Eiern; Eulen, Enten, Gänse und Schwäne ungefähr einen Monat; Schwarzschnabelsturmtaucher sieben bis acht Wochen.

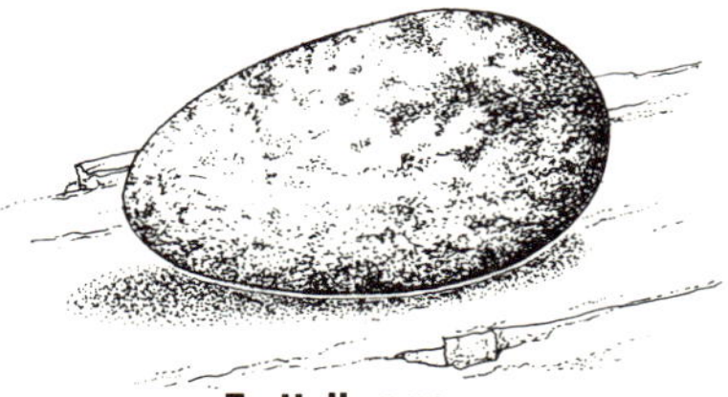

Trottellumme

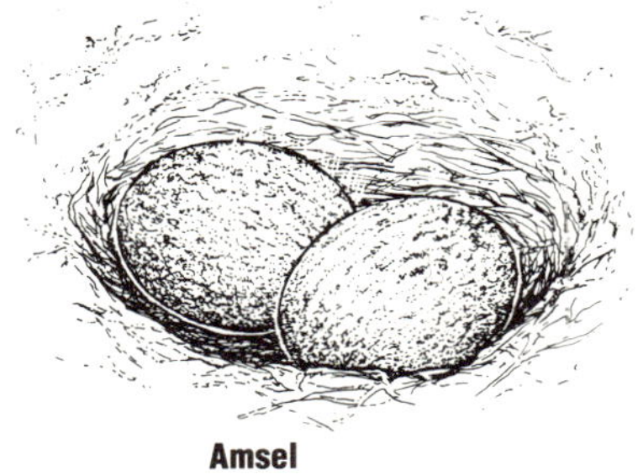

Amsel

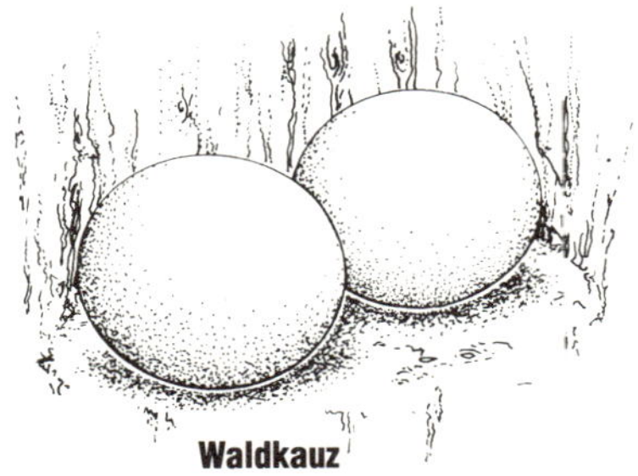

Waldkauz

Vogeleier variieren von fast runden über ovale bis zu birnenähnlichen Formen. Eulen legen runde, Trottellummen und Tordalke kreiselförmige Eier. Eulen legen ihre Eier in Höhlen, Trottellummen auf den nackten Fels. Durch die birnenförmige Gestalt drehen sich die Eier bei starkem Wind im Kreis. Wären sie rund, so würden sie davonrollen.

Schlüpfen und Flüggewerden

Das Aufbrechen der Eischale ist die erste Aufgabe, die der Jungvogel zu bewältigen hat, doch von der Natur ist er dazu bestens ausgerüstet. Er entwickelt kurz vor dem Schlüpfen einen starken Hals-

muskel, um die Schale von innen aufdrücken zu können. Außerdem wächst ihm ein kurzes, hartes Kalkgebilde an der Schnabeloberseite, der sogenannte Eizahn, mit dem er die Eihülle aufpickt. Halsmuskel und Eizahn verschwinden kurz nach dem Schlüpfen.
Das Schlüpfen ist für den Jungvogel sehr mühsam und dauert ein bis zwei Stunden; bei größeren Vögeln kann es sich sogar über zwei bis drei Tage erstrecken. Die Elternvögel entfernen umgehend die zerbrochene Eischale oder fressen sie auf, da das weißgefärbte Schaleninnere die Aufmerksamkeit von Nesträubern erregen würde. In diesem Stadium ist der Jungvogel den größten Gefahren ausgesetzt. Zwar verteidigen ihn die Elternvögel so gut sie können, doch müssen sie zeitweise zur Nahrungssuche das Nest verlassen. Solange ein Jungvogel noch nicht fliegen kann, ist er völlig hilflos und kann nur unter günstigsten Bedingungen überleben. Deshalb hat es die Natur so eingerichtet, daß sich Jungvögel erstaunlich schnell entwikkeln. Die meisten Garten- und Waldvögel sind in etwa zwei bis drei

Ein eben geschlüpftes Schnee-Eulen-Baby. Mit dem weißen Eizahn an der Schnabelspitze hat es die Eischale aufgepickt.

Wochen flügge. Der Kernbeißer ist in zehn Tagen flugfähig und verläßt sein Nest oft schon drei Wochen nach dem Schlüpfen. Jungen Wildvögeln wie Fasanen und Rebhühnern wachsen im Alter von zehn bis vierzehn Tagen besondere Schwungfedern, die es den Küken ermöglichen, bei Gefahr das am Boden befindliche Nest zu verlassen. Andere Vogelarten sind erst viel später flügge. Segler sind in sechs Wochen, Stockenten in acht Wochen, Schleiereulen in zehn Wochen und Schwäne in dreizehn bis fünfzehn Wochen flugfähig.

Nicht jeder Vogel verläßt nach dem Flüggewerden sofort den Familienverband. Viele kehren zwar nicht mehr zu ihren Nestern zurück, bleiben jedoch noch eine gewisse Zeit bei den Eltern. Da jedoch bei den meisten kleineren Vogelarten, besonders bei den Sperlingsvögeln, die Elternvögel in derselben Saison noch eine weitere Brut großziehen, müssen die Jungen für sich selbst sorgen, sobald sie flügge sind. Zum Beispiel muß ein Rotkehlchenkind bereits im zarten Alter von nur drei Wochen ein völlig eigenständiges Leben führen.

Das Innere der Eischale ist weiß, deshalb könnten die zerbrochenen Schalenteile Feinde auf das Nest aufmerksam machen. Der Elternvogel, hier ein Grünschenkel, bringt die Schalen fort, sobald die Jungen geschlüpft sind.

Brutpflege

Vögel schlüpfen je nach Art in einem mehr oder weniger fortgeschrittenen Entwicklungsstadium aus. Viele Jungvögel besitzen beim Schlüpfen bereits leistungsfähige Sinnesorgane und ein ausge-

Der Kuckuck legt seine Eier in die Nester anderer Vögel, meist kleinerer Arten wie Pieper, Grasmücken und Heckenbraunellen. In einer Nistperiode legt ein Weibchen etwa 12 bis 15 Eier. Es sucht sein Territorium ab, und sobald es ein geeignetes Gelege gefunden hat, wartet es, bis die Elternvögel das Nest verlassen, um schnell ein eigenes Ei abzulegen.

Der Kuckuck entnimmt eines der Eier aus dem belegten Nest **(1)**, *trägt es mit dem Schnabel fort und läßt es dann fallen oder verschlingt es. Kehrt der Wirtvogel zu seinem Nest zurück, so fällt ihm der Unterschied meist gar nicht auf. Das Kuckucksjunge schlüpft meistens als erstes, denn es hat eine kürzere Inkubationszeit als die anderen Vögel im Nest. Der neugeborene Kuckuck schaltet gleich jede Konkurrenz aus, indem er alles, was sich im Nest befindet, an den Rand schiebt* **(2)**, *bis es schließlich aus dem Nest fällt. Nach Beseitigung aller Konkurrenten beansprucht er die volle Aufmerksamkeit und Pflege seiner Wirtseltern. Da diese normalerweise mehrere Jungvögel gleichzeitig aufziehen und füttern müssen, können sie den besonders hungrigen Gast sättigen. Das Kuckucksjunge wächst schnell, nimmt das gesamte Nest ein und ist größer als seine Pflegeeltern. Die Altvögel füttern das Monster, weil sein auffallend roter Rachen und sein Geschrei sie instinktiv dazu treibt* **(3)**. *Der Kuckuck bleibt etwa drei Wochen im Nest und wird noch längere Zeit außerhalb des Nestes gefüttert, bis er völlig selbständig ist* **(4)**.

bildetes farbiges Dunenkleid, das u.a. der Tarnung dient. Schon innerhalb weniger Stunden sind sie in der Lage, zu laufen oder zu schwimmen, so daß sie ihr Nest sofort verlassen und mit den Eltern auf Nahrungssuche gehen können. Zu dieser als Nestflüchter bezeichneten Gruppe zählt ein Großteil der Boden- und Wasservögel wie Enten und Teichhühner, Watvögel und Haushühner. Die ausgeprägtesten Nestflüchter sind die Großfußhühner, die bereits kurz nach dem Schlüpfen halbwegs fliegen können. Nestflüchter kehren in den ersten Tagen abends zum Nest zurück, wo sie von ihren Eltern geschützt und gewärmt werden. Die Intensität der elterlichen Pflege variiert von einer Vogelgruppe zur anderen. Entenküken und Watvogeljunge sind sofort in der Lage, allein ihr Futter zu suchen und bedürfen dabei lediglich der Aufsicht der Eltern. Bei den Wildvögeln führen die Eltern ihre Brut zur Nahrungsquelle; Lappentaucherjunge dagegen lassen sich bedienen und erwarten, daß ihre Eltern für sie nach Nahrung tauchen. Sie sitzen gern im Rükkengefieder der Elternvögel, statt selbst umherzuschwimmen, und schießen wie Korken hoch, wenn die Eltern unter Wasser tauchen. Möwenjunge sind noch weniger selbständig, obwohl sie ihr Nest sehr früh verlassen.

Die meisten Vögel, die in versteckten Nestern oder in Höhlen brüten, bringen Junge zur Welt, die nach dem Schlüpfen völlig hilflos und unselbständig sind. Zu dieser Gruppe gehören vor allem die Sperlingsvögel, aber auch Greifvögel, Eulen und Segler. Die Jungen kommen nackt oder spärlich bedunt zur Welt und müssen von den Eltern warmgehalten (gehudert) werden. Sie sind anfangs völlig blind und unfähig, das Nest zu verlassen und sich selbst zu ernähren. Sie werden unter dem Begriff Nesthocker zusammengefaßt. Die Elternvögel bringen die Nahrung ans Nest, stimuliert durch die auffällige Farbe der weit aufgerissenen Schnäbel und das laute Geschrei der Jungen. Die Häufigkeit der Fütterung ist teilweise erstaunlich; ein Blaumeisenpärchen zum Beispiel unternimmt mehr als fünfhundert Flüge pro Tag, um Nahrung zu suchen und seine Jungen zu sättigen.

Im Vergleich zu den Nestflüchtern kommen Nesthocker in einem unterentwickelten Stadium zur Welt, dafür wachsen sie aber sehr schnell und lernen oft ebenso früh fliegen wie die beim Schlüpfen bereits weiterentwickelten Nestflüchter. Das ist deshalb nötig, weil

Oben: Viele Jungvögel sind nach dem Schlüpfen so hilflos wie diese jungen Amseln. Sie sind nackt und blind und müssen von ihren Eltern gefüttert werden. Sie öffnen instinktiv ihre Schnäbel, und die roten, aufklaffenden Mäuler treiben die Elternvögel zum unentwegten Füttern an.

Unten: Manche Jungvögel schlüpfen in einem fortgeschrittenen Entwicklungsstadium und sind deshalb sofort in der Lage, ihr Nest zu verlassen und Nahrung zu suchen. Die Eltern beaufsichtigen lediglich die Jungen. Dieses Pärchen von Kanadagänsen bewacht seine junge Brut.

die Futterflüge der Altvögel auf das Nest aufmerksam machen und Räuber anlocken. Je länger die Jungen versorgt werden, um so gefährdeter sind sie. Nestflüchter sorgen für sich selbst und können fliehen, sobald Gefahr droht. Sie leben gewöhnlich im Schutz großer Familien, wobei jeder Jungvogel verhältnismäßig gute Chancen hat, im Notfall zu entkommen. Er kann daher gefahrlos langsam wachsen.

Die meisten Sperlingsvögel brauchen sich nicht gleich nach den ersten Flugstunden allein durchzuschlagen. Hier stellen die Segler eine Ausnahme dar, denn ihre Jungen sind unabhängig, sobald sie fliegen können, und kehren nach dem ersten Flug nie wieder zum Nest zurück. Dafür verbringen die Segler eine verhältnismäßig lange Zeit im Nest und sind voll ausgewachsen, wenn sie es verlassen. Andere Vögel entfernen sich nur nach und nach von ihren Nestern und Familien.

In der Regel sind Jungvögel erst im folgenden Jahr fortpflanzungsfähig. Größere Vögel sind erst nach mehreren Jahren ausgewachsen und brutfähig. Am Meer kann man neben weißen und grauen Möwen häufig auch bräunlich gefiederte sehen. Dabei handelt es sich um noch nicht geschlechtsreife Vögel. Sie bekommen nach drei oder vier Jahren ihr Erwachsenengefieder und können erst dann brüten.

Oben: Mantelmöwe und verschiedene andere Möwenarten haben einen roten Fleck am Schnabel. Die Möwenjungen picken instinktiv an diesen Fleck und werden mit Nahrung aus dem Schnabel der Eltern belohnt.

Rechts: Mehrere Wochen nach dem Schlüpfen sind manche Jungvögel schon flügge. Diese jungen Eichelhäher haben bereits die bläulichen Schwungfedern ihrer Eltern und sind dabei, ihr Nest zu verlassen. Ihr Flugvermögen ist instinktiv, sie müssen es nicht erlernen, sondern brauchen nur etwas Praxis.

Vogelzug

Sobald die Brutzeit abgeschlossen ist und die Altvögel ihre Jungen großgezogen haben, ergibt sich das Problem, den Winter zu überstehen. Dabei ist es nicht so sehr die Kälte, die den Reisetrieb weckt, sondern vielmehr der Nahrungsmangel. Bei extrem niedrigen Temperaturen ist der Nahrungsbedarf der Vögel größer als gewöhnlich, die Tage aber sind kürzer und die Zeit für die Futtersuche sehr knapp. Meist sind die Nahrungsquellen anfangs noch recht ergiebig. Vom Herbst bis zum Winterbeginn gibt es oft noch ein reichhaltiges Angebot an Samen, Nüssen und Beeren, Würmern, Maden und anderem Getier, aber je weiter die Jahreszeit fortschreitet, um so kritischer wird die Ernährungslage. Manche Vögel können sich solchen Bedingungen zumindest zeitweise anpassen; Wasservögel haben aber kaum Chancen, längere Frostperioden zu überstehen. Andere Vogelarten wiederum sind in der Lage, fast jede vorhandene Nahrungsquelle auszunutzen. Meisen zum Beispiel leben im Sommer größtenteils von Insekten, fressen im Winter jedoch bereitwillig Samen. Auch Krähen sind sehr anpassungsfähig. Eichelhäher und Tannenhäher sammeln sogar Vorräte für den Winter.

Oben: Zu den bekanntesten Zugvögeln Europas gehört der Kuckuck. Man bekommt ihn zwar selten zu sehen, dafür hört man jedoch um so häufiger seinen wohlbekannten Ruf, der den Frühling ankündigt.

Überleben im Winter

Für viele Vögel ist es schwer, den Winter in unseren Breiten zu überleben. Segler, Schwalben und Fliegenschnäpper, die fliegende Insekten jagen, würden selbst in einem milden Winter verhungern. Am Süßwasser lebende Vögel, zum Beispiel Reiher und Enten, Watvögel und Schnepfen, sind gefährdet, sobald das Wasser gefriert. In einem harten Winter, wenn die Erde mit Eis und Schnee bedeckt ist, sind auch Vögel wie Drosseln, Zaunkönige und Meisen, die bei uns zu den Standvögeln gehören, im höchsten Maße bedroht. Die meisten Vögel sind nicht in der Lage, sich solchen Gegebenheiten anzupassen. Sie verlassen deshalb ihre Brutgebiete und suchen milderes Klima mit günstigeren Lebensbedingungen auf.

Populationsschwankungen

In allen Teilen Europas verändern sich die Vogelpopulationen mit dem Wechsel der Jahreszeiten. Insektenfresser brechen im Spätsommer oder Frühherbst auf, wenn die Insektennahrung knapper wird, verbringen den Winter in Afrika und kehren im Frühjahr in ihre Brutgebiete zurück. Sobald sich der Winter ankündigt, verlassen Gänse, Rotdrosseln, Wacholderdrosseln und andere Vögel ihre sommerlichen Nistplätze im hohen Norden, um bei uns zu überwintern.

Die Vogelpopulation eines bestimmten Gebietes kann sich auch durch andere saisonbedingte Ursachen verändern. Langstreckenzugvögel ziehen von einem Land zum anderen oder gar von einem

Kontinent zum anderen, um dem Winter auszuweichen. Andere Vögel legen nur kleine Entfernungen zurück, um Standorte aufzusuchen, an denen günstigere Ernährungsverhältnisse herrschen. Sie werden als Strichvögel bezeichnet. Viele Watvögel brüten in Moor- und Sumpflandschaften und ziehen im Winter an die Küsten. Möwen bewegen sich oft in umgekehrter Richtung; sie verlassen ihre Küstennistplätze, um landeinwärts, häufig in Stadtnähe, zu ziehen, wo sie leichter Nahrung finden. Viele Vögel, die im Sommer die Bergwelt bevölkern, weichen im Winter in die Täler aus.

Vogelpopulationen schwanken auch durch die sogenannten Durchzügler, die in bestimmten Regionen für mehr oder weniger lange Zeit Rast machen. Watvögel, die vom hohen Norden in mildere Klimazonen fliegen, brechen schon verhältnismäßig früh auf, weil die arktischen Sommer sehr kurz sind. Da ihnen dort keine Zeit zur Mauser bleibt, machen sie auf den britischen Inseln und in Westeuropa Halt und wechseln ihr Federkleid, bevor sie ihre Reise fortsetzen. Solche Stipvisiten kommen auch vor, wenn die Vögel bei ihrem Zug durch Stürme oder andere ungünstige Witterungsverhältnisse von ihrem Kurs abgetrieben werden.

Es gibt auch weniger auffällige Populationsverschiebungen: Regionen, die im Winter ein verhältnismäßig mildes Klima haben, werden von Vögeln aus kälteren Zonen bevölkert. In ihren Winterquartieren vermischen sie sich mit den ortsansässigen Artgenossen, die ihre Sommergebiete nicht verlassen müssen. Die ansässigen Vögel scheinen deshalb im Winter zuzunehmen.

Es kommt auch vor, daß ein Teil einer bestimmten Art fortzieht, während die anderen Artgenossen bleiben. Zu diesen als Teilzieher bezeichneten Vögeln zählen vor allem Stelzen, Finken und Drosseln. Die aufbrechenden Vögel sind meistens Weibchen und Jungvögel; sie sind dem Nahrungswettstreit weniger gewachsen als die Männchen und die älteren, erfahreneren Artgenossen.

Unten: Zugvögel finden sich aus Sicherheitsgründen gern in Schwärmen zusammen. Gänse kann man an ihrer besonderen Flugformation erkennen. Dieses typische große V wird nur von Bläßgänsen gebildet.

Langstreckenzugvögel

Manche Vögel legen auf ihren Wanderungen erstaunliche Entfernungen zurück. Schwalben, die in Europa brüten, überwintern in Südafrika und haben zweimal jährlich einen Zugweg von 8 000 Kilometern zu bewältigen. Steinschmätzer nisten in Grönland, pausieren in Spanien und haben ihre Winterquartiere in Westafrika. Vögel, die von Mitteleuropa nach Nordafrika fliegen, legen Strekken von mindestens 2 000 Kilometern zurück. Meeresvögel müssen oft noch größere Entfernungen überwinden. Schwarzschnabelsturmtaucher brüten an den britischen Küsten und überqueren den Atlantik, um an der brasilianischen und argentinischen Küste zu überwintern. Den weitesten Zugweg hat die Küstenseeschwalbe; ihre jährliche Gesamtflugstrecke beträgt 35 000 bis 40 000 Kilometer.

Meeresvögel können sich auf der Wanderung von Fischen ernähren, Schwalben und Segler fangen Insekten im Flug und brauchen während der Reise nicht zu fasten. Andere Vögel sind großen Entbehrungen ausgesetzt. Die kleinen Steinmätzer machen ihre Reise über den Ozean, ohne unterwegs eine Ruhe- oder Picknickpause einlegen zu können. Vögel, die von Mitteleuropa nach Afrika ziehen, überfliegen zuerst die Mittelmeerländer, dann das Mittelmeer selbst, anschließend das Atlasgebirge und zum Schluß die Sahara-Wüste. Die Chancen unterwegs Nahrung zu finden, sind gering; deshalb fressen sich die Vögel auf ihren Stationen in Frankreich, Spanien und Portugal noch einmal richtig satt, um sich für den Rest der Reise zu stärken. Kleine Vögel, zum Beispiel Grasmücken, können dabei ihr Gewicht fast verdoppeln. Sie bauen ihre Fettreserven unterwegs ab, denn sie brauchen für solche Non-Stop-Flüge enorme Energiemengen.

Von besonderer Wichtigkeit ist die Zeitbestimmung des Vogelzuges. Der Vogel muß sein Winterquartier rechtzeitig verlassen, damit er seine Jungen am Brutplatz aufziehen kann, sobald es dort ausreichend Nahrung gibt, und er muß erneut aufbrechen, bevor das Nahrungsangebot im Brutgebiet knapp wird. Manche Vogelarten fliegen nicht eher ab, bis sie sich ein ausreichendes Fettpolster für die lange Reise angefressen haben. Obwohl auch das Wetter direkte Auswirkungen auf das Abflugdatum haben kann, wird der Zugtrieb hauptsächlich von der Tageslänge gesteuert. Sie sagt dem Vogel, zu welcher Jahreszeit er sich auf den Weg machen muß.

Da die Wanderzüge mit Gefahren verbunden sind, schließen sich viele Vögel zu Zugschwärmen zusammen. Einige fliegen in besonderen Formationen, Gänse zum Beispiel bilden ein großes V oder eine lange Linie am Himmel. Sobald sich die Zugzeit ankündigt, versammeln sich die Zugvögel und werden zunehmend unruhiger. Urplötzlich brechen die Vögel dann auf. Mit Hilfe von Radar hat man festgestellt, daß manche Vögel Flughöhen bis zu 6000 Metern erreichen; durchschnittlich bewegen sie sich jedoch zwischen 100 und 500 Metern. Große Flughöhen bedeuten mehr Sicherheit, niedriger Luftdruck und tiefe Temperaturen erfordern jedoch mehr Energie. Der Vogelzug kann bei Tag und auch bei Nacht stattfinden. Reine Nachtzügler orientieren sich wahrscheinlich an den Gestirnen. Sie laufen jedoch eher Gefahr, an Hindernisse zu prallen. Viele Vogelarten ziehen jährlich von Europa nach Afrika und zurück. Man nimmt an, daß mehrere Milliarden Vögel in einem Jahr die Sahara überfliegen. Nur wenige Arten folgen schmalen Reisestraßen. Geographische Gegebenheiten, wie Berge, Küstenstreifen und Inselketten, können jedoch als Engpässe auftreten. Die Straße von Gibraltar und der Bosporus am anderen Ende des Mittelmeers sind die Brücken zum afrikanischen Kontinent; dort kann man Zugvögel zu Tausenden beobachten. Die Küste von Holland ist ein weiteres Gebiet, in dem Zugvögel konzentriert auftreten. Bei dichtem Nebel landen Zugvögel zu Tausenden auf den neu errichteten Ölbohrtürmen in der Nordsee.

Unperiodische Wanderungen

Von unperiodischen Wanderungen spricht man, wenn Vögel aufgrund von Umweltfaktoren für kürzere Zeitabschnitte ihre üblichen Quartiere verlassen. Diese außergewöhnlichen Zugbewegun-

Rechts oben: Die Schwalben zählen zu den beliebtesten Sommergästen der britischen Inseln und des europäischen Kontinents. Sie treffen bei uns ein, sobald sie ausreichend Insektennahrung finden und bauen ihre Nester unter Dachfirsten.

Ganz rechts oben: Am Ende der Brutzeit, im frühen Herbst, brechen die Schwalben zu ihren Winterquartieren in Afrika auf. Hier versammeln sich Jungschwalben auf Telegraphendrähten zu ihrem ersten Vogelzug.

Rechts: Nach ihrer beschwerlichen Reise von den europäischen Brutplätzen zu den afrikanischen Winterquartieren sind die Schwalben völlig erschöpft. Diese Schwalbe hat soeben ihr Ruhegebiet erreicht und sich am Boden niedergelassen.

gen werden größtenteils durch ungünstige Witterungs- und Ernährungsverhältnisse hervorgerufen. Wird es in Zentral- und Osteuropa so kalt, daß über längere Zeit Eis und Schnee die Erde bedecken, so ziehen viele Vögel, die sich normalerweise in diesen Breiten aufhalten, vorübergehend nach Süden und Westen. Solche Wanderzüge kann man vor allem bei Staren, Kiebitzen, Enten, Amseln und Drosseln beobachten. Die Neuankömmlinge müssen meist sehr harte Konkurrenzkämpfe mit der ansässigen Vogelpopulation austragen. Deshalb fliegen sie sofort in ihre alte Heimat zurück, sobald die Wetterverhältnisse es zulassen. Für Vögel, die nur ganz bestimmte Samen oder Beeren fressen, wird es sehr schwierig, wenn die Ernte nur mager ist oder sogar ganz ausfällt. Dann sind die Vögel gezwungen, ihre üblichen Winterquartiere zu verlassen, um in günstigeren Klimazonen Nahrung zu suchen. So kann man gelegentlich große Schwärme von Seidenschwänzen, Kreuzschnäbeln und Zeisigen in Gegenden beobachten, in denen sie gewöhnlich rar sind. Diese vorübergehenden Populationsverschiebungen werden Invasionen genannt.
Andere Zuggewohnheiten hängen nicht mit der Ernährungssituation, sondern mit der Mauser zusammen. Enten zum Beispiel wechseln all ihre Flugfedern gleichzeitig und sind während der Mauser flugunfähig. Sie suchen in dieser Zeit gern Sicherheit in der Gruppe und ziehen häufig an ganz bestimmte Mauserplätze. So versammeln

Die Zugrouten von sechs Vogelarten auf einer Weltkarte. Die jährlich zurückgelegten Entfernungen sind gewaltig.

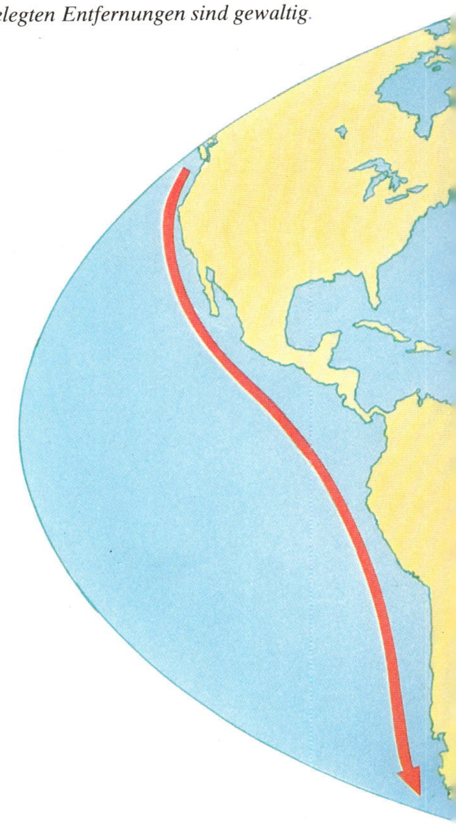

Oben: (von links nach rechts): Viele Küstenseeschwalben fliegen in einem Jahr von der Arktis bis zur Antarktis und wieder zurück.

Die Schwalbe verläßt den europäischen Kontinent, um den Winter in den warmen Regionen Südafrikas zu verbringen.

Die Nonnenente zieht zum Überwintern nach Europa. Viele kommen aus Grönland und müssen das Nordmeer überqueren.

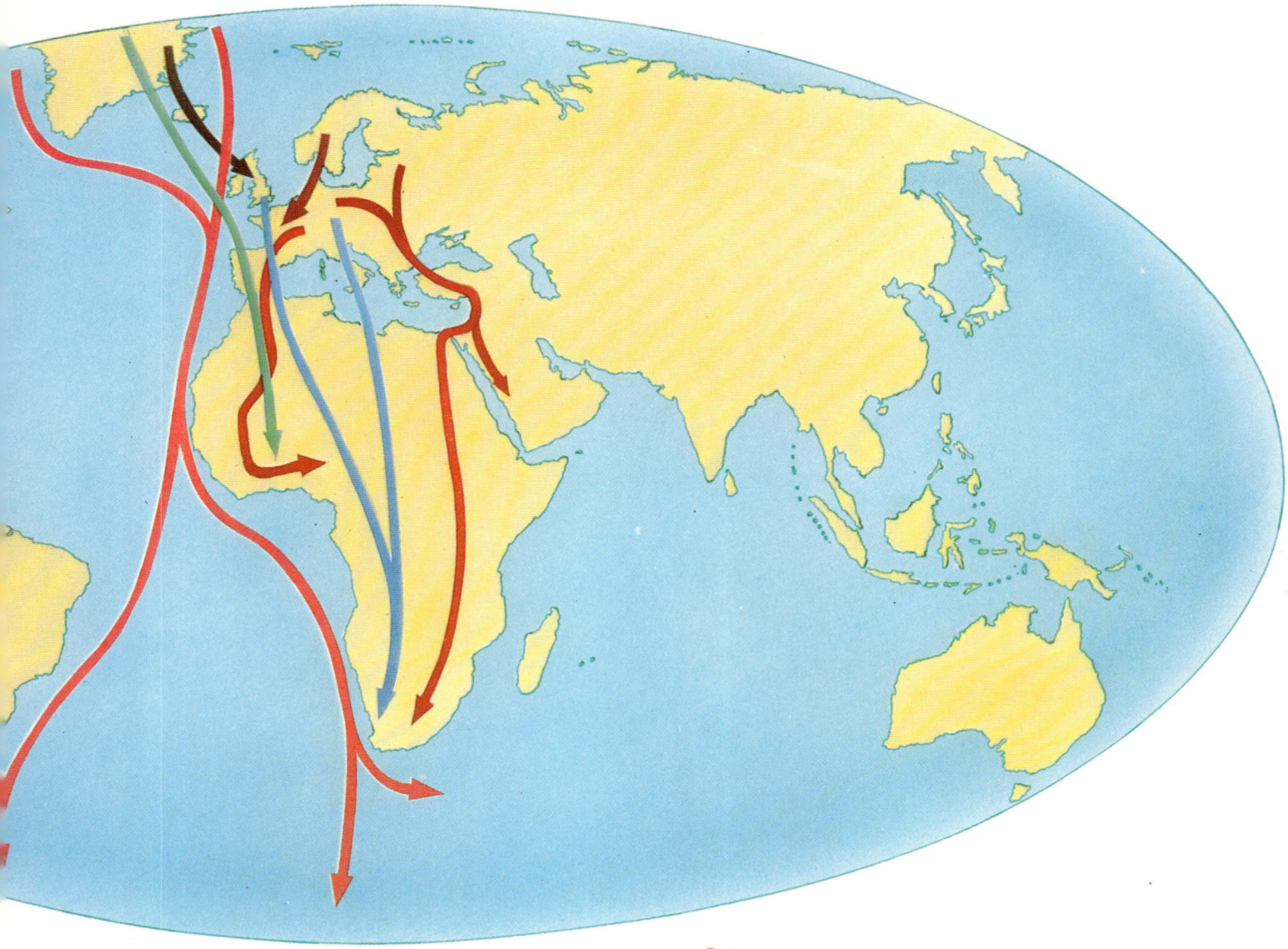

Der Steinmätzer unternimmt lange Nonstop-Reisen über den Atlantik – von Grönland nach Europa und Afrika.

Die Rotdrossel brütet im hohen Norden und zieht dann südwärts in die wärmeren Teile Europas.

Der Weißstorch pendelt zwischen Europa und Afrika über die Straße von Gibraltar oder den Bosporus.

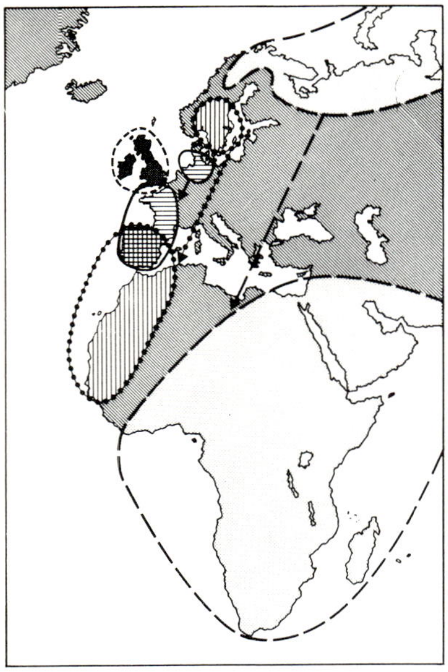

Das Zugmuster des Flußregenpfeifers.

sich die Brandenten von den britischen Inseln und Nordwesteuropa im Juli auf der Insel Helgoland. Sobald die Mauser abgeschlossen ist, kehren die Enten an ihre Brutstätten zurück.

Ursprung und Richtung des Vogelzugs

Der Vogelzug ist für viele Arten lebensnotwendig, aber wie hat er sich entwickelt? Die Hauptursache ist sicherlich in den Eiszeiten zu suchen. Bis zum Ende der letzten Eiszeit vor etwa 11000 Jahren war ein Großteil Europas mit Eis und Schnee bedeckt. Alle Vögel waren in die südliche Hälfte Europas und auf den afrikanischen Kontinent verdrängt worden. Als jedoch die Eiszeit abklang, entstand neuer Lebensraum für die Vögel, wenn sie auch nur den Sommer dort verbringen konnten. So begannen die Vögel, zwischen ihren früheren Standorten und den unbewohnten Brutplätzen im Norden zu pendeln. Und je weiter die Gletscher im Laufe der folgenden Jahrtausende zurückwichen, desto länger wurden auch die Reisen, die die Vögel zurücklegen mußten.
Beim Sandregenpfeifer hat man besonders ungewöhnliche Zugmuster, das sogenannte Überwandern, festgestellt. Die am südlichen Rand der Brutzone, in der Bretagne, angesiedelte Population besteht zum großen Teil aus Standvögeln, während die weiter nördlich in Holland und Dänemark brütenden Vögel kürzere Strecken, etwa bis Spanien südwärts ziehen. Die Population, die in Südschweden nistet, wandert im Winter nach Nordafrika. Je weiter nördlich der Sandregenpfeifer also brütet, desto weiter zieht er in südliche Richtung über die bereits besetzten Winterquartiere seiner Artgenossen hinweg.

Orientierung

Die meisten Fernzieher unter den Vögeln, die auf den britischen Inseln und dem europäischen Kontinent brüten, überwintern in Afrika. Es gibt jedoch auch einige Arten, die in südöstliche Richtung in die wärmeren Teile Asiens fliegen. Die meisten Vögel bilden beim Zug sehr breite Fronten und berücksichtigen nur Hochgebirge, Meeresküsten, Landengen und Inselketten als besondere Leitlinien. Der Schmalfrontzug ist nur bei wenigen Arten bekannt. Weißstörche zum Beispiel überfliegen nur ungern das Mittelmeer, da sie dort nicht die Aufwinde antreffen, die ihnen das Fliegen über weite Strecken ermöglichen. Ihr Flug verläuft auf einer relativ schmalen Bahn entweder über Inselketten oder über Gibraltar und den Bosporus. Meeresvögel folgen gern Küstenrouten entlang des Festlandsockels, wo sie reichere Fischgründe vorfinden. Die ostamerikanischen Populationen der Küstenseeschwalbe überqueren den Atlantik, bevor sie sich den europäischen Artgenossen anschließen, die entlang der Westküste Afrikas bis zur Antarktis fliegen.
Die westeuropäischen Länder werden im Winter häufig von Vögeln aus nördlicheren und östlicheren Zonen aufgesucht. Ihre Fluglinien

verlaufen ostwestlich oder nordöstlich, wobei sie oft sehr schmalen Bahnen folgen. Die Nonnengans hat drei Brutpopulationen in der Arktis. Die Population aus dem östlichen Grönland zieht zur Nordwestküste von Irland und zu den schottischen Hebriden; die Population aus Spitzbergen oder Svalbard nördlich von Norwegen überwintert in der Meeresbucht von Solway zwischen Südwestschottland und Nordwestengland; die Population von Nowaja Semlja, der russischen Doppelinsel im Polarmeer, wandert nach Holland. Obwohl die drei Populationen in vergleichbare europäische Regionen ziehen, treffen sie niemals aufeinander. Jede Gruppe kennt ihr exaktes Ziel ganz genau.

Alle Zugvögel kennen die Richtung, die sie einschlagen müssen, um an ihre Brutplätze oder Winterquartiere zu gelangen; das Orientierungsvermögen bestimmter Vögel ist jedoch besonders erstaunlich ausgeprägt. Schwalben zum Beispiel kehren nach ihrer langen Reise aus Südafrika immer wieder zu ihren alten Nestern zurück. Die Frage, wie sich die Vögel orientieren, beschäftigt die Wissenschaft schon lange, doch trotz umfangreicher Forschungen konnte das Problem bisher nicht eindeutig gelöst werden. Eine Theorie besagt, daß sich die Vögel am Einfallswinkel des Sonnenlichts und am Stand des Mondes und der Sterne orientieren, weil sie bei Nebel leicht vom richtigen Kurs abweichen. Nach einer anderen Theorie reagieren die Vögel auf den Erdmagnetismus und verfügen über eine Art Körperkompaß.

Trotz ihres enormen Orientierungsvermögens erreichen die Vögel nicht immer ihre Brutplätze oder Winterquartiere. Sie können zum Beispiel durch heftige Stürme von ihrem Kurs abgetrieben werden. Experimente haben ergeben, daß ein gefangener Zugvogel, der an einem etwas weiter entfernten Punkt wieder freigelassen wird, in derselben Richtung, also parallel zu seiner vorgegebenen Route, weiterfliegt und im gleichen Abstand von seinem üblichen Ziel landet, der bei der Aussetzung vorhanden war.

Gelegentlich verläßt eine Art den üblichen Lebensraum und bevölkert benachbarte Regionen. Diese unperiodischen Wanderungen zählen nicht direkt zum Vogelzug, da sie nur bei vorübergehendem Nahrungsmangel auftreten. Man bezeichnet sie als Invasionen. Auf dem europäischen Kontinent und den britischen Inseln finden sich manchmal urplötzlich im Herbst oder Winter Seidenschwänze ein, die wieder verschwinden, sobald sich der Frühling ankündigt.

Aussterben und Vogelschutz

Nur wenigen Vögeln ist der Alterstod vergönnt. Ein Großteil verhungert, wird Opfer eines Raubtiers oder einer Krankheit oder kommt durch einen Unfall um. Ein Jungvogel geht elend zugrunde, wenn seine Eltern ihm nicht genügend Nahrung zuführen können; nicht anders ergeht es Altvögeln, wenn das Nahrungsangebot zu knapp ist. Ein Vogel verbraucht beim Fliegen ungeheure Energiemengen und muß deshalb regelmäßig und viel fressen.

Krankheiten zählen zu den selteneren Todesursachen der Vögel, denn die meisten sterben, bevor sie von einer Krankheit befallen werden können. Mit Ausnahme von Greifvögeln, Meeresvögeln und anderen Großvögeln sind fast alle Arten durch räuberische Tiere gefährdet. Kleinere Vögel sind im Sommer ebenso bedroht wie im Winter, sieht man einmal von besonders strengen Kälteperioden ab, die zu regelrechten Hungerkatastrophen führen können.

Obwohl die Vögel, mit Ausnahme der Wasser- und Jagdvögel, nicht direkt vom Menschen bedroht sind, werden doch ganze Vogelgruppen indirekt durch menschliche Eingriffe in die Natur geschädigt. Menschliches Eingreifen hat nur in wenigen Fällen zu Bestandsvergrößerungen geführt, meistens ist das Gegenteil der Fall.

Drei Hauptfaktoren sind es, durch die wir der Vogelwelt Schaden zufügen: Zerstörung des natürlichen Lebensraums, unverantwortliches Jagen und Umweltverschmutzung.

Zerstörung des Lebensraums

Noch vor etwa fünftausend Jahren war Europa bis auf den eisbedeckten Norden fast gänzlich von Wäldern bedeckt. Die Wälder wurden lediglich durch vereinzelte Hochgebirge und Sumpf- und Moorgebiete unterbrochen. Überfliegt man heute den Kontinent, so sieht man zwar noch die Hochgebirge, die großen Wälder und Sümpfe aber sind verschwunden. An ihrer Stelle ist ein riesiges Flickwerk von Feldern, Dörfern und Städten entstanden. Urheber dieser fundamentalen Veränderungen des Landschaftsbildes ist der Mensch. Seit vorgeschichtlicher Zeit hat er die Wälder Schritt für Schritt gerodet und für landwirtschaftliche Zwecke nutzbar gemacht. Er hat Sümpfe trockengelegt und in Ackerland oder Wohnraum verwandelt. Außer im hohen Norden gibt es heute in Europa nur noch wenige ausgedehnte Wald- und Sumpfflächen. In anderen Erdteilen, vor allem in tropischen Regionen, sind solche Veränderungen zwar ebenfalls eingeleitet, aber noch lange nicht so weit fortgeschritten. Auf dem europäischen Kontinent und den britischen Inseln roden die Landwirte zum Beispiel Hecken, beseitigen Feldraine und begradigen Wasserläufe, um größere Felder zu schaffen und rationeller arbeiten zu können. Flüsse werden durch

Der Riesenalk ist der einzige europäische Vogel, der durch menschliche Gewinnsucht völlig ausgerottet wurde. Der Riesenalk war flugunfähig, dafür aber ein ausgezeichneter Schwimmer. An Land bewegte er sich ähnlich wie ein Pinguin nur sehr schwerfällig vorwärts. Er bevölkerte die Küsten des nördlichen Atlantiks und brütete in Kolonien. Man sammelte seine Eier und erschlug die Altvögel wegen ihrer Federn und ihres Fleisches. Durch ihre Flugunfähigkeit war es sehr leicht, die Vögel an ihren Brutplätzen zu erlegen. Gegen 1750 gab es nur noch wenige Kolonien vor Neufundland und Island. Bald waren sie auch in Neufundland ausgerottet. 1830 zerstörte ein Vulkanausbruch die damals größte Brutinsel. Die wenigen Überlebenden zogen auf eine nahegelegene Felseninsel, wo 1844 das letzte Brutpaar getötet wurde.

Talsperren zu Seen gestaut; zur Holzgewinnung entstehen durch Neuaufforstung kleinere Waldflächen.

Alle diese Veränderungen haben starken Einfluß auf die Vogelpopulationen. Durch das Abholzen der Wälder werden die Nistplätze der kleinen Waldvögel, der Greifvögel und der Eulen zerstört. Das Roden von Hecken und kleineren Baumgruppen erschwert es kleinen Vögeln wie Zaunkönigen, gesicherte Nester zu bauen. Durch Trockenlegung von Sümpfen und Mooren werden Watvögel, die in seichten Gewässern oder Schlammzonen ihre Nahrung finden und im Dickicht des Schilfs Schutz suchen, aufs äußerste bedroht. Künstliche Stauseen sind kein Ersatz für natürliche Seen, da sie viel zu tief sind, zu steil abfallen und keine natürlich gewachsenen Uferböschungen oder Strände besitzen. Sie sind deshalb für Vögel, die sich an Gewässerrändern aufhalten, wenig geeignet. Ähnlich enthalten Neuaufforstungen oft nicht die Baumarten, die von den Waldvögeln ursprünglich bevorzugt wurden. Die Tendenz geht dahin, Laubbäume durch Nadelbäume zu ersetzen. Auch Seevögel sind gefährdet, vor allem solche, die an offenen Ufern nisten. Diese Vögel sind durch unser Erholungsbedürfnis bedroht und werden in ihrem natürlichen Lebensraum von Urlaubern gestört.

Obwohl die meisten großen Wälder verschwunden sind, haben die Waldvögel bisher noch keine ernstlichen Schäden erlitten. Viele kleinere Waldvogelarten haben sich dem Leben in Parks und Gärten angepaßt und fühlen sich in der Umgebung des Menschen recht wohl. Segler und Schwalben haben ihre Brutplätze auf Bäumen oder an Küsten gegen Nester an Gebäuden eingetauscht. Auf dem Land gibt es noch ausreichende Baumbestände, so daß scheue Waldvögel wie Eulen und Spechte überleben konnten, obwohl sie nicht mehr so zahlreich sind wie früher, bevor sich das Gesicht der Landschaften zu verändern begann.

Durch das Anpflanzen neuer Bäume als Bauholz sind zwar neue Wälder entstanden, welche die Waldvögel in ihre einstigen Lebensräume zurücklocken, doch dabei handelt es sich vorwiegend um Nadelbäume, die von den meisten Vögeln weniger geschätzt werden als Laubbäume. Es gibt aber auch Vögel, wie zum Beispiel Kreuzschnäbel, Goldhähnchen und Tannenmeisen, die sich nur in Nadelwäldern wohlfühlen.

Die Zerstörung eines Lebensraums läßt einen neuen entstehen. Die ursprünglichen Bewohner geben ihre alte Heimat auf, aber dafür siedeln sich neue Vogelarten an. Viele Finkenarten und Zaunkönige leben an Waldrändern, wo die Lichtverhältnisse den Wuchs von dichtem Gestrüpp begünstigen. Vor dem Abholzen großer Waldgebiete war diese Art von Lebensraum sehr viel knapper bemessen. Heute ist die Landschaft von kleinen Forsten durchsetzt, deshalb sind diese Vogelarten viel zahlreicher vertreten als früher. Ähnliche Umweltveränderungen haben auch die Vogelarten begünstigt, die im Wald nisten oder schlafen, aber auf offenem Gelände, auf Feldern und Äckern ihre Nahrung suchen. Als Beispiel sind vor allem Stare, Krähen und Ringeltauben zu nennen. Auch für sie ist die moderne Landschaft vorteilhaft.

Die meisten Gebiete, die früher mit großen Wäldern bewachsen waren, sind heute völlig baumlos. Felder, Weiden und kleinere

Moore herrschen vor. Statt der Waldvögel findet man heute in diesen Landschaften Vogelarten, die weites und offenes Gelände bevorzugen, Bodenbrüter wie Lerchen, Pieper, Stelzen, Regenpfeifer und Schnepfenvögel. Es ist sehr unwahrscheinlich, daß sie in Europa stark verbreitet waren, bevor die Landschaft durch den Menschen verändert wurde.
Das Abholzen der Wälder hat vielfältigere Landschaften entstehen lassen, die eine größere Anzahl von Vogelarten beherbergen, als es ursprünglich der Fall war. Das gilt jedoch nicht für die trockengelegten Sümpfe und Moore. Die Vögel, die diese Landschaften bewohnen, können sich nicht an das Leben in Parks und Gärten anpassen, denn dort gibt es keine größeren seichten Gewässer oder Schlammzonen, in denen sie Nahrung finden, und auch keine ungestörten Schilfdickichte, in denen sie Schutz suchen können. Für diese Vögel gibt es heute nur noch sehr wenig Lebensraum. Sumpf- und Moorvögel sind durch den Eingriff des Menschen besonders stark gefährdet. In weiten Teilen Europas sind sie schon völlig verdrängt oder zumindest sehr selten geworden. Das gilt vor allem für Kraniche, Löffler, Rohrdommeln, Weihen und Bartmeisen. Vögel, die auf Binnengewässern leben, sind weniger gefährdet, denn Seen, Flüsse und Teiche sind heute ebenso zahlreich wie früher. Durch Baggerseen, Kiesweiher und Vogelschutzgebiete hat der Mensch vielen Tauchvögeln wie Lappentauchern, Bläßhühnern und Tauchenten, einen gesicherten neuen Lebensraum geschaffen.

Jagd

Die Jagd mit dem Gewehr und mit Fangnetzen kostet jährlich unzählige Vögel das Leben. In der Vergangenheit waren durch unverantwortliche Jagdmethoden ganze Vogelarten vom Aussterben bedroht. So haben rücksichtslose Jagdtechniken zur Ausrottung der Dronte und der Wandertaube beigetragen. Das Aussterben des Riesenalks und des Brillenkormorans geht sogar vollständig auf das Konto der Jäger. Durch strenge Jagdgesetze ist es heute kaum noch möglich, daß ganze Vogelarten von Jägern ausgerottet werden. Einige Vögel wie Spatzen, Krähen und Tauben, die in der Landwirtschaft Schaden anrichten, können ungestraft abgeschossen werden. Dagegen dürfen Fasane und Rebhühner nur im Herbst und Winter gejagt werden und sind während der Brutzeit gesetzlich geschützt. In vielen europäischen Ländern, ganz besonders in Großbritannien, stehen die meisten wildlebenden Vögel unter dem vollen Schutz des Gesetzes und dürfen weder getötet noch ihrer Eier beraubt werden.

Ein Wanderfalkenpaar beim Füttern seiner Jungen. Das Nest liegt geschützt vor räuberischen Tieren auf einem Felsvorsprung hoch über einem Tal. Das Revier dieses Brutpaares erstreckt sich über das gesamte Tal.

Früher betrachtete der Jäger die Vogelwelt als Gewinnquelle. Er tötete den Vogel seines Fleisches und seines Gefieders wegen. Der Haubentaucher wurde im 19. Jahrhundert wegen seiner schönen Federn fast vollständig ausgerottet. Nur durch das energische Eingreifen der Vogelschützer konnte er gerettet werden. In mehreren Mittelmeerländern dürfen noch heute Vögel gefangen werden, die das Land beim Zug überqueren. Man schätzt, daß allein in Italien jährlich etwa 100 Millionen Vögel auf diese Weise getötet werden. Ein ähnliches Schicksal ereilt die Vögel in Frankreich, Spanien,

Portugal, Zypern und Belgien. Durch diese unverantwortlichen Methoden hat sich die Zahl der brütenden Vögel in diesen Ländern beträchtlich reduziert. Die Jagd hat also noch immer großen Einfluß auf die Vogelpopulationen Europas. Wenn man etwa bedenkt, daß der Zaunkönigbestand in England auf 20 Millionen geschätzt wird und die jährliche Fangquote in Italien bei etwa 100 Millionen liegt, so gibt das zu denken.
Seltenere Vögel sind durch andere Gefahren bedroht. Einmal werden ihre Eier von Sammlern geraubt, zum anderen werden viele Altvögel für private Zoos eingefangen. Besonders beliebt sind Greifvögel, die außerdem von Bauern und Wildhütern in dem irrtümlichen Glauben abgeschossen werden, sie würden den Haustier- und Jagdvogelbestand bedrohen.

Umweltverschmutzung

Die Umweltverschmutzung ist für viele Vogelarten eine große Gefahr. Zahlreiche Seen und Flüsse sind heute durch Industrieabfälle derart verseucht, daß in ihrem Wasser zum Teil kein Tier- und Pflanzenleben mehr möglich ist. Die in solchen Gebieten lebenden Wasservögel müssen ihre Quartiere verlassen und neuen Lebensraum suchen, da sie sonst elend zugrunde gehen. Die schädlichsten Verschmutzungssubstanzen sind aber nicht nur die Abfallprodukte der Industrie, sondern auch bewußt eingesetzte Gifte wie DDT und andere Chemikalien, die seit dem Zweiten Weltkrieg in der Landwirtschaft zur Vertilgung von Insekten benutzt werden. DDT ist auch für höhere Tiere schädlich, denn es kommen nicht nur die Insekten damit in Berührung, sondern auch ihre natürlichen Feinde, die insektenfressenden Vögel, Mäuse und anderen Kleintiere. Die

Ein 1976 aufgenommenes, seltenes Foto von einer Großtrappe. Beide Geschlechter haben einen grauen Kopf und Hals, eine weiße Unterseite und einen gold und schwarz gestreiften Rücken. Im Frühling führen die Hähne großartige Balzzeremonien auf, indem sie ihre Schwanzfedern auf den Rücken schlagen und die sonst unsichtbare, leuchtend weiße Befiederung hervorkehren. Mit einer Gesamtpopulation von 25.000 Exemplaren, die hauptsächlich in Ungarn, Portugal und Rußland leben, zählt diese Art zu den seltensten Trappen.

Raubvögel wiederum machen Beute auf diese zum Teil vergifteten Kleintiere und sind dadurch auf lange Sicht ebenfalls großen Gefahren ausgesetzt. Auch fischfressende Vögel, zum Beispiel Lappentaucher und Reiher, kommen indirekt mit DDT in Berührung, das vom Land in die Bäche, Flüsse und Seen gespült wird. Solche Vergiftungen müssen nicht gleich zum Tode führen, können den Vogel jedoch steril machen oder bewirken, daß er Eier mit zu dünnen Schalen legt, die leicht zerbrechen. In allen Fällen nimmt der Bruterfolg ab und die Bestände gehen zurück. 1958 erkannte man endlich die schädlichen Nebenwirkungen dieser Gifte und zog DDT und ähnliche Chemikalien aus dem Verkehr.
In der jüngsten Zeit sind auch Seevögel gefährdet. Durch verunglückte Tankschiffe und unverantwortliches Reinigen der Öltanks auf hoher See bilden sich riesige Ölteppiche auf der Wasseroberfläche. Tauchende und schwimmende Seevögel kommen mit dem Öl in Berührung, wobei ihre Federn verkleben; der Vogel verliert seine Flugfähigkeit und muß qualvoll verenden. Nur wenige Exemplare gelangen ans Ufer und können von Vogelfreunden gerettet und gereinigt werden. Doch selbst in einem solchen Glücksfall sind die Überlebenschancen gering, weil durch das Säubern die natürliche Wasserdurchlässigkeit des Gefieders zerstört wird.

Ölteppiche sind eine große Bedrohung für die Seevögel, besonders für solche Vögel, die nach Fischen tauchen. Diese Trottellumme ist völlig mit Öl verklebt und würde ohne Hilfe elend zugrunde gehen.

Gefährdete Arten in Europa

Von den etwa fünfhundert in Europa lebenden Vogelarten kann nur eine als ernstlich gefährdet bezeichnet werden: die Audouinsmöwe, die ausschließlich am Mittelmeer lebt. Es gibt andere europäische Arten, die immer seltener werden und wahrscheinlich bei uns bald gar nicht mehr vorkommen werden, aber diese Arten sind auch in Asien oder Afrika anzutreffen und daher nicht vom völligen Aussterben bedroht. Hier sind vor allem die vier Geierarten zu nennen, die in Europa noch gelegentlich vorkommen: Schmutzgeier, Gänsegeier, Mönchsgeier und Bartgeier. Ihre Bestände sind bei uns aus Nahrungsmangel bedenklich zurückgegangen. In Afrika und Asien sind sie jedoch noch häufig anzutreffen.
Die Audouinsmöwe ist etwas kleiner als eine Heringsmöwe und hat das für die Möwen so typische weiß-grau-schwarze Gefieder. Ihr Schnabel unterscheidet sich von dem der anderen Arten durch seine rote Färbung und den schwarzen Streifen, der die gelbe Schnabelspitze einrahmt. Ihre Hauptbrutgebiete liegen auf den Marokko vorgelagerten Inseln und vereinzelten anderen Inseln im Mittelmeer. Die Bestände der Audouinsmöwe sind schon seit langem sehr gering; viele Kolonien wurden von Fischern geplündert, die ihre Eier sammelten. Die gesamte Weltpopulation beläuft sich heute auf etwa 800 Brutpaare. Sie wären schon längst ausgerottet, wenn die Kolonien jetzt nicht unter strengem Schutz ständen.
Auch der Spanische Kaiseradler, eine Unterart des gewöhnlichen Kaiseradlers, ist ernstlich gefährdet. Völlig isoliert von der Hauptart, die im östlichen Europa und in Asien verbreitet ist, lebt er ausschließlich in Spanien und unterscheidet sich von seinen Artgenossen durch die weißen Flecken auf den Schultern. Es gibt noch etwa hundert Exemplare, von denen einige in Schutzgebieten leben.

Die Bestände der Säbelschnäbler haben sich durch wirksame Schutzmaßnahmen erfreulich vergrößert. Durch die Einrichtung von Schutzgebieten ist dieser interessante Vogel auch wieder häufiger an der deutschen Nordseeküste anzutreffen. In England war der Säbelschnäbler im frühen 19. Jahrhundert völlig ausgerottet worden, ist aber seit wenigen Jahrzehnten wieder als Brutvogel heimisch.

Mehrere Vogelarten wurden durch Trockenlegungen von Sümpfen und Mooren stark dezimiert. Prächtige Arten wie Kraniche, Säbelschnäbler, Löffler, Ibisse und Pelikane waren in ganz Europa, einschließlich der britischen Inseln, weit verbreitet, sind aber heute nur noch vereinzelt anzutreffen.

Die Großtrappe

Eine andere Art, die einst in ganz Europa vertreten war, ist die Großtrappe, einer der größten Flugvögel. Sie lebt auf offenen, baumlosen Ebenen, wo sich die Männchen im Frühling treffen, um vor den Weibchen zu balzen. Die Großtrappe wurde wegen ihres zarten Fleisches erbarmungslos gejagt und war durch ihre auffällige Größe für jeden Jäger eine leichte Beute. Die europäischen Bestände wurden so stark reduziert, daß dieser herrliche Vogel heute nur noch in wenigen Gebieten anzutreffen ist. Es gibt nur noch drei Populationen in Spanien/Portugal, Polen/Ostdeutschland und Öster-

Die Mandarinente wurde aus China eingeführt und ist vor allem in Parks und auf Zierteichen ein häufiger und gern gesehener Gast. Man trifft sie heute sogar schon als wildlebenden Vogel an. Bunt gefärbt ist lediglich der Erpel; das Weibchen ist braun.

reich/Ungarn/Tschechoslowakei/Rumänien mit einer Gesamtzahl von etwa dreitausend Exemplaren. Die Bestände in Rumänien breiten sich immer mehr nach Asien aus, wo sie durch abgeholzte Wälder einen neuen Lebensraum gefunden haben.

Vogelschutz

Drastische Schutzmaßnahmen sind nötig, damit nicht noch weitere Vögel das Schicksal des Riesenalks ereilt. Wäre der Gebrauch von DDT nicht untersagt worden, so wären der Wanderfalke und einige andere Greifvögel schon ausgestorben. Der Haubentaucher, der im 19. Jahrhundert bei uns fast völlig ausgerottet war, ist heute wieder ein Charaktervogel unserer Seen und Teiche. Der Vogel wurde damals bedenkenlos abgeschossen, da sein dichtes, seidiges Bauchgefieder in der Damenmode Verwendung fand. Nur durch strenge Schutzmaßnahmen gelang es, den Haubentaucher zu retten.
Die Erhaltung des natürlichen Gleichgewichtes ist für alle Lebewesen, nicht nur für die gefährdeten Arten selbst, von unschätzbarer Bedeutung. Der Mensch steht auf der Spitze einer Pyramide von Lebewesen, die seine Nahrungsquelle darstellen. Wenn wir die Tiere und Pflanzen gefährden, so bringen wir uns selbst in Gefahr. Hätte uns das plötzliche Absterben der Greifvögel nicht auf die Gefahren des DDT aufmerksam gemacht, so hätten wir uns mit der Zeit sicherlich selbst vergiftet.
Jeder einzelne kann zum Schutze der Vogelwelt beitragen, ganz gleich, ob er ölverseuchten Vögeln das Gefieder reinigt oder die Nester seltener Arten schützt. Zum wirklich effektiven Schutz gefährdeter Arten müssen jedoch Regierungen, Tierschutzorganisationen und die verschiedenen Vogelschutzgesellschaften zusammenwirken. Regierungen müssen Gesetze erlassen, um Vögel zu schützen und ihre Bestände zu vergrößern. Schutzorganisationen müssen Vogelschutzgebiete einrichten, in denen Vögel in Sicher-

heit leben können, und durch Öffentlichkeitsarbeit auf die tragische Situation der gefährdeten Arten aufmerksam machen.
In vielen europäischen Ländern sind zum Schutz der Vögel wirksame Maßnahmen ergriffen worden. Organisationen wie der Deutsche Bund für Vogelschutz leisten hervorragende Arbeit. Verordnungen, die den Fang oder Abschuß einschränken, werden durch Schaffung von Nistmöglichkeiten wie Baum- und Buschgruppen, Hecken und Nistkästen unterstützt.
Der Schutz wildlebender Vögel in Schutzgebieten ist besonders wirkungsvoll. Um Arten zu retten, die vom Aussterben bedroht sind, werden auch Einzelexemplare eingefangen und zur Zucht in Gefangenschaft verwendet, bis der Bestand langsam wieder anwächst. Dann können die Vögel in ihre ursprüngliche Heimat zurückgebracht und wieder freigelassen werden. Die englische Wildvogel-Stiftung in Slimbridge hat einen wichtigen Beitrag zur Rettung der Hawaiigans geleistet. Die Aufzucht in Gefangenschaft war auch beim Wanderfalken erfolgreich.
Durch den Schutz brütender Vögel im Freien und in der Gefangenschaft wurden außerdem fast ausgerottete Greifvögel, so zum Beispiel der Mauritius Turmfalke, gerettet.

Erfolgsmeldungen

Seit dem Aussterben des Riesenalks im Jahre 1844 ist kein europäischer Vogel mehr vollständig ausgerottet worden. Einige Arten haben sich aus unserem Kontinent zurückgezogen, aber gänzlich ausgelöscht sind sie nicht. Strenge Schutzmaßnahmen wurden ergriffen, um der rapiden Bestandsabnahme einiger Vögel Einhalt zu gebieten. Diese Maßnahmen hatten Erfolg, obwohl es sehr lange dauert, bis sich die Bestände wieder normalisiert haben.
In vielen Gebieten hat man Vögel, die ihre alten Brutplätze verlassen hatten, neu eingeführt. In Großbritannien zählen dazu Habicht und Auerhahn. Andere Vögel sind aus eigenem Antrieb zurückgekommen, so zum Beispiel der Säbelschnäbler, die Rohrdommel und der Kampfläufer. Neue Vogelarten werden eingeführt, die niemals zuvor bei uns gelebt haben. Hier seien exotische Arten wie Fasane, Kanadagänse und Mandarinenten erwähnt. Sie alle stammen ursprünglich aus anderen Kontinenten und nisten heute bei uns zum Teil schon ungeschützt. Dann gibt es Vögel, die ihren Lebensraum erweitern und sich in neuen Gebieten niederlassen.
Neue Vogelarten können sich dann erfolgreich ausbreiten, wenn sie einen geeigneten Lebensraum vorfinden, der nicht schon von anderen Vögeln besiedelt ist, die sich ähnlich ernähren. Die Türkentaube stammt aus Asien und Südosteuropa und hat sich seit etwa 1930 immer mehr nach Westen ausgebreitet. Sie bevölkerte bald Zentraleuropa, erreichte 1955 Großbritannien und kommt heute bereits auf Island vor.
Eine weitere Gruppe von europäischen Vögeln, deren Bestände allgemein zunehmen, sind die Seevögel. Eissturmvögel, Baßtölpel, Möwen und einige Entenarten, die ans Meer gebunden sind, haben sich in unserem Jahrhundert stark vermehrt. Die Ursachen für diese Veränderungen sind bisher unbekannt.

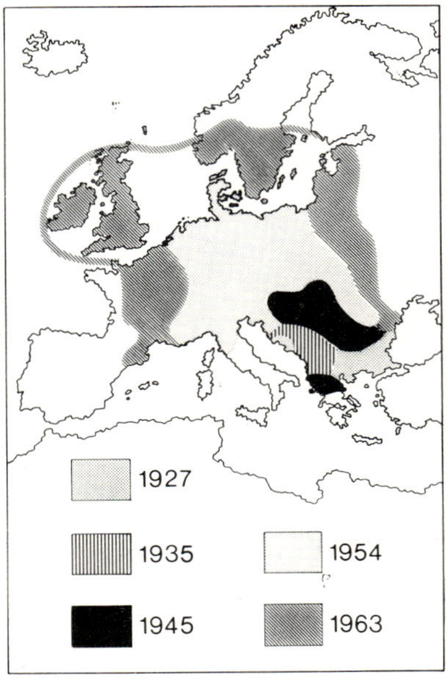

Die Ausbreitung der Türkentaube ist spektakulär. Sie ging 1930 vom Balkan aus und ist bis heute nicht abgeschlossen. Man kann nicht ausschließen, daß die Taube einen Weg über Island und Grönland bis nach Nordamerika findet.

Zweiter Teil

Vogelstudien

Viele Vögel halten sich wie dieses Rotkehlchen vorwiegend auf Bäumen auf. Die meisten Baumbewohner haben eine nach hinten und drei nach vorn gerichtete Zehen, was ihnen das Festklammern an Zweigen erleichtert. Diese Anordnung der Zehen ermöglicht es ihnen auch, am Boden zu laufen oder zu hüpfen. Das Rotkehlchen ist ein Insektenfresser und besitzt einen kleinen und scharfen Schnabel.

Zum Gebrauch dieses Handbuchs

Viele Menschen finden Vögel faszinierend, ohne genaueres über sie zu wissen. Dieses Buch vermittelt dem Leser detaillierte Kenntnisse über die Vogelwelt und hebt dabei die jeweiligen Besonderheiten der verschiedenen Arten hervor. Vögel zu beobachten, ge-

Links: Diese Abbildung eines Buchfinkenmännchens zeigt die verschiedenen Teile des Vogelkörpers. Die Bezeichnungen sollten bei jeder Beschreibung eines Vogels verwendet werden.

hört zu den schönsten Beschäftigungen des Naturfreundes, und man kann diesem Hobby eigentlich immer und überall nachgehen. Es ist schon interessant, einen Vogel bestimmen zu können, noch weitaus reizvoller ist es jedoch, sein Verhalten zu verstehen. Manche Vogelbeobachter machen ihr Hobby zu einem Beruf und werden professionelle Ornithologen (vom griechischen Wort *ornis* = Vogel), führen Recherchen für wissenschaftliche Institute durch, fotografieren Vögel oder schreiben Bücher über sie. Nicht jeder kann oder will sich so intensiv mit der Vogelwelt beschäftigen, doch auch der Laie kann der Vogelkunde nützlich sein. Untersuchungen

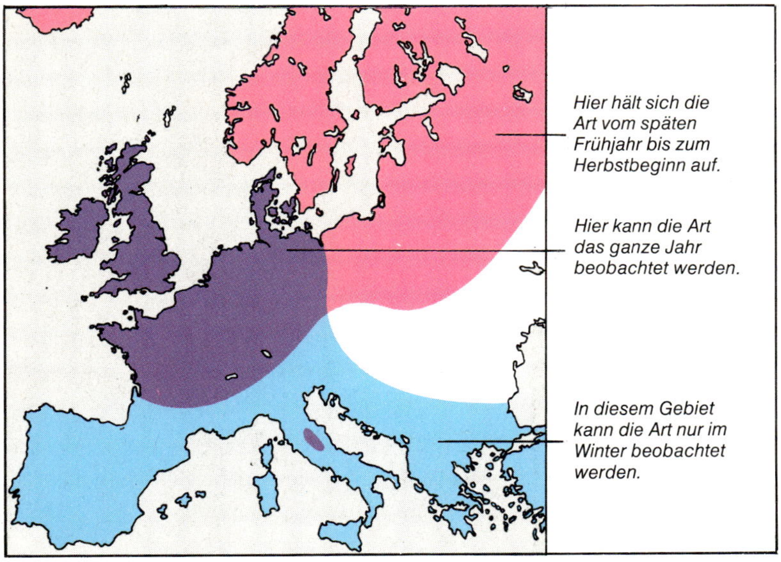

Links: Mit dieser Karte und vielen anderen Karten im Buch wird das Verbreitungsgebiet einer Vogelart innerhalb Europas veranschaulicht. Im violetten Gebiet kann die betreffende Art das ganze Jahr beobachtet werden, im blau markierten Gebiet nur vom Spätherbst bis zum zeitigen Frühjahr. Die blaßrote Farbe kennzeichnet die Gebiete des Sommeraufenthaltes vom späten Frühjahr bis zum Beginn des Herbstes. In den weißen Gebieten ist die Vogelart überhaupt nicht anzutreffen, es sei denn auf ihrem Zug zwischen den blaßrot und blau markierten Gebieten.

Oben: Der Eissturmvogel (oben) und die Silbermöwe (unten) sind sich äußerlich sehr ähnlich, gehören aber verschiedenen Ordnungen an. Die Struktur ihrer Schnäbel ist sehr unterschiedlich; die Nasenlöcher beim Eissturmvogel sind hervortretend, bei der Silbermöwe nicht.

Unten: Der Kranich (oben) und das Bläßhuhn (unten) scheinen nichts

miteinander gemeinsam zu haben, gehören aber derselben Ordnung an. Alle Vertreter dieser Ordnung sind Watvögel mit langen Beinen. Der Vertreter mit den längsten Beinen ist der Kranich, der mit den kürzesten das Bläßhuhn. Alle anderen Merkmale der Arten dieser Ordnung variieren sehr stark.

über die verschiedenen Vogelpopulationen bieten nicht nur Abwechslung und Entspannung, sondern helfen zugleich, wichtige wissenschaftliche Fragen zu klären und damit die Lebensbedingungen der Vögel zu verbessern.

Bestimmung eines Vogels

Um einen Vogel zu bestimmen, kann man verschiedene Merkmale heranziehen: Größe und Gestalt, Färbung und Zeichnung. Doch es gibt auch Arten, die sich sehr ähnlich sehen. In solchen Fällen helfen Verhalten, Flugbild, Stimme, Gesang und nicht zuletzt die Kenntnis der Lebensgewohnheiten und des Vorkommens, die Art herauszufinden.

In diesem Buch sind die Vögel in systematischen Gruppen, *Ordnungen, Familien* etc., zusammengefaßt. Eine kurze Einleitung zu jeder dieser Gruppen macht den Leser mit den charakteristischen Merkmalen und Lebensgewohnheiten dieser Vögel vertraut. Die im einzelnen aufgeführten Vogelarten sind farbig abgebildet, wobei Unterschiede zwischen Männchen und Weibchen sowie der Wechsel im Gefieder zu verschiedenen Jahreszeiten besonders hervorgehoben sind. Männchen und Weibchen sehen gleich aus, wenn bei einer Abbildung der Hinweis auf eines der beiden Geschlechter fehlt. Ergänzt werden die Abbildungen noch durch Farbaufnahmen, die den jeweiligen Vogel in einer typischen Situation festhalten. Der Text zu jeder Vogelart umfaßt den deutschen und den wissenschaftlichen Namen (Gattung und Art in Kursivdruck), die Größe, von der Schnabelspitze bis zum Schwanzende gemessen, sowie Angaben zum Verhalten und Hinweise auf die Lebensräume, in denen die betreffende Vogelart anzutreffen ist.

Klassifikation

Die Wissenschaft gliedert die Tierwelt nach morphologischen und physiologischen Merkmalen, wobei Größe und äußere Erscheinung variieren können. Manche Vogelgruppen, so zum Beispiel Ammern oder Grasmücken, setzen sich aus Arten zusammen, die eine sehr ähnliche Körpergestalt besitzen, während andere, wie die Reiher und ihre Verwandten, äußerlich sehr unterschiedlich, dafür aber von der Körperstruktur her vergleichbar sind.

Auch die Reihenfolge der aufgeführten Gruppen mag manchen befremden. Warum werden Seetaucher zuerst und Sperlinge zuletzt erwähnt? Die Lappentaucher werden direkt nach den Seetauchern aufgeführt, weil es sehr eng verwandte Wasservögel sind. Die Ammern werden direkt vor den Sperlingen behandelt, denn das sind ebenfalls engverwandte Vögel. Dagegen spiegelt die Reihenfolge der Gruppen die zeitliche Folge wider, in der sich die Vögel entwikkelt haben. Die Vögel am Anfang dieses Buches sind also älter als die zuletzt dargestellten Gruppen.

Diese Gliederung der Vogelwelt wird Klassifikation genannt. Die Ornithologen sind sich über das genaue System dieser Gliederung nicht in allen Punkten einig. Dieses Handbuch richtet sich nach der Systematik, die vom British Trust For Ornithology empfohlen wird.

Wissenschaftliche Namen

Die wissenschaftlichen (lateinisch-griechischen) Vogelnamen sind nicht nur ein internationaler Schlüssel, der von den Ornithologen auf der ganzen Welt verstanden wird, sondern haben auch eine Bedeutung. Der merkwürdige wissenschaftliche Name des Zaunkönigs zum Beispiel – *Troglodytes troglodytes* – ist von dem Wort troglodyte abgeleitet, das soviel bedeutet wie Höhlenbewohner. Der Name bezieht sich auf das Merkmal des Zaunkönigs, sein Nest in Baum- oder Mauerhöhlen zu bauen. Aber warum wird dasselbe Wort zweimal verwendet? Und wozu der *Kursivdruck*? Beides ergibt sich daraus, daß verwandte Arten in einer Gruppe zusammengefaßt werden.

Wie im übrigen Tierreich und bei den Pflanzen, so werden auch bei den Vögeln verwandte Arten in Gruppen vereinigt, die wissenschaftliche Namen haben. Alle Vögel zusammen bilden eine *Klasse* des Tierreichs. Diese Klasse trägt den Namen *Aves*, was ganz einfach Vögel bedeutet. Innerhalb dieser Klasse gibt es grobe Untergliederungen, *Ordnungen* genannt. Eine Ordnung umfaßt Vögel, die allgemeine morphologische und physiologische Übereinstimmungen aufweisen und sich aus einem gemeinsamen Vorfahren entwickelt haben. Die Küstenvögel – Regenpfeifer, Schnepfen, Alken, Möwen und Seeschwalben – bilden zusammen die Ordnung mit dem wissenschaftlichen Namen Charadriiformes. Alle Ordnungsnamen enden mit dem Suffix iformes und beginnen mit einem Großbuchstaben. Charadriiformes bedeutet ganz einfach Ordnung von Wasservögeln. Die Ornithologen gliedern das gesamte Vogelreich in etwa 30 Ordnungen, von denen 20 in Europa vorkommen. Die zu einer Ordnung zusammengefaßten Vögel werden wiederum in kleinere Einheiten, sogenannte *Familien*, unterteilt, die einen noch engeren Verwandtschaftsgrad aufweisen. So machen die kleineren Watvögel – Bekassine, Waldschnepfe, Großer Brachvogel und Wasserläufer – eine Familie aus, die den Namen Scolopacidae trägt. Die bei oberflächlicher Betrachtung sehr ähnlichen Regenpfeifer unterscheiden sich in ihrer Körperstruktur derart von fast allen anderen Watvögeln, daß sie eine eigene Familie (Charadriidae) bilden. Ebenso ist es mit den Möwen (Laridae), Seeschwalben (Sternidae) und Alken (Alcidae). Alle Familienbezeichnungen beginnen mit einem Großbuchstaben und enden mit dem Suffix idae. Laridae bedeutet Familie der Möwen.

Innerhalb einer Familie wiederum sind mehrere *Gattungen* zusammengefaßt. Eine Gattung besteht aus Vögeln, die sich sehr ähnlich sehen und eng verwandt sind.

Diese vielen Untergliederungen mögen anfangs verwirren, sind jedoch für die Definierung der Unterschiede und Ähnlichkeiten, die sich in vielen Millionen Jahren der Vogelentwicklung herausgebildet haben, sehr wichtig. Man kann diese Systematik bildlich mit einem Baum vergleichen. Der Stamm ist die *Klasse*, die Hauptäste

An dieser Futterquelle streiten drei verschiedene Meisenarten um die Nahrung. Am nächsten zur Kamera (links) zwei Blaumeisen, weiter rechts eine Kohlmeise und ihr gegenüber eine Schwanzmeise. Blaumeisen und Kohlmeisen gehören derselben Familie an, da der Körperbau sehr ähnlich ist. Wegen ihres langen Schwanzes gehört die Schwanzmeise zu einer anderen Familie.

sind die *Ordnungen*, die schlankeren Seitenäste sind die *Familien*, die noch dünneren äußeren Zweige sind die *Gattungen* und die Endverästelungen schließlich sind die *Arten*.
Alle einzelnen Arten einer Gattung sind mit einem aus zwei Teilen bestehenden wissenschaftlichen Namen belegt, mit dem Gattungs- und dem Artennamen. Der große Brachvogel heißt *Numenius arquata*, der Regenbrachvogel *Numenius phaeopus*; die Sturmmöwe trägt die Bezeichnung *Larus canus*, die Heringsmöwe *Larus fuscus*. Der Gattungsname beginnt mit einem Großbuchstaben, der Name der Art mit einem Kleinbuchstaben. Oft werden die Gattungsnamen nur mit Initialen wiedergegeben. Die Sturmmöwe wird also *L. canus*, die Heringsmöwe *L. fuscus* abgekürzt. Manchmal wird dieselbe Artenbezeichnung für verschiedene Vögel verwendet. *Major* bedeutet zum Beispiel groß und taucht bei den wissenschaftlichen Namen *Dendrocopos major* (Buntspecht) und *Parus major* (Kohlmeise) auf. Man muß also Gattungs- und Artennamen angeben, wenn man einen Vogel mit seinem wissenschaftlichen Namen kennzeichnen will. Der Artenname wird stets in Kursivdruck angegeben, um ihn deutlich von den Ordnungs-, Familien- und Gattungsnamen abzuheben, die in lateinischer Schrift vermerkt sind.

Arten und Unterarten

Verallgemeinernd kann man sagen, daß die Vertreter einer Art dieselben morphologischen und physiologischen Merkmale aufweisen. Diese absolute Artengleichheit besteht aber oft nur innerhalb eines bestimmten geographischen Verbreitungsgebietes. Untersucht man Exemplare aus allen Lebensräumen der Erde, dann kann man geringe Abweichungen feststellen, die als *geographische Varianten* bezeichnet werden. Die Exemplare, die in trockenen Regionen brüten, sind zum Beispiel meistens blasser gefärbt als die aus feuchten oder maritimen Klimazonen. Auch der Körperumfang ist bei Exemplaren aus kalten Regionen größer als bei Vögeln aus warmen Verbreitungsgebieten. Ein besonders auffälliges Beispiel für solche geographischen Varianten ist die männliche Schafstelze: in England ist ihre Kopffärbung olivgrün, in Südskandinavien und Mitteleuropa blau, in Italien und Albanien grau und in Südosteuropa schwarz. Sehr anschaulich ist auch das Beispiel der europäischen Raben- und Nebelkrähe. Die Rabenkrähe hat einen völlig schwarzen Körper; die Nebelkrähe ist bis auf ihr graues Rücken- und Bauchgefieder mit der Rabenkrähe identisch. Die beiden Vögel bewohnen verschiedene Kontinenthälften und vermischen sich dort, wo sich ihre Verbreitungsgebiete überlagern. Raben- und Nebelkrähe gehören derselben Art – *Corvus corone* – an. Um sie genauer zu kennzeichnen, muß man einen dritten Namen, den der *Unterart*, hinzufügen. Die Rabenkrähe heißt also *Corvus corone corone* (oder *C. c. corone*), die Nebelkrähe *Corvus corone cornix* (oder *C. c. cornix*). Diese zusätzliche Aufspaltung in Unterarten hat sich wahrscheinlich dadurch ergeben, daß ihre gemeinsamen Vorfahren durch die Eiszeiten in verschiedene Populationen aufgesplittert wurden. Im Laufe der Jahrtausende, in denen sie getrennt voneinander lebten, entwickelten sie sich leicht auseinander. Diese Ab-

Der Grünling schmettert sein Lied von einem erhöhten Zweig. Er ist ein Mitglied der Finkenfamilie, zu der auch Fichtenkreuzschnabel und Hänfling gehören. Finken erkennt man an ihren kräftigen Schnäbeln, mit denen sie Samenkörner leicht zu öffnen vermögen.

weichungen waren so geringfügig, daß sie sich unter natürlichen Bedingungen dennoch miteinander fortpflanzen konnten. Als die Gletscher zurückwichen, dehnten die beiden Populationen ihre Verbreitungsgebiete wieder aus, und wo sie heute aufeinanderstoßen, paaren sie sich auch.

Wie unterscheidet man zwischen Arten und Unterarten? Diese Frage ist nicht leicht zu beantworten, denn es gibt zahlreiche Fälle, in denen sich die Ornithologen bis heute nicht einig sind. Verallgemeinernd kann gesagt werden, daß sich eine Art aus einer Gruppe von Individuen zusammensetzt, die sich nur untereinander fortpflanzen können. Unterarten wiederum paaren sich, wenn sich ihre Verbreitungsgebiete überlagern, wobei es gewöhnlich eine Übergangszone von Mischformen gibt. Schwieriger ist der Fall bei Inselpopulationen, bei denen man nicht weiß, ob sie sich mit ihren engsten Verwandten vermischen würden, wenn sie nicht isoliert wären. Hier kann man lediglich Vermutungen anstellen, die auf Abweichungen in Gefieder, Gesang und Verhaltensweisen basieren. Je größer diese Abweichungen sind, um so geringer sind auch die Chancen, daß sich die Individuen paaren würden, wenn die getrennten Populationen miteinander in Kontakt kämen. Leider gibt es auch hier Ausnahmen, denn bei in Gefangenschaft lebenden Wasser- und Jagdvögeln, die keinen Brutpartner der eigenen Art finden, kommt es vor, daß sie sich mit einer anderen Art mischen. Grundvoraussetzung für die Entstehung von Unterarten ist die Isolation. Bei ausreichend lange andauernder Isolation können sich Unterarten so sehr von der ursprünglichen Art fortentwickeln, daß sie als selbständige Arten betrachtet werden müssen. In dieser Hinsicht ist die Unterartenbildung eine wichtige Phase im Entwicklungsprozeß des Vogels.

Wichtige Erkennungsmerkmale

Selbst mit einem guten Fernglas bekommt man einen Vogel nicht immer so gut zu sehen, daß er sich ohne weiteres sofort identifizieren läßt. Oft kann man einen Vogel nur hören, bekommt ihn aber nicht zu Gesicht. Deshalb gilt der Grundsatz: Je mehr man über einen Vogel weiß, um so leichter kann man ihn mit Hilfe verschiedener Merkmale bestimmen. So kann eine ungefähre Kenntnis der Gefiedermusterung in Verbindung mit anderen Merkmalen schon zur Bestimmung ausreichen, sollte die Silhouette nicht schon eindeutige Hinweise auf die Vogelart geben. Ist ein Vogel unserer Breiten zum Beispiel schwarz und weiß gefärbt, so handelt es sich höchst wahrscheinlich um eine Elster, einen Kiebitz oder einen Austernfischer. Zeichnet er sich außerdem durch einen langen Schwanz aus, so ist es mit Sicherheit eine Elster; trägt er eine lange Kopfhaube, so handelt es sich um einen Kiebitz; besitzt er einen langen Schnabel, so haben wir es mit einem Austernfischer zu tun. Oft können auch Verhaltensmerkmale die Vogelbestimmung erleichtern. So haben manche Vögel eine ganz spezielle Flugweise oder Fortbewegungsart auf dem Boden.
Ein besonders wichtiges Bestimmungsmerkmal, vor allem bei Arten, die man selten zu sehen bekommt, ist der Vogelgesang. Jeder hat schon einmal einen Kuckuck gehört, doch nur wenige würden ihn nach seinem Aussehen bestimmen können. Manche verwandte Vogelarten kann man ausschließlich durch ihren Gesang unterscheiden, so zum Beispiel Zilpzalp und Fitis. Vogelstimmen lernt man am besten auf Exkursionen mit einem erfahrenen Ornithologen oder aber von Schallplatten kennen.

Das Flugbild ist eine wesentliche Hilfe zur Bestimmung der Familie oder Ordnung, der ein Vogel angehört. Krähen besitzen breite, abgerundete Flügel mit gespreizten Schwungfedern, die wie ausgefranst wirken. Mauersegler haben sehr lange, schmale, spitz zulaufende Flügel und einen gegabelten Schwanz. Tauben erkennt man an ihrem rundlichen Körper und ihren breiten, spitz zulaufenden Flügeln. Reiher halten ihren Hals beim Flug angewinkelt in S-Form, während Kraniche und Störche ihre langen Hälse ausgestreckt halten.

Links: Einen Kleiber erkennt man sofort an der Art, wie er kopfunter am Stamm eines Baumes hängt.

Links: Baumläufer haben eine typische Art, Bäume hinauf- und hinabzuklettern, wobei sie oft in Spiralen um den Stamm laufen.

Rechts: Spechte sind dafür bekannt, mit ihren scharfen Schnäbeln Höhlen in Baumstämme zu meißeln. Hier sieht man einen Grünspecht bei der Arbeit.

Wann und wo kann man Vögel beobachten?

Wer Vögel beobachten will, ist weder an eine bestimmte Jahreszeit, noch an einen bestimmten Ort gebunden. Praktisch überall und zu jeder Zeit kann man Vögel beobachten.
Zwar halten sich immer verschiedene Vogelarten das ganze Jahr hindurch in einem Gebiet auf, möchten Sie jedoch viele unterschiedliche Vögel kennenlernen, so müssen Sie mehrere Standorte aufsuchen. Sie können nicht erwarten, daß ein Baßtölpel in Ihren Garten oder ein Eisvogel an Ihr Schwimmbecken kommt.
Die Artenzusammensetzung in einem bestimmten Gebiet variiert je nach Jahreszeit. Besucht man ein Gebiet zu verschiedenen Jahreszeiten, so kann man viele Vögel kennenlernen. Natürlich kann man im europäischen Raum keine tropischen Vögel beobachten. Selbst der aktivste Vogelfreund wird nicht mehr als 300 verschiedene Arten zu Gesicht bekommen, ohne größere Reisen zu unternehmen. Trotzdem gibt es in Europa eine Fülle interessanter Vögel.

Ein Vogeljahr

Die Vogelarten, die man in einem bestimmten Lebensraum zu verschiedenen Jahreszeiten antrifft, variieren sehr stark von einem Teil Europas zum anderen. Im Oktober hat der Winter in den arktischen Regionen bereits begonnen, während in den südeuropäischen Regionen noch Spätsommer ist. Natürlich halten sich in den beiden Lebensräumen völlig unterschiedliche Vogelarten auf.
Fast alle Vögel folgen jahreszeitlichen Rhythmen. Es ist naheliegend, den Anfang des Vogeljahrs im Frühjahr mit dem Beginn der Brutzeit anzusetzen. Garten- und Waldvogelmännchen grenzen durch ihren Gesang die Reviere ab. Viele schmücken sich mit einem prächtigen Gefieder, bevor sie mit ihrer Balz um ein Weibchen werben. Zahlreiche Küstenvögel ziehen landeinwärts zu ihren Brutplätzen. Zugvögel kehren aus den südlichen Ländern, in denen sie die kalte Jahreszeit verbracht haben, in ihre Brutgebiete zurück. Seevögel bilden Brutkolonien auf Küstenklippen oder auf Felseninseln. Gänse und einige Drosselarten ziehen zu ihren Nistplätzen nach Norden.
Im späten Frühling und Frühsommer, nachdem die Vögel ihre Eier gelegt haben und die Jungen geschlüpft sind, sieht man die Elternvögel emsig mit der Nahrungssuche beschäftigt. Entenküken und andere Jungvögel machen ihre ersten Schwimm- und Flugversuche.
Im Hoch- und Spätsommer spielt sich das Leben der Vögel weniger auffällig ab. Die Jungvögel sind selbständig geworden, die Altvögel

Die seichten Gewässer und Sümpfe des Vogelschutzgebietes bei Slimbridge in England ziehen viele Arten von Enten, Gänsen und Schwänen an. Viele kehren alljährlich hierher zurück, um den strengen Wintern im hohen Norden zu entgehen.

kommen in die Mauser und wechseln ihr Gefieder. Die Bewohner der Meeresküsten kommen ins Binnenland. Mit Beginn des Herbstes rüsten sich die Zugvögel für ihre lange Reise. Watvögel und Enten, die im Binnenland, in Sümpfen und Mooren, genistet haben, kehren in ihre Küstengebiete zurück. Vögel aus dem hohen Norden kommen zu uns, um dem strengen polaren Winter zu entgehen. Kleinere Waldvögel rotten sich zusammen, um gemeinsam auf Nahrungssuche zu gehen und in Gesellschaft an bestimmten Schlafplätzen zu übernachten. Im nächsten Frühjahr kehren die Wintergäste in ihre Brutgebiete zurück, und mit dem Eintreffen der Zugvögel beginnt ein neues Vogeljahr.

Lebensräume innerhalb Europas

Die meisten Lebensräume sind während der verschiedenen Jahreszeiten von unterschiedlichen Vogelpopulationen bewohnt. Außerdem gibt es zahlreiche Vogelschutzgebiete, in denen die Vögel ungestörter und vor menschlichen Eingriffen geschützter leben, als in den meisten anderen Lebensräumen. Hier kann man vor allem die ungewöhnlicheren und selteneren Arten beobachten.

Bewohner von Wäldern und Gehölzen

In Europa gibt es Nadelwälder, Laubwälder und Mischwälder. Die Nadelwälder bestehen zumeist aus Tannen, Fichten und Föhren. Diese Bäume sind immergrün; der Boden unter dem dichten Geäst liegt ständig im Schatten und ist daher nur spärlich bewachsen. Koniferen sind vor allem den kalten Klimazonen angepaßt, deshalb trifft man große Nadelwälder vorwiegend in nördlichen Ländern und im Hochgebirge. Laubwälder gedeihen vor allem in milderem Klima.

Obwohl die riesigen Laubwaldflächen, die einst weite Teile unseres Kontinents bedeckten, seit langem abgeholzt sind, findet man in ganz Europa, von den arktischen Zonen und Hochgebirgslandschaften abgesehen, noch viele Laubwälder. Die meisten Laubbäume besitzen große Blätter, die im Winter abfallen. Dadurch dringt mehr Licht auf den Waldboden, was den Pflanzenwuchs begünstigt. Nadelwälder sind, besonders während der kalten Wintermonate, recht ungastliche Lebensräume für Vögel. Außer dem Fichtenkreuzschnabel und dem Auerhahn können sich nur wenige Vögel von diesen Bäumen ernähren. Insektenfresser sind hier auch im Sommer nur gelegentlich anzutreffen. Einige Greifvögel, vor allem

Typische Vogelarten, die sich vorwiegend in Nadelwäldern aufhalten.

der Habicht und der Sperlingskauz, bevorzugen Nadelwälder. Dagegen werden Laubwälder von vielen verschiedenen Vogelarten aufgesucht. Besonders im Sommer gibt es hier zahlreiche Insekten- und Samenfresser, aber auch Baumbewohner und Eichelhäher. Das dichte Unterholz lockt Zaunkönige an und bietet Nistplätze für viele kleinere Vogelarten. Verschiedene Vögel, so zum Beispiel Stare und Krähen, finden sich an bestimmten Schlafplätzen im Laubwald zusammen, um in Gesellschaft zu übernachten. Im Winter sind auch die Laubwälder verhältnismäßig vogelleer.

Bewohner von Feldern, Hecken und Höfen

In ganz Europa wurden weite Waldflächen abgeholzt und Sümpfe trockengelegt, um Felder und Wiesen für die Land- und Viehwirtschaft zu gewinnen. Dieser vielfältige Landschaftscharakter mit

Typische Vogelarten, die sich vorwiegend in Laubwäldern aufhalten.

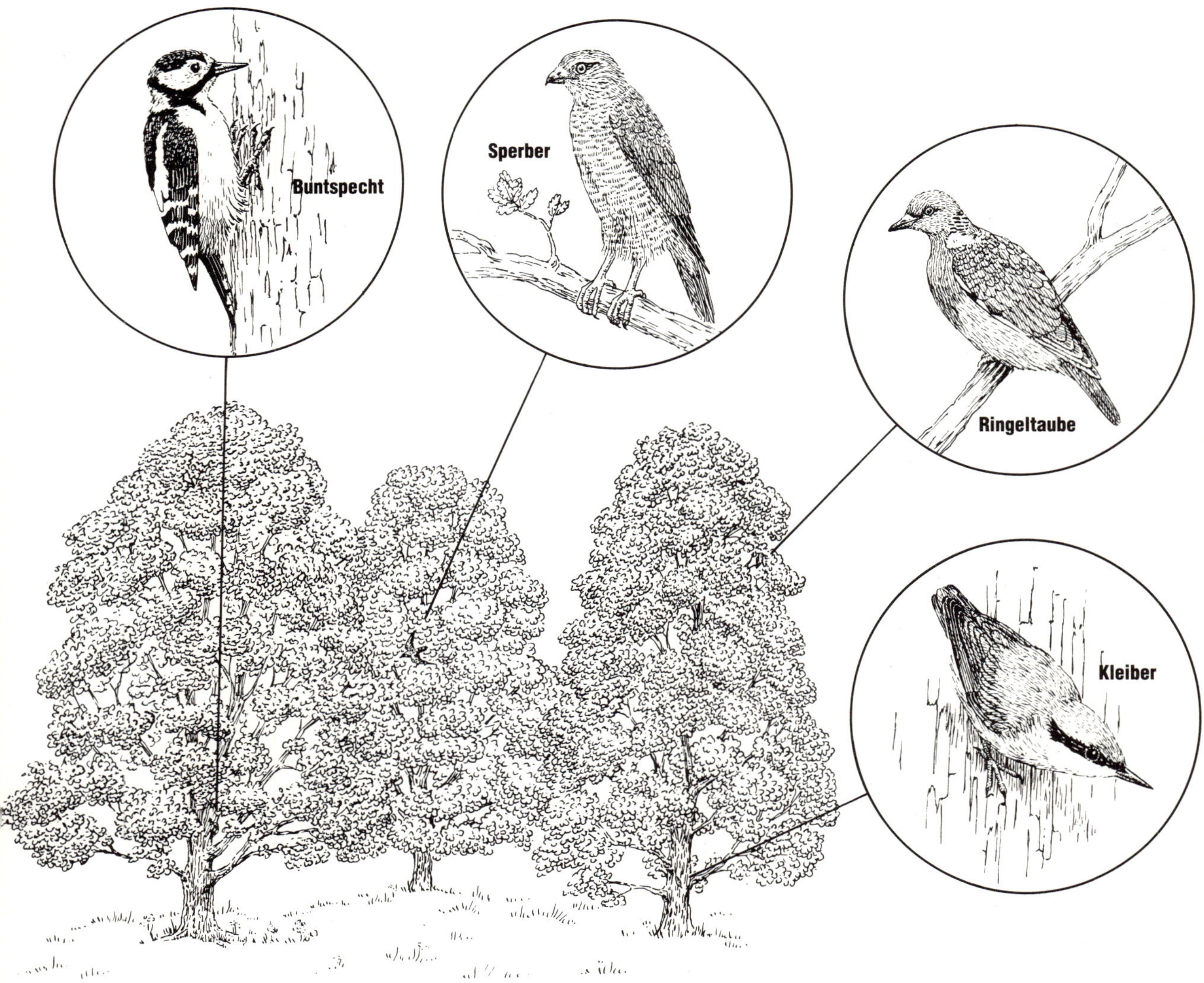

Typische Vogelarten, die sich auf Feldern, in Büschen und Hecken aufhalten.

Hecken, Baumgruppen und Bauernhöfen bietet vielen Vögeln Nahrung und Nistmöglichkeiten. Manche Vögel profitieren auch direkt vom Menschen. Spatzen und Saatkrähen suchen in kleinen Trupps auf Feldern und Äckern nach Samenkörnern. Möwen folgen oft scharenweise dem Pflug des Bauern, um Insektenlarven und Würmer aufzusammeln. Auch Elstern und Dohlen trifft man das ganze Jahr auf den Feldern an. Kiebitze finden sich im Winter an gemeinsamen Schlafplätzen auf Feldern und Wiesen zusammen und verstecken im Frühjahr ihre Nester in flachen Bodenmulden im Gras. Über ihnen zieht der Falke seine Kreise und sucht den Boden nach Mäusen und anderen Kleintieren ab.

Im Frühling bieten Büsche und Baumhecken ideale Nistplätze für viele Kleinvögel. Dort kann man Goldammern das ganze Frühjahr und den Sommer hindurch singen hören. Heckenbraunellen und Zaunkönige nisten in Feldrainen und Buschwerk. Die Schwanzmeise baut ihr eiförmiges geschlossenes Nest in Büschen oder auf Bäumen. Finkenarten nisten auf Äckern und suchen im Winter auf Feldern nach Nahrung. Während der Sommersaison fangen Schwalben, Würger und Fliegenschnäpper Insekten im Flug, während Wachteln die Kornfelder nach Getreidekörnern absuchen.

Verschiedene Vögel fühlen sich in unmittelbarer Nähe von Bauernhöfen zu Hause, weil sie dort Nahrung und Nistmaterial im Überfluß finden. Schleiereulen verwenden häufig Stroh zum Bau ihrer Nester. Schwalben nisten gern im Gemäuer von Bauernhöfen. Die Kornfelder locken Türkentauben und Felsentauben an. Auch die Bachstelze ist kein seltener Gast. Sie nistet zwischen Steinen und in Mauerlöchern und läuft nach Nahrung suchend den Hof ab.

Im Herbst findet ein bedeutender Wechsel der Vogelpopulationen statt. Insektenfresser rüsten sich zur Abreise. Watvögel brechen zu ihren Winterplätzen in Mooren und Sümpfen auf. Schwärme von Kiebitzen und Staren gehen im Winter auf gemeinsame Nahrungssuche. Fasane und Rebhühner, die zur Brutzeit ein verstecktes und zurückgezogenes Leben geführt haben, wagen sich ins offene Gelände.

Links: Die Feldlerche baut ihr Nest am Boden und versteckt Eier und Jungvögel im Gras. Außerhalb der Brutzeit rotten sich Feldlerchen oft zusammen, um auf Feldern und Weideflächen gemeinsam auf Nahrungssuche zu gehen.

Links: Auch Rothühner sind Bodenbrüter und sehr schwer zu entdecken. Im Vertrauen auf ihre Tarnfarben bleiben sie bei Gefahr sehr lange auf den Eiern sitzen.

Bewohner der Gebirge, Hochmoore und Heidelandschaften

Rechts: Typische Vogelarten, die sich in Gebirgen und Hochmooren aufhalten.

Gebirgshänge sind gewöhnlich mit Laubwäldern bestanden, über denen sich ein Nadelwaldgürtel erstreckt. Oberhalb der Baumgrenze gibt es nur niedrigen Pflanzenwuchs. Ab einer gewissen Höhe verschwinden dann auch die widerstandsfähigsten Pflanzen und es bleibt nichts als karstiges Felsgestein.

Selbst in diesen unwirtlichen Höhen leben Vögel. Alpenschneehuhn und Mauerläufer finden an den steinigen Berghängen ausreichend Nahrung. Auch Schneeammern und Schneefinken sind hier anzutreffen. Adler ziehen hoch am Himmel ihre Kreise und suchen den Boden mit ihren scharfen Augen nach Beute ab. Alpenkrähen und Alpendohlen fliegen in außergewöhnlichen Höhen, um sich dann überraschend auf ihre Opfer zu stürzen. Zahlreiche Vögel nisten gern an hohen, steilen Felsen, um ihre Eier und Jungen vor räuberischen Eindringlingen zu schützen.

Hochmoore und Heidelandschaften sind von niedrigen Pflanzen bewachsen. Man trifft auch Bäume und Büsche an, der Boden ist jedoch zu trocken, das Land zu stark dem Wind ausgesetzt, um größere Waldbestände zu ermöglichen. In der Mittelmeerregion gibt es viele solcher Ödlandgebiete mit spärlichem Pflanzenwuchs.

Hier leben verschiedene Bodenvögel wie Wiesenpieper, Feldlerchen und Heidelerchen oft das ganze Jahr hindurch. Steinmätzer suchen die Hochmoore und Bergweiden nach Insekten ab. Auch größere Vögel sind in dieser Landschaft anzutreffen. Im Sommer kommen zum Beispiel verschiedene Regenpfeifer- und Schnepfenvögel hierher zum Nisten; im Herbst ziehen sie jedoch zu ihren Küstenwinterplätzen. Im Gegensatz dazu halten sich Rauhfußhühner das ganze Jahr hindurch in Mooren und Heidegebieten auf, denn für sie gibt es hier zu jeder Jahreszeit ausreichend Sämereien und Insekten.

Unten: Der Steinadler zieht seine Jungen in entlegenen Hochgebirgsgegenden auf schroffen Felsvorsprüngen groß.

Bussard
Ringdrossel
Alpendohle
Steinmätzer
Birkhuhn
Wiesenpieper

Bewohner von Seen, Flüssen und Sümpfen

Zahlreiche Vögel sind auf unseren Binnengewässern zu Hause. Entweder schwimmen sie auf dem Wasser und ernähren sich von Wasserpflanzen oder sie tauchen nach Fischen und anderen Wassertieren. Andere waten zur Nahrungssuche in seichten Gewässern oder stochern in schlammigem Boden nach Würmern und Schalentieren.

In Europa gibt es Seen aller Größen. Tauchvögel finden in den unterschiedlichsten Wassertiefen ihre Nahrung. Während der Sommermonate sieht man Fischadler über dem Wasser kreisen oder rütteln und mit den Füßen voran nach Fischen tauchen. Seetaucher und Lappentaucher verbringen den Sommer auf Binnengewässern. Auch viele Tauchenten leben in der warmen Jahreszeit auf Seen und Teichen. Die seichten Gewässerränder der Seen sind ein bevorzugter Aufenthaltsort von Schwimmenten und Schwänen, die mit dem Kopf tief ins Wasser tauchen und nach pflanzlicher Nahrung suchen. An grasbewachsenen Seeufern kann man verschiedene Gänsearten beobachten.

Links und rechts unten: Typische Vogelarten, die sich an Flüssen und Seen und in Sümpfen aufhalten.

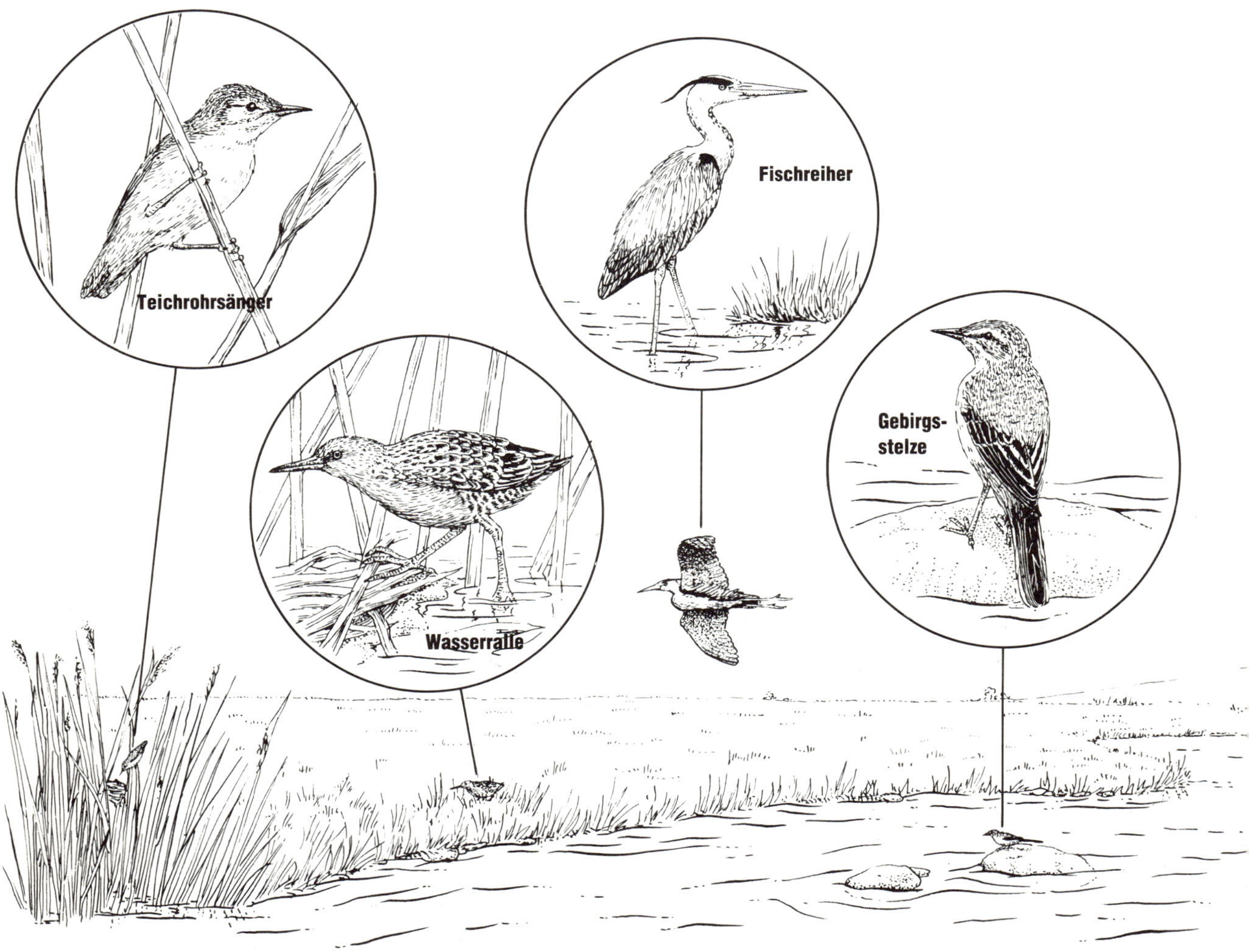

Viele Vogelarten sind an das Leben in Fließgewässern angepaßt, wobei die meisten jedoch schwache Strömungen vorziehen. Wasseramseln leben vor allem an Gebirgsbächen und an klaren Gewässern der Ebenen. Sie fliegen die Bäche auf und ab, können schwimmen und tauchen und sogar am Boden des Baches entlanglaufen. Auch die farbenprächtigen Eisvögel kann man an Flüssen beobachten. Sie sitzen lauernd am Wasserrand und tauchen im Sturzflug nach kleinen Fischen und Wasserinsekten. Auch die Gebirgsstelze lebt vorwiegend an Flüssen. Schafstelzen und Schwalben sieht man im Sommer häufig dicht über dem Wasser fliegen und nach Insekten jagen.
Die seichten Wasser, feuchten Wiesen und Schilfzonen der Sümpfe und Seeufer ziehen andere Vogelarten an. Langbeinige Watvögel stehen oder stelzen im Wasser. Teichhühner und Bläßhühner schwimmen auf dem Wasser und nisten im Schilf. Das Schilfdikkicht bietet auch scheuen Vögeln wie Rohrdommeln, Grasmücken, Wasserrallen und Bartmeisen Zuflucht. Regenpfeifer und Schnepfen stochern in feuchten Böden nach Nahrung. Sie nisten in Sümpfen, wo viele auch im Winter bleiben, wenn der Frost nicht zu stark wird. Über dem Schilf suchen Weihen im ruhigen Gleitflug nach Beute.

Links: Eine Silbermöwe und ein Baßtölpel-Paar auf dem Nistplatz.

Rechts: Typische Vogelarten, die das Meer bevölkern und an Küsten brüten.

Bewohner der Meere und Klippen

Kein Meeresvogel hält sich das ganze Jahr hindurch auf hoher See auf. Er muß einmal jährlich zum Brüten an Land kommen. Außerhalb der Brutzeit fliegen viele Vögel, die an den Küsten Europas nisten, aufs Meer hinaus und können dann nur von Schiffen aus beobachtet werden. Zu diesen Seevögeln zählen Sturmtaucher, Sturmschwalbe, Baßtölpel, Dreizehenmöwe und Alken. Ein Großteil von ihnen ist auf dem Atlantischen Ozean anzutreffen, einige auch auf dem Mittelmeer.

Die meisten Meeresvögel halten sich im Bereich des Festlandsockels auf. Bis auf die Schwalbenmöwe und die Dreizehenmöwe bleiben alle Möwen in Sichtweite des Festlandes oder der Inseln.

Man kann Möwen das ganze Jahr hindurch an den Küsten beobachten, wenn auch viele zu Beginn des Winters ins Binnenland ziehen. Der Winter ist eine günstige Zeit, um Eiderenten, Mittelsäger und andere Enten zu beobachten, die im Küstenbereich nach Nahrung tauchen. Im Sommer sieht man nistende Seevögel dicht über dem Wasser fliegen. Seeschwalben nisten in Kolonien an Stränden und tauchen aus der Luft nach Fischen. Baßtölpel und Alken brüten in Kolonien auf Küstenfelsen und Felseninseln. Kormorane und Krähenscharben können zu jeder Zeit beobachtet werden; sie fliegen dicht über den Wellen und lassen sich vor dem Tauchen auf dem Wasser nieder. Oft sieht man sie mit halbgeöffneten Flügeln auf Felsen sitzen, wo sie ihr Gefieder trocknen lassen, das nicht wasserfest ist.

Felseninseln und Felsklippen bieten sichere Nistgelegenheiten für Meeresvögel, die sich im Frühjahr und Sommer zu großen Kolonien zusammenfinden. Papageitaucher und Sturmtaucher brüten in zum Teil selbstgegrabenen Höhlen im Erdreich felsiger oder grasiger Inseln. Auf Felsvorsprüngen nisten Baßtölpel, Trottellumme, Tordalk, Dreizehenmöwe und Eissturmvogel. Da ihre Kolonien zum Teil überbevölkert sind, brütet die Dreizehenmöwe auch an Gebäuden in Küstenstädten. Felsklippen werden außerdem von Dohlen, Krähen, Turmfalken und Wanderfalken bevölkert, die ge-

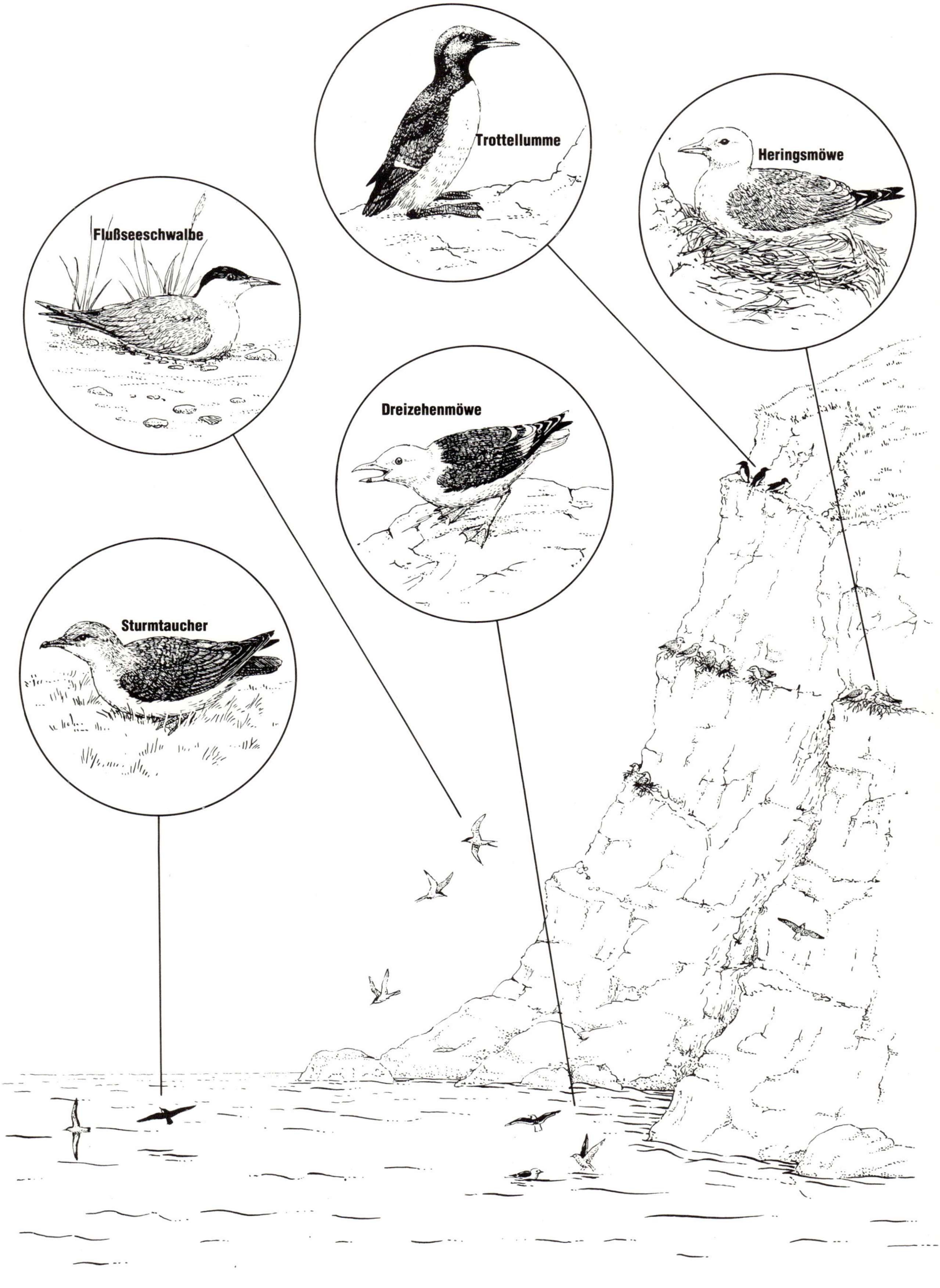
Trottellumme
Heringsmöwe
Flußseeschwalbe
Dreizehenmöwe
Sturmtaucher

wöhnlich im Binnenland brüten. Sandige Flußufer und Sandgruben bieten hervorragende Nistgelegenheiten für Uferschwalben. Sie sind zwar keine Seevögel, suchen aber gelegentlich Nahrung im Küstenbereich.

Rechts: Austernfischer finden sich in großen Gruppen zusammen, um bei Ebbe zwischen Felsen und auf Wattflächen gemeinsam nach Nahrung zu suchen.

Bewohner der Meeresküsten

Auf den ersten Blick ist die Meeresküste kein geeigneter Lebensraum für Vögel, doch das Gegenteil ist der Fall. Bei Flut sind die nackten Felsen und die weiten Kies- und Sandflächen sehr ungastlich, sobald jedoch das Meer zurückgeht, wird ein großes Angebot an Nahrung freigelegt, das die verschiedensten Vogelarten anlockt. Miesmuscheln kleben an den Felsen; kleine Meerestiere suchen unter den Kieseln und zwischen dem Seegras Schutz. Schalentiere und Würmer sind im Sand vergraben. Die Mittelmeerküsten mit ihrem viel schwächeren Gezeitenunterschied sind keine so ertragreiche Nahrungsquelle für Vögel. Die Küsten des Atlantischen Ozeans und der Nordsee sind starken Gezeitenunterschieden ausgesetzt und bieten reichere Nahrung. Austernfischer und Steinwälzer kann man das ganze Jahr an der Küste beobachten. Andere Vögel kommen nur zum Nisten hierher. Seeschwalben legen ihre gesprenkelten Eier zwischen Kieselsteine, wo sie kaum sichtbar sind. Auch Regenpfeifer nisten gern an steinigen Küsten.
Die weiten, offenen Sandstrände ziehen nur wenige Vögel zum Nisten an, dafür kann man hier im Winter zahlreiche Vogelarten beobachten. Gleiches gilt für die Schlammzonen der Küsten und Flußmündungen. Regenpfeifer und Schnepfenvögel rotten sich im Winter zu großen Schwärmen zusammen. Säbelschnäbler waten in seichten Gewässern. Auch Seetaucher, Lappentaucher und Enten kommen im Winter in großen Scharen. Gänse gehören ebenfalls zu den Wintergästen der Küsten und Flußmündungen und ernähren sich vorwiegend von Seegras und anderer Meeresvegetation. Vor allem die Zugzeiten sind für den Vogelbeobachter interessant.

Links und rechts unten: Typische Vogelarten, die sich an Meeresküsten aufhalten.

Großer Brachvogel
Knutt
Pfuhlschnepfe

Vogelarten, die sich gern in Städten aufhalten.

Auch ungewöhnlichere Arten machen hier zur Nahrungssuche Rast. Viele Vögel folgen auf ihrem Zug den Küstenstreifen und legen an günstigen Stellen Futterpausen ein.

Bewohner der Städte

Zahlreiche Vögel halten sich gern in der Nähe des Menschen, in Städten, Dörfern und Siedlungen auf. Sie werden vom Menschen gefüttert, fressen Abfälle oder suchen in Parkanlagen und Gärten nach Nahrung. Verwilderte Haustauben leben in Stadtzentren. Der Haussperling hält sich schon seit Jahrtausenden in der Nähe des Menschen auf und ist ihm bis in die Zentren der Städte gefolgt. Bei-

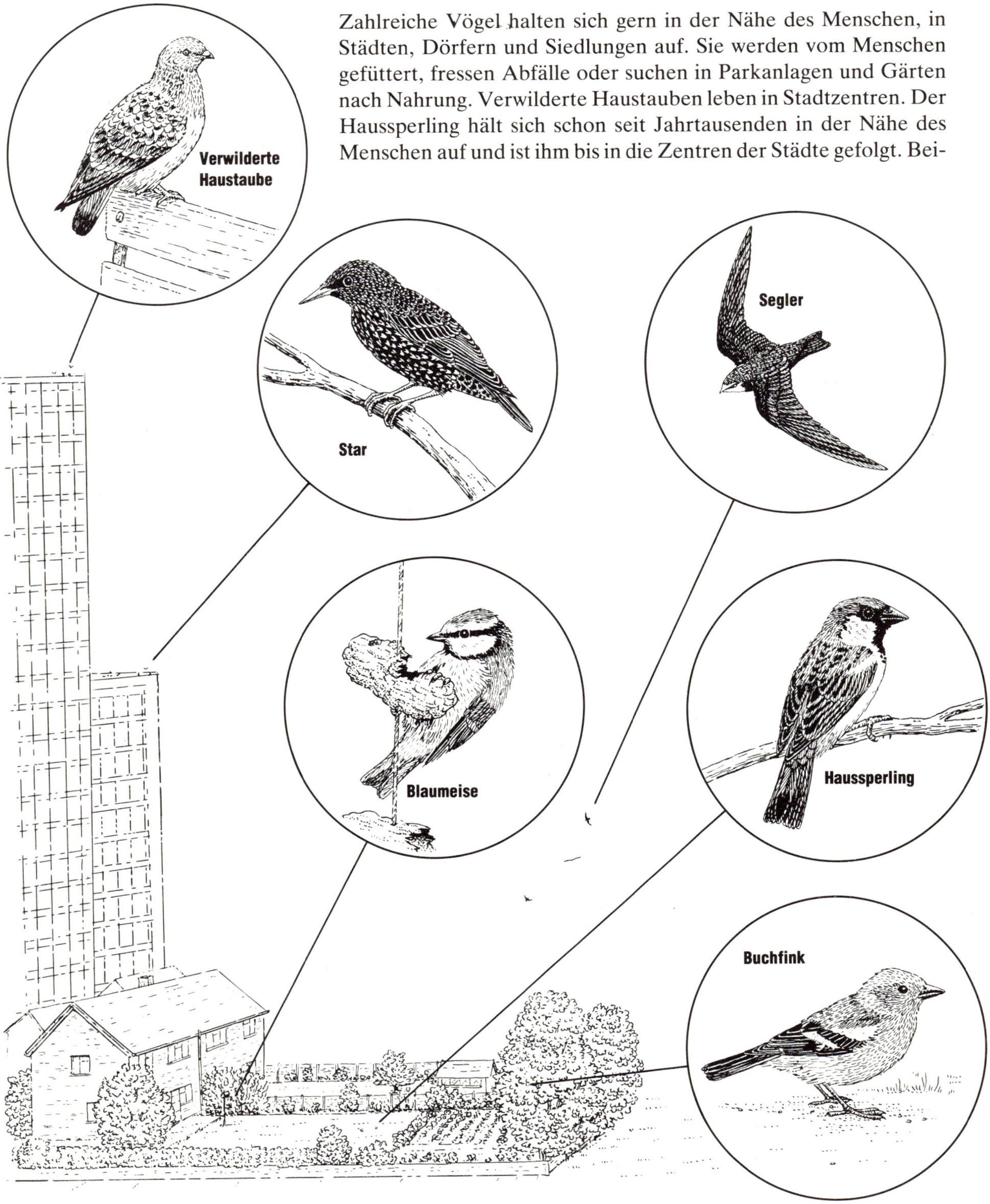

de Vogelarten ernähren sich von pflanzlichen Stoffen, von Brot und Abfällen. Auch den Turmfalken kann man in unseren Städten beobachten, wo er vor allem Jagd auf Spatzen macht. Stare kommen in Schwärmen abends in die Stadtzentren, nachdem sie tagsüber in Parks, Gärten und umliegendem Kulturland nach Nahrung gesucht haben.

Das Stadtleben der Vögel ist besonders interessant, weil es von einer Ortschaft zur anderen variiert und sehr abrupten Veränderungen unterworfen ist. Manche Städte ziehen ganz bestimmte Vogelarten an. In Städten sind Vogelpopulationen größeren Schwankungen unterworfen als in der offenen Landschaft. Die Schwarzen Milane waren einst Bewohner der europäischen Städte. Sie ernährten sich von Abfällen und wurden durch die Verbesserung der hygienischen Verhältnisse vertrieben. Auch Raben waren in Ortschaften anzutreffen, doch sie zogen fort, als sich die Städte ausdehnten. Noch vor etwa einem Jahrhundert gab es in unseren Städten keine Möwen, heute sind sie zu einer Stadtplage geworden. Die Starinvasionen in unseren Stadtzentren sind keine hundert Jahre alt. Sperlinge dagegen ziehen sich allmählich aus unseren Ortschaften zurück. Seitdem die Autos die Pferde verdrängt haben, ist eine wichtige Nahrungsquelle des Spatzen verlorengegangen.

Parkanlagen und Gärten beherbergen viele typische Waldvögel, vor allem Meisen, Drosseln und Finken. Hier finden sie sichere Nistplätze und im Sommer wie im Winter ausreichend Nahrung. Schwalben und Segler haben sich in den Außenbezirken der Städte angesiedelt. Sie halten sich nicht in den Zentren auf, weil es hier weder ausreichend Insektennahrung, noch Schlamm und Stroh zum Bau ihrer Nester gibt.

Ein Weißstorchpaar an seinem Nest, das es auf einen Schornstein gebaut hat. Der Weißstorch ist in Europa ein gern gesehener Gast, deshalb hindert man ihn nicht daran, sein Nest auf Häusern zu errichten.

Vogelwarten in Europa

Die Buchstaben s, w und z geben die jeweils günstigste Jahreszeit zur Beobachtung an; s = Sommer, w = Winter und z = Zugzeit.

Belgien
1 Blankaart *s*
2 Campine *s*
3 Genk *s, z*
4 Hautes-Fagnes Nationalpark *s, z*
5 Yser-Mündung *s, z*
6 Zwin *s, w, z*

Bulgarien
1 Burgas *s, z*
2 Rila *s*
3 Srebarna-See *s*

Bundesrepublik Deutschland
1 Bodensee *s, w, z*
2 Elbemündung *s, w, z*
3 Federsee *s*
4 Helgoland *s, z*
5 Husum *s*
6 Inn-Seen *s, w, z*
7 Kieler Bucht *s, z*
8 Kühkopf *s, z*
9 Oberammergau *s*
10 Üthorn *s, w, z*

Dänemark
1 Blaavandshuk *w, z*
2 Linfjord *s, z*
3 Naskov Indrefjord *s, w, z*
4 Ringkøbing Fjord *s, w, z*
5 Skagen *s, w, z*
6 Tisso *s, w, z*

Finnland
1 Aland Inseln *s*
2 Enontekiö *s*
3 Inari-See *s*
4 Karigasniemi *s*
5 Oulanka Nationalpark *s*
6 Parikkaka *s*

Frankreich
1 Bucht von Aiguillon *s, w, z*
2 Bourget-See *s, w*
3 La Brenne *s, w, z*
4 Camargue *s, w, z*
5 Dombes *s, z*
6 Port de Gavarnie *s, w, z*
7 Landes *s, w, z*
8 Golf du Morbihan *s, w, z*
9 Ile de l'Olonne *s, z*
10 St. Flour *s, w, z*
11 St. Nazaire *s, w, z*
12 Sept-Iles *s*
13 Sologne *s, z*
14 Vanoise Nationalpark *s*

Griechenland
1 Ambraskischer Golf *s, z*
2 Avas-Schlucht *s*
3 Korinth *s*
4 Delphi *s*
5 Evros Delta *s, w*
6 Ionnina *s, z*
7 Koronia-See *s, z*
8 Mesolongion *s, z*
9 Meteora *s*
10 Nestos-Delta *s, z*
11 Porto Lago *s, z*
12 Pirgos *s*

Großbritannien
1 Cley *s, w, z*
2 Dee-Delta *s, w, z*
3 Farne-Inseln *s, w, z*
4 Firth of Forth *s, w, z*
5 Minsmere *s, w, z*
6 Nordkent-Sümpfe *s, w, z*
7 Shetland-Inseln *s*
8 Skokholm und Skomer *s, z*
9 Slimbridge *s, w, z*
10 Speyside *s*

Irland
1 Cape Clear Insel *z*
2 Bucht von Dublin *s, w, z*
3 Lough Erne *s, w*
4 Kerry Inseln *s*
5 Lough Neagh *s, w, z*
6 Strangford Lough *s, w, z*
7 Wexford Slobs *s, w, z*

Island
1 Huna-Bucht *s*
2 Myvatn *s*
3 Snaefellsnes *s*
4 Thingvallavatn *s*
5 Westmänner-Inseln *s*

Italien
1 Abbruzzen Nationalpark *s*
2 Capri *z*
3 Gargano *s, w, z*
4 Gran Paradiso Nationalpark *s*
5 Orbetello *s, w, z*
6 Oristano (Sardinien) *s, w, z*
7 Lagunen von Venedig *s, z*

Jugoslawien
1 Baranja *s*
2 Carska Bara *s, z*
3 Dojransko-See *s, z*
4 Metković *s, w, z*
5 Obedska Bara *s*
6 Plitvice *s*
7 Skutari-See *s, z*
8 Titov Veles *s, z*

Niederlande
1 Biesbosch *s, w, z*
2 Hoge Veluwe und Veluwezoom *s*
3 Naardermeer *s*
4 Oostelijk Flevoland *s, w, z*
5 Texel *s, z*
6 Westzaan *s*
7 Zwanenwater *s, z*

Norwegen
1 Börgefjell Nationalpark *s*
2 Dovrefjell *s*
3 Hardanger Vidda *s*
4 Lofot-Inseln *s*
5 Runde *s*
6 Utsira *z*
7 Varangerfjord *s*

Österreich
1 Großglockner-Paß *s*
2 Neusiedler-See *s, w, z*

Polen
1 Bartsch-Tal *s, z*
2 Beibranski-Sümpfe *s*
3 Bialowieska-Wälder *s*
4 Bieszczady-Berge *s*
5 Druzno-See *s, w, z*
6 Goplo-See *s*
7 Kampinoski Nationalpark *s*
8 Krynica Morska *z*
9 Masuren-Seen *s*
10 Pieniny-Berge *s*
11 Slowinski Nationalpark *s, z*
12 Tatrzanski Nationalpark *s*
13 Wolin-Inseln *s, z*

Portugal
1 Aveiro *s, z*
2 Berlenga-Inseln *s, z*
3 Elvas *s*
4 Faro *s, z*
5 Sado und Tagus Mündungen *s, w, z*
6 Sines *s, z*

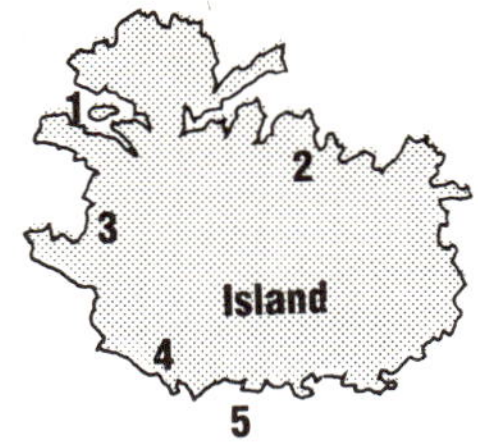

Norwegen
Schweden
Finnland
Dänemark
Polen
Bundesrepublik Deutschland
Schweiz
Österreich
Ungarn
Rumänien
Jugoslawien
Bulgarien
Italien
Griechenland
Türkei
Rumänien
1 Båneasa s
2 Calarasi s
3 Donau-Delta s, z
4 Oltenita s
5 Satchinez s
Schweden
1 Abisko s
2 Annsjon s, z
3 Falsterbo s, z
4 Getteron s, z
5 Gotland s, z
6 Hornborgasjon s, z
7 Kvismaren s, w, z
8 Osten s, w, z
9 Oland s, z
10 Oset s, z
11 Sappisassi s
12 Takern s, z
Schweiz
1 Bretolet-Paß s, z
2 Chavornay s, z
3 Grindelwald s
4 Genfer-See s, z
5 Neuburger-See s, z
6 Mont Tendre s
Spanien
1 Andorra s
2 Badaioz s
3 Coto Donana s
4 Ebro-Delta s, w, z
5 Estartit s
6 Gibraltar s, z
7 Sierra Guadarrama s
8 Mallorca s, z
9 Sierra Nevada s
10 Ordesa Nationalpark s
11 Silos s
Türkei
1 Apolyont-See s, z
2 Bosporos z
3 Iznik-See s, z
4 Manyas-See s, z
Ungarn
1 Baskony-Wald s
2 Csakvar s
3 Hortobagy s
4 Kisbalaton s
5 Osca-Wald s
6 Saser s
7 Kecskemet s, z
8 Velencer-See s

Praxis der Vogelbeobachtung

Ganz gleich, ob sich ein Laie oder ein Fachwissenschaftler der Vogelbeobachtung widmet, stets ist diese Beschäftigung anregend und sinnvoll. Die Vogelbeobachtung beginnt bei den sogenannten Haustürornithologen, die vom Fenster aus, auf dem Weg zur Arbeit oder auf einem Spaziergang dem Treiben der Vögel interessiert zuschauen und daran ihre Freude haben. Viele dieser Vogelfreunde möchten die Vögel, denen sie begegnen, gern bestimmen und mehr über ihre Lebensweise wissen. Mit der Liebe zum Vogel und der Anteilnahme an seinem Verhalten fängt es an. Dann erwachen Neugier und Entdeckerfreude und schließlich begnügt man sich nicht mehr damit, immer wieder dieselben Arten zu beobachten. Auf Reisen und im Urlaub hält man nach anderen Vögeln Ausschau und bemüht sich immer eifriger, neue Arten kennenzulernen. Man beobachtet immer intensiver, dringt immer tiefer in die Geheimnisse des Vogellebens ein, schließt sich ornithologischen Gruppen an, die Exkursionen veranstalten und widmet dem neuen Hobby immer mehr Zeit. Das Bestimmen und Einordnen neuer Vogelarten ist dann nicht mehr das Wichtigste: gründliche Verhaltensstudien und praktische Aufgaben im Dienste der Vogelforschung und des Vogelschutzes treten in den Vordergrund. Man beteiligt sich zum Beispiel an Vogelzählungen und Beringungsaktionen oder an der Beaufsichtigung eines Vogelschutzgebietes.
Ob die Vogelbeobachtung mit viel Aufwand betrieben wird oder nicht, ob es sich um ein Laieninteresse oder um wissenschaftliches Engagement handelt, in jedem Fall gelten grundsätzliche Regeln für die Ausrüstung und für die Verhaltensweisen, die bei Vogelbeobachtungen unbedingt zu beachten sind. Diese Regeln helfen dem Vogelfreund, möglichst viele Vogelarten zu Gesicht zu bekommen und gleichzeitig die Vögel so wenig wie möglich zu stören.

Ausrüstung

Das Hobby der Vogelbeobachtung ist weitaus billiger als viele andere Hobbies, da man zum Anfang gar keine Ausrüstung benötigt. Man kann schon eine Menge über die Vögel lernen, wenn man ganz einfach die Augen offenhält. Um die Beobachtungen besser auswerten zu können, empfiehlt es sich jedoch, einige wenige Ausrüstungsgegenstände anzuschaffen.
Vogelbeobachtungen sind wenig sinnvoll, solange man nicht weiß, welche Vogelarten man vor sich hat. Ein gutes Vogelbestimmungsbuch ist daher unerläßlich. Ein solcher Führer ist mit Illustrationen aller Vögel ausgestattet, die man in einer bestimmten Region antrifft. Das Buch sollte in die Manteltasche passen, damit man die Hände frei hat, wenn man das Buch nicht benutzt. Außerdem empfiehlt sich die Anschaffung einer Vogelkunde und einiger Handbü-

Eine Gruppe von Vogelbeobachtern hält von einem Deich aus Ausschau nach Seevögeln. Die Deichmauer gibt den Vogelbeobachtern Deckung und bietet ihnen gleichzeitig eine ideale Aussicht auf Küste und Meer.

cher, die grundlegend über die Welt der Vögel informieren. Für den Vogelfreund, der sich besonders für eine bestimmte Vogelgruppe, sagen wir für die Greifvögel, interessiert, gibt es Spezialwerke. Außerdem kann der passionierte Vogelbeobachter Fachzeitschriften und Magazine lesen, die von ornithologischen Gesellschaften herausgegeben werden. Neue wissenschaftliche Ergebnisse der Ornithologie werden stets zuerst in Fachzeitschriften veröffentlicht.

Ferngläser und Fernrohre

Hält man einen Vogel in der Hand, so ist es nicht schwer, ihn nach Körperbau, Größe und anderen Merkmalen zu bestimmen. Im Freien ist das jedoch oft sehr kompliziert, denn der Vogel ist mehr oder weniger scheu und wahrt immer einen gewissen Abstand. Deshalb ist ein Fernglas oder Fernrohr das wichtigste Hilfsmittel der Vogelbeobachtung. Damit kann man die Vögel deutlich und genau betrachten, ohne sich mühsam anschleichen zu müssen und ohne sie zu stören.
Ferngläser sind leichter zu handhaben als Fernrohre, bieten aber keine so starke Vergrößerung. Das ist nicht unbedingt ein Nachteil, da das Gesichtsfeld kleiner wird, je höher die Vergrößerung ist. Bei einem kleinen Gesichtsfeld ist es wesentlich schwieriger, ein bewegliches Beobachtungsobjekt zu lokalisieren und im Blickfeld zu behalten. Andererseits müssen die Gläser stark genug sein, um Einzelheiten des Vogelkörpers und des Vogelverhaltens sichtbar zu machen. Jedes Fernglas ist mit Angaben wie etwa 6×30 oder

10 × 60 versehen. Die erste Zahl gibt die Stärke der Vergrößerung an. Das Objekt erscheint also sechs- oder zehnmal größer als mit dem bloßen Auge. Die zweite Zahl vermittelt den Durchmesser des Objektivs in Millimetern. Je höher diese Zahl ist, um so weiter ist das Gesichtsfeld und um so größer ist die Lichtstärke. Man könnte daraus schließen, daß es sich bei den höchsten Werten um das optimale Fernglas handelt, aber zu starke Gläser sind in der Regel für Exkursionen zu unhandlich und schwer. Man kann sie kaum so ruhig halten, daß die Vögel in der starken Vergrößerung nicht ständig verwackeln. Die schwersten Gläser zur Vogelbeobachtung liegen bei 10 × 50, die leichtesten bei 7 × 30. Wählen Sie zwischen diesen Werten ein Fernglas nach Ihren Vorstellungen, aber auf keinen Fall ein schweres, da es kaum ohne Zittern freihändig benutzt werden kann. Tragen Sie Ihr Fernglas stets mit einem Riemen um den Hals, damit es nicht zu Boden fallen kann und Sie bei Bedarf die Hände frei haben.

Fernrohre bieten eine wesentlich stärkere Vergrößerung als Ferngläser. Sie sind eine sehr gute Ergänzung zum Fernglas und sollten mit einem Stativ befestigt werden, damit das Objekt nicht verwakkeln kann. Manche Fernrohre sind mit Gummilinsen ausgestattet, die durch mechanische Veränderung der Linsenabstände das Lokalisieren des Beobachtungsobjektes erleichtern.

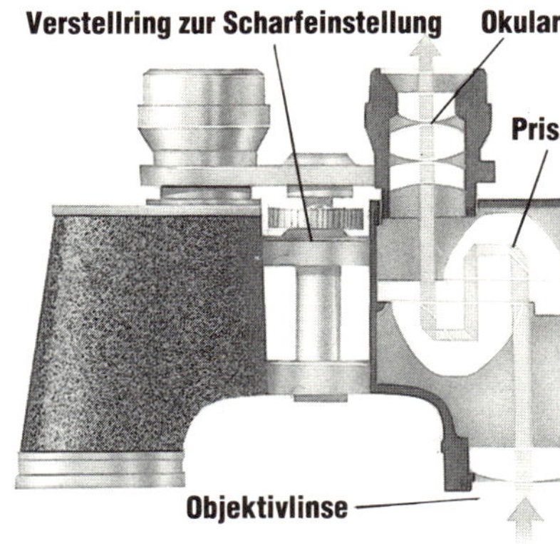

Oben: Die meisten Ferngläser sind Prismenfeldstecher. Die Prismen reflektieren die Lichtstrahlen innerhalb des Gerätes, so daß dieses sehr viel kleiner und handlicher ist als ein Fernrohr.

Notizen

Zur weiteren Ausrüstung des Vogelfreundes bei seinen Streifzügen gehört ein Notizbuch. Viele Vogelbeobachter machen, noch während sie den Vogel betrachten, knappe Notizen, die sie später zu Hause mit Abbildungen und Beschreibungen vergleichen. Andere ziehen es vor, ihre Beobachtungen auf Kassettenrekorder aufzunehmen. Das hat den Vorteil, daß der Beobachter beide Hände frei hat, um das Fernglas zu halten. Trotzdem sollte man auch bei dieser

Methode ein Notizbuch bei sich haben, damit man gegebenenfalls Skizzen von bestimmten Vogelarten anfertigen kann.
Die jeweiligen Beobachtungen sofort festzuhalten, ist eine große Hilfe, wenn man über die Expeditionen Tagebuch führt. Es ist sehr unterhaltsam, Monate oder Jahre später die einstigen Beobachtungsgänge nachvollziehen zu können. Will man jedoch seine Beobachtungen auswerten, vielleicht Artikel darüber schreiben, dann sind Notizen unerläßlich.
Wer die beobachteten Vögel auflisten will, für den gibt es vorgedruckte Beobachtungsblätter, auf denen er die Vogelarten ankreuzen und besondere Vermerke über Datum, Wetter, Lebensraum und andere Merkmale anbringen kann.
Wenn Sie eine Vogelart entdecken, die Sie noch nie zuvor gesehen haben, oder spezielle Beobachtungen über einen Ihnen schon bekannten Vogel gemacht haben, so sind detaillierte Notizen mit Datum, Uhrzeit, Ort, Wetter und gegebenenfalls Windrichtung zu empfehlen. Außerdem sollten Sie Angaben über die Größe des Vogels und seinen Gesang, über Art, Anzahl und Geschlecht anderer Vögel in seiner Gesellschaft notieren und möglichst eine komplette Beschreibung und eine Skizze des Vogels mit Körpermerkmalen und Gefiederfarbe beifügen.

Beobachtungsstreifzüge

Bei Beobachtungsgängen muß man stets darauf achten, unauffällig gekleidet zu sein. Da jeder freilebende Vogel den Menschen für einen Feind hält, sollte man möglichst gedeckte Kleidung tragen; leuchtende Farben sind zu vermeiden. Besonders günstig sind dunkelgrüne, olivgrüne, braune oder graue Farben mit Tarnmustern, die der Umgebung angepaßt sind. Tragen Sie eine unauffällige Kopfbedeckung, jedoch keinen Hut, weil Vögel gewöhnlich davor erschrecken. Außerdem sind Handschuhe zu empfehlen. Vermeiden Sie glitzernde Metallteile an Kameras oder Ferngläsern. Vergessen Sie nicht, daß Sie oft lange Zeit stehen oder sitzen müssen, und daß es kalt oder naß werden kann. Ihre Kleidung sollte also warm und wasserundurchlässig sein. Wichtig sind auch wetterfeste und bequeme Schuhe. Tragen Sie Ihre Ausrüstung in einem Rucksack und nehmen Sie ein aufblasbares Kissen mit, damit Sie bequem sitzen können.
Planen Sie Ihre Exkursionen sorgfältig. Konsultieren Sie Gezeitentafeln, wenn Sie sich am Meer aufhalten, und versuchen Sie, bei Ebbe dort zu sein. In jedem Fall sollten Sie am frühen Morgen aufbrechen, denn Vögel stehen mit dem Sonnenaufgang auf. Denken Sie an Begleitung, denn vier Augen sehen mehr als zwei.
Sobald Sie an Ort und Stelle angelangt sind, verhalten Sie sich so ruhig wie möglich. Wählen Sie einen versteckten Ansitz und nehmen Sie Ihr Fernglas zu Hilfe, sobald Sie mit der Beobachtung beginnen wollen. Falls Sie erst zum Fernglas greifen, wenn Sie etwas Interessantes entdeckt haben, kann der Vogel fortgeflogen sein, bevor Sie ihn im Blickfeld haben. Möglicherweise schrecken Sie ihn sogar durch eine abrupte Bewegung auf.

Links: In vielen Vogelschutzgebieten sind ortsfeste Verstecke eingerichtet, von denen aus sich das Verhalten der Vögel genau beobachten läßt. Dieses Versteck wurde unweit einer künstlichen Insel installiert, die ausschließlich von nistenden Seeschwalben aufgesucht wird.

Möchten Sie ganz nahe an einen Vogel herankommen, weil Sie ihn vielleicht fotografieren wollen, dann brauchen Sie ein Versteck, zum Beispiel ein transportables Beobachtungszelt. Ein solches Zelt muß ziemlich groß sein und ist daher recht schwer und unhandlich. Beweglicher ist man mit einem Netz, das man mit Pflanzenteilen tarnt. Das Netz wird über Büsche ausgebreitet oder man drapiert sich selbst damit. In vielen Vogelschutzgebieten sind feste Beobachtungsplätze eingerichtet. Vergessen Sie nicht, daß Vögel äußerst wachsam und nicht leicht zu überlisten sind.
Außerdem tragen Sie den Vögeln gegenüber eine große Verantwortung. Sie sollten sie nie unnötig stören, vor allem dann nicht, wenn sie gerade nisten. Auch an Ihre Mitmenschen müssen Sie denken. Achten Sie darauf, daß Sie kein Privatgrundstück betreten oder bebaute Felder oder Zäune beschädigen. Lassen Sie keine Abfälle liegen und geben Sie acht, daß Sie durch weggeworfene brennende Zigarettenstummel keinen Brand verursachen.

Vogelfotografie

Die Engländer sind die Pioniere der Vogelfotografie. Cherry und Richard Kearton stellten sich die Aufgabe, alle in England vorkommenden Vögel an ihren Nestern zu fotografieren. Obgleich ihnen dieses Vorhaben nicht vollständig gelang, leisteten sie doch wertvolle Arbeit. Sie entwickelten das Fotografieversteck und perfektionierten es dann immer mehr. Am Anfang tarnten sie sich mit Schaf- und Kuhfellen.
Pionier der modernen Vogelfotografie ist Eric Hoskin, der als erster einen schwenkbaren Kranarm verwendete, um Vögel zu fotografieren, die sich vorwiegend auf hohen Bäumen aufhalten. Er entwickelte außerdem den elektronischen synchronisierten Blitzlichtanschluß und die elektronische Richtstrahlfotografie. Durchbricht ein Vogel ein solches Strahlenbündel, so löst das eine Aufnahme aus. Viele Fotografien, die wir aus modernen Vogelbüchern kennen, wurden auf diese Weise aufgenommen – der Fotograf braucht sich dabei gar nicht am Ort der Aufnahme aufzuhalten. Diese Technik wird vor allem bei Eulenfotografien angewandt.

Ein Versteck zum Fotografieren eines Feldlerchennestes. Das Beobachtungszelt ist zur Tarnung mit Heu bedeckt; das Blitzlicht ist im Zeltinneren angebracht.

Seit der ersten Veröffentlichung einer Vogelfotografie im Jahre 1868 hat sich die Fototechnik stürmisch entwickelt und heute einen hohen Grad der Perfektion erreicht. Wer sich mit der Vogelfotografie beschäftigen will und eine geeignete Ausrüstung sucht, wird verwirrt sein über das enorme Angebot an Kameras und Objektiven, die sich heute auf dem Markt befinden. Die Ansichten darüber, welches die optimale Kamera für die Freilandfotografie ist, gehen weit auseinander. Unentbehrlich sind jedoch eine Spiegelreflexkamera, die eine Beobachtung des Objekts durch die Mattscheibe ermöglicht, und ein auswechselbares Suchersystem. Für schnelles Auswechseln der Objektive empfiehlt sich der Gebrauch von Bajonett-Verschlüssen. Die Brennweiten der Wechselobjektive sollten bei mittelgroßen Kameras 80 mm, 180 mm und 300 mm und bei Kleinbildkameras 135 mm, 240 mm, 400 mm und 1000 mm betragen. Diese Objektive können von einem Dreifußstativ, das in

Links: Dieser Vogelfotograf verwendet ein spezielles Stativ, um die Kamera mit dem schweren Teleobjektiv möglichst ruhig halten zu können. Durch sanftes Zusammendrücken des Pistolengriffs wird über Kabel die Aufnahme ausgelöst.

einem Beobachtungszelt oder sonstigen Versteck untergebracht ist, gestützt oder bei Beobachtungsgängen an einem Halfterschultergürtel ruhig gehalten werden. Bevor Sie irgendwelche Anschaffungen machen, sollten Sie einen erfahrenen Vogelfotografen konsultieren, da die Verkaufsberater in den Fotogeschäften meist nur sehr wenig von der Vogelfotografie verstehen.

Für Nestfotografien an schlecht beleuchteten Plätzen ist ein elektronisches Blitzgerät unentbehrlich. Die meisten Blitzlichtanschlüsse sind heute mit automatischen und manuellen Blendeneinstellungen ausgerüstet. Manche Vogelfotografen ziehen es vor, das Blitzlichtgerät außerhalb des Beobachtungszeltes auf einem separaten Stativ dicht neben dem Objektiv anzubringen; andere schneiden ein Loch in die Zeltplane und stellen das Gerät im Zeltinneren auf, wo die Blenden sehr viel leichter verstellt werden können.

Lange Belichtungszeiten erfordernde Filme bei Blitzaufnahmen sollten im Asa-Bereich von 64–100 liegen. Bei Beobachtungsgängen empfiehlt es sich, Filme zu verwenden, die kurze Belichtungszeiten im Asa-Bereich von 200–400 haben, weil sich damit das Objekt besser festhalten läßt.

Bevor man anspruchsvollere Versuche macht, sollte man im Garten die ersten Erfahrungen sammeln. Wintervögel an Futtersäcken und Vogelhäuschen sind dankbare Versuchsobjekte. Ein anderer empfehlenswerter Übungsort ist der Stadtpark, wo Wildvögel und Tauben fotografiert werden können. Hier kann man hervorragend mit Teleobjektiv und Blitzlichtanschluß arbeiten.

Es gibt sehr einfache und wenig kostspielige Methoden, ein transportables Beobachtungszelt anzufertigen. Man kann zum Beispiel ein grünes Camping-Vorzelt kaufen, in der Höhe kürzen und kleine Nylonfenster und einen Linsenschlitz einbauen. Verwenden lassen sich auch alle möglichen natürlichen Materialien, zum Beispiel mehrere an der Spitze zusammengebundene Bambusstäbe, über die eine Leinwand gezogen wird. Von einem gut getarnten Versteck aus läßt sich das Verhalten der Vögel hervorragend beobachten und meistens gelingen auch die Fotos recht gut. Alle beweglichen Verstecke sollten in größerer Entfernung vom Nest aufgestellt und nur langsam, in mehreren Etappen näher an das Beobachtungsobjekt herangetragen werden.

Bevor man mit der Nestfotografie beginnt, sollte man sich genauestens über das Brutverhalten der betreffenden Vogelart informie-

Unten: Ein bewegliches Beobachtungszelt zur Vogelfotografie: mit Plane (rechts) und ohne Plane (links), mit sämtlichen Ausrüstungsgegenständen einschließlich Klappstuhl und Erfrischungsgetränk.

ren. Vergessen Sie nie, daß die Vögel wichtiger sind als Ihre Aufnahmen. Unsachgemäßes Fotografieren, speziell von seltenen Vogelarten, kann verheerende Folgen haben, denn die Vögel sind aufgrund der vom Menschen verursachten, negativen Umwelteinflüsse ohnehin gefährdet und schnell beunruhigt. Störungen durch Fotografieren am Nest bedeuten eine Beeinträchtigung des Brutgeschäfts und damit des Bruterfolges. Deshalb ist das Nestfotografieren selten gewordener Arten unverantwortlich und verboten.
Das heißt jedoch nicht, daß die Vogelfotografie insgesamt zu verdammen ist. Ganz abgesehen von der Freude, die der Fotograf an seinem Hobby hat, liefert die Fotografie auch einen wesentlichen Beitrag zur Vogelforschung und zum Vogelschutz.

Aufnahme von Vogelstimmen

In einem Zeitraum von weniger als siebzig Jahren entwickelte sich die Aufnahmetechnik von Vogelstimmen bis zur Perfektion. Ludwig Koch, Pionier auf diesem Gebiet, machte die ersten Stimmaufnahmen mit einem Edison-Phonographen mit Wachszylinder. Heute gibt es zahlreiche Fachleute und mehrere Gesellschaften, in denen Erfahrungen mit verschiedenen Ausrüstungen und Techniken ausgetauscht werden.
Die Grundvoraussetzungen für Vogelstimmen-Aufnahmen sind unendliche Geduld und genaue Kenntnisse über die jeweiligen Vogelarten. Obwohl es inzwischen verschiedene Bücher zu diesem Fachbereich gibt, sollte man einen Experten aufsuchen, bevor man eine Ausrüstung kauft. Auch die Grundtechniken lernt man am besten von einem Fachmann.
Die Wahl der geeigneten Ausrüstung ist nicht leicht, denn das Angebot ist überreich. Prüfen Sie vorher, was Sie hauptsächlich aufnehmen und welchen Betrag Sie ausgeben wollen.
Mit einem kleinen Batterie-Kassettenrekorder können hervorragende Resultate erzielt werden, vorausgesetzt das Mikrophon ist gut und auch bei Wind geeignet. Der Nachteil eines solchen Gerätes besteht darin, daß es auch Fremdgeräusche aufnimmt; besonders im Stadtbereich ist das oft sehr störend.
Wer qualitativ besonders gute Aufnahmen machen will, der braucht ein Tonbandgerät mit Kopfhörer, Richtmikrophon und Parabolspiegel. Das Richtmikrophon schirmt Nebengeräusche ab, und der Parabolspiegel verstärkt die Schallwellen. Das Aufnahmegerät sollte tragbar und mit einer manuellen Aufnahmetaste und einer Mithöreinrichtung versehen sein, damit die Aufnahme mitgehört und gegebenenfalls korrigiert werden kann, wenn Nebengeräusche entstehen. Das Mikrophon sollte mit einem Richtmesser ausgestattet sein. Auf dem Markt befinden sich Parabolreflektoren im Bereich von 18″ bis 40″. Für normale Aufnahmen ist der Bereich zwischen 18″ und 24″ am günstigsten. Sobald die Aufnahmen gemacht sind, können Korrekturen vorgenommen und unerwünschte Geräusche gelöscht werden. Dazu sind Spulgeräte vorteilhafter als Kassettenrekorder.
Wer sich mit der Aufnahme von Vogelstimmen beschäftigt, wird bald erkennen, daß die Zubehörliste endlos ist. Es empfiehlt sich,

Ein Vogelbeobachter beim Aufnehmen von Vogelstimmen mit einem tragbaren Tonbandgerät. Durch Abhören über Kopfhörer werden optimale Ergebnisse erzielt.

die ersten Erfahrungen auf diesem Gebiet im Garten zu sammeln, zum Beispiel beim Rotkehlchen mit seinem wunderschönen Winter- und Sommergesang. Ein anderes lohnendes Übungsobjekt für Anfänger ist der Waldkauz oder die Möwe.

Sinn und Zweck der Vogelbeobachtung

Auch ohne praktische Zielsetzung ist die Beschäftigung mit der Vogelwelt eine ständige Quelle der Entspannung und Anregung. Außerdem kann der Vogelfreund mit Beobachtungen, Registrierungen, Fotografieren und Stimmaufnahmen gefährdeten Vögeln helfen und die allgemeinen Kenntnisse über die Vogelwelt erweitern. Vielleicht haben Sie Interesse an einer ganz bestimmten Vogelart, die in Ihrer Nähe lebt. Gründliche Verhaltensstudien über diesen Vogel können neue Erkenntnisse über seine Lebensweise vermitteln, über Ernährungsart, Balz-, Brut- oder Zugverhalten.
Da man allein meistens nicht sehr viel ausrichten kann, empfiehlt es sich, einem ortsansässigen Vogelclub oder einer nationalen Vogelgesellschaft beizutreten und dort mit vielen Vogelfreunden zusammenzuarbeiten. Sie können Freilandbeobachtungszentren und Vogelwarten aufsuchen, um Ihre Kenntnisse zu vertiefen, oder freiwilliger Aufseher in einem Vogelschutzgebiet werden, wenn Sie praktischen Naturschutz betreiben wollen. Ornithologische Gesellschaften organisieren umfangreiche Projekte, um Lebensräume und Bestände von Vögeln zu erforschen. An der Lösung solcher Aufgaben können sie sich beteiligen. Mit Hilfe von Vogelzählungen werden Siedlungsdichte und Bestandsschwankungen kontrolliert. Sie können zum Beispiel die Aufgabe übernehmen, die Größe einer Seevogelkolonie auf einem Küstenfelsen oder die Vogelpopulation in einem bestimmten Wald zu errechnen. Die auf diese Weise gesammelten Informationen sind nicht allein für den Vogelbeobachter von Interesse, sondern vermitteln auch Einblicke in die Vorgänge der Umweltverschmutzung und ihrer Auswirkungen auf die Vogelwelt. Zugleich liefern solche Informationen wichtige Hinweise auf notwendige praktische Maßnahmen zum Vogelschutz und helfen Naturschutzorganisationen bei Kampagnen gegen bedrohliche Eingriffe in unsere Umwelt.
Sie können auch bei Untersuchungsprojekten der Vogelgeographie mitwirken. Dabei bekommen Sie ein bestimmtes Gebiet zugeteilt und müssen alle Vögel registrieren, die sich dort in einem bestimmten Zeitraum aufhalten. Die Untersuchungsergebnisse liefern zum Beispiel das Grundlagenmaterial für graphische Darstellungen, die das Vorkommen aller Vogelarten in einem bestimmten Gebiet einschließlich der Populationsveränderungen veranschaulichen.
Bei Vogelzugstudien bedient man sich vor allem der Vogelmarkierung. Dazu werden die Vögel eingefangen und mit numerierten Ringen gekennzeichnet. Wenn der Vogel später wieder eingefangen oder tot aufgefunden wird, so werden Nummer, Datum und Ort an Beringungszentralen weitergegeben. Auf diese Weise kann man sich ein ziemlich genaues Bild über die Vogelzugbewegungen machen und auch feststellen, wie lange ein Vogelleben dauert. Das Beringen muß erlernt werden und bedarf der behördlichen Erlaubnis.

Praktischer Vogelschutz

Die meisten Menschen leben in Städten und haben sehr viel seltener Gelegenheit, Vögel zu beobachten, als Landbewohner. Es gibt jedoch auch Vogelarten, die sich dem Leben in unseren Städten angepaßt haben. Die Arten, die sich im Bereich unserer Häuser aufhalten, sind meistens die häufigeren Vertreter unserer Vogelpopulationen. Hält man jedoch auch bei großer Kälte und vor allem zur Zeit der Vogelzüge die Augen offen, dann kann man auch seltenere Arten entdecken, die auf unsere Hilfe angewiesen sind.
Günstig ist es, einen Garten im Außenbezirk der Stadt zu haben oder in der Nähe eines Parks zu wohnen. Baum- und strauchlose Gebiete sind für die meisten Vogelarten unbewohnbar. Doch lassen Sie sich nicht entmutigen, wenn Sie in einem Appartement im Zentrum der Stadt leben. Sie können Vogelfutter auf Ihre Fensterbank streuen oder ein Futterhäuschen oder einen Nistkasten auf Ihrem Balkon anbringen. Sobald die Vögel spüren, daß Sie ihnen helfen wollen, stellen sie sich regelmäßig ein.

Oben: Ein Buntspecht an einem Futternetz, das mit Fettstückchen gefüllt ist. Spechte ernähren sich gewöhnlich an Bäumen, indem sie sich am Stamm festkrallen und die Rinde nach Insekten und Larven absuchen. Sie nehmen jedoch auch mit Samenkörnern vorlieb.

Vogelfütterung

Sobald Sie Vogelfutter für Ihre Freunde ausstreuen, vor allem im Winter bei lange anhaltendem ungünstigen Wetter, kommen die Vögel immer wieder gern in die Nähe Ihres Hauses. Möchte man möglichst viele verschiedene Vogelarten beobachten, so muß man viele Futtersorten bereithalten. Auch sollte man die Nahrung an verschiedene Plätze am Haus verteilen, da die Vögel das Futter auch auf unterschiedliche Weise aufnehmen. Ölhaltige Samenkörner und Nüsse sind besonders nahrhaft und kalorienreich. Sie sind in Tierhandlungen erhältlich und gewöhnlich in Netzbeuteln verpackt, die man vor dem Fenster an einem Zweig oder an einer Wäscheleine befestigen kann. Man kann das Futter auch in Drahtkörb-

Links: Der Haussperling ist seit langem ein ständiger Begleiter des Menschen und folgte ihm in die Städte. Er war ursprünglich nur in Asien, Europa und Nordamerika zu Hause, wurde jedoch später vom Menschen auch in Südamerika, Australien und Neuseeland eingeführt. Ein naher Verwandter des Haussperlings ist der Feldsperling.

Ein Haussperling und eine Amsel an einem Vogeltisch. Da die Amsel stärker ist, steht sie in der Pickordnung an erster Stelle, bedient sich als erste und droht dem Spatzen, wenn nötig.

chen oder andere Behälter geben. Vermeiden Sie jedoch spiralförmige Metallringe, denn die Vögel können sich die Füße daran verletzen. Meisen sind besonders gute Kletterer und klammern sich an Futternetzen und -ringen fest. Gleiches gilt für Grünlinge und Spatzen. Reihen Sie ungeschälte Erdnüsse auf einen Faden und beobachten Sie, wie die Meisen die Schale durchpicken, um an die Nüsse zu gelangen. Auch mit einer Kokosnußhälfte, deren Fruchtfleisch nach unten hängt, werden Meisen spielend fertig. Andere Vögel sind weniger wendig und ziehen es vor, ihr Futter vom Boden oder von einer glatten Oberfläche aufzupicken. Ausgestreute Nüsse und Samenkörner locken Finken und Amseln an. Streuen Sie das Futter nicht auf den Boden oder in zu niedrige Vogelhäuschen, wenn sich Katzen in der Nähe aufhalten. Achten Sie außerdem darauf, daß die Nüsse nicht gesalzen und das Fett nicht ranzig ist. Sauerbrot ist in jedem Fall ungeeignet, aber getrocknetes und zerriebenes Weißbrot kann gereicht werden. Nüsse sollten nur im Winter ausgestreut werden, denn die Altvögel würden sonst ihre Jungen damit füttern, die das Fett nicht vertragen. Vor Küchenabfällen wie Kartoffeln muß gewarnt werden; Speckschwarten und Rindertalg dagegen sind bei vielen Vögeln sehr beliebt. Angefaulte Äpfel locken Drosseln und andere Fruchtfresser an.
Viele Vögel ernähren sich vorwiegend von Insekten, die wir im Winter nur schwer beschaffen können. Ein guter Ersatz sind Würmer, besonders Mehlwürmer, die in Tierhandlungen erhältlich sind, oder zerhackte Regenwürmer. Legen Sie die Würmer in eine kleine flache Schale. Würmer kann man auch im Sommer verfüttern, obwohl Sommerfütterung überflüssig ist, weil die Vögel in dieser Zeit von der Natur ausreichend versorgt werden. Dagegen

sind die Vögel bei viel Schnee und strengem Frost von unserer Hilfe abhängig. Haben Sie jedoch eine Futterstelle eingerichtet, dann sollten Sie die Fütterung auch konsequent bis zum Ende des Winters durchhalten, denn brechen Sie plötzlich ab, dann finden die Vögel oft keine andere Nahrungsquelle und müssen verhungern.

Oben: Eine Kohlmeise schlüpft in einen Nistkasten, um ihre hungrige Brut zu füttern.

Futterhäuschen, Vogeltränke und Vogelbad

Wenn Sie ausreichend Platz haben, sollten Sie ein Futterhäuschen bauen. Die Basis eines solchen Futterhäuschens ist immer ein hölzerner Futtertisch, der entweder auf einem Pfahl oder an einem Ast befestigt wird. Achten Sie darauf, daß dieser Futterplatz katzensicher ist. Der Futtertisch sollte möglichst mit einem Dach versehen sein, damit die Nahrung vor Regen und Schnee geschützt bleibt. Stellen Sie das Futterhäuschen vor Ihrem Fenster auf, damit Sie die Vögel gut beobachten können, aber nicht zu nah, damit die Vögel nicht ständig aufgeschreckt werden, wenn sich etwas im Haus bewegt. Halten Sie das Häuschen stets sauber und entfernen Sie alte Nahrungsreste, damit die Vögel nicht krank werden.
Vögel müssen nicht nur essen, sondern auch trinken, deshalb sollte stets eine kleine Schale mit frischem Wasser im Futterhäuschen stehen. Sie können aber auch im Garten oder auf dem Balkon ein Vogelbad bauen. Füllen Sie einen umgedrehten Mülleimerdeckel mit Wasser. Stellen Sie einen Ziegelstein in die Mitte oder lassen Sie ein größeres Stück Holz schwimmen. So entsteht eine Insel im Wasser,

Unten: Eine künstliche Nistgelegenheit für Hausschwalben, die unter einem Dachvorsprung angebracht wird.

auf der die Vögel beim Trinken oder Baden stehen können. Bei kleineren Singvögeln sind seichte Vogelbäder im Erdboden besonders beliebt. Damit das Wasser nicht absickern kann, wird die Mulde mit Plastik ausgelegt. Der Rand sollte abgeflacht sein, damit der Vogel an der Seite trinken kann. Wechseln Sie das Wasser alle drei Tage, damit sich keine Krankheitserreger darin ansammeln können.

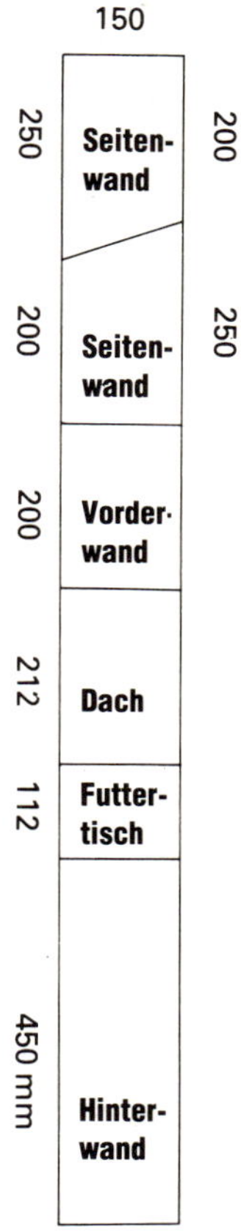

Nistkästen

Vögel hängen im Sommer sehr viel weniger vom Menschen ab als im Winter. Nur selten wird man im Sommer beobachten können, daß sich eine Vogelgruppe am Futterhäuschen um Nahrung streitet. Trotzdem gibt es auch in dieser Jahreszeit einiges zu tun, um die Lebensbedingungen der Vögel zu verbessern. Wir können zum Beispiel sichere Nistplätze schaffen. Künstliche Nistkästen für höhlenbrütende Vogelarten werden an Häuserwänden, auf Pfählen oder Bäumen befestigt. Diese Kästen können in Tierhandlungen gekauft oder auch gebastelt werden. Sie ersetzen vorzüglich die natürlichen Nisthöhlen in morschen Bäumen. Je nach Vogelart gibt es die unterschiedlichsten Größen und Formen. Nistkästen mit einer vorn angebrachten Flugöffnung locken zum Beispiel Meisen an. Die Öffnung muß die richtige Weite besitzen, damit sich keine größeren Vögel wie Spatzen und Stare ansiedeln können. Spezielle Nisteinrichtungen für Hausschwalben können in Tierhandlungen erworben und unter Dachvorsprüngen angebracht werden. Halboffene Nistkästen ziehen Rotkehlchen und Drosseln an. Kästen mit senkrechtem Spalt sind für den Gartenbaumläufer geeignet. Waldkauz und Turmfalke brauchen wesentlich größere Nistkästen. In den europäischen Ländern, in denen der Weißstorch nistet, werden Plattformen auf Häuserdächern oder Wagenräder auf hohen Pfählen angebracht, um diese selten gewordenen Vögel anzulocken.

Nistkästen müssen aus dickem, hartem Holz angefertigt und wasserundurchlässig sein. Ein schräges, abnehmbares Dach hält den Regen ab und kann entfernt werden, will man Nest und Brut inspizieren. Die Kästen müssen absolut katzensicher sein. Deshalb sollte man sie nach Möglichkeit freischwebend an einem Ast anbringen oder mit einer Schutzeinrichtung versehen. Halboffene Nistkästen sollten aus Sicherheitsgründen im Laubwerk versteckt werden. Das Laub darf jedoch nicht zu dicht sein, sonst haben die Elternvögel keinen ungehinderten Zugang zum Nest. Sorgen Sie dafür, daß die Nistkästen sonnen- und windgeschützt sind. Bringen Sie die Kästen bereits im Herbst an, damit die Vögel Zeit haben, sich mit ihnen vertraut zu machen. Bringen Sie die Nistkästen nicht zu dicht beieinander an. Vögel wollen ungestört nisten können und dulden keine brütenden Artgenossen in zu enger Nachbarschaft.

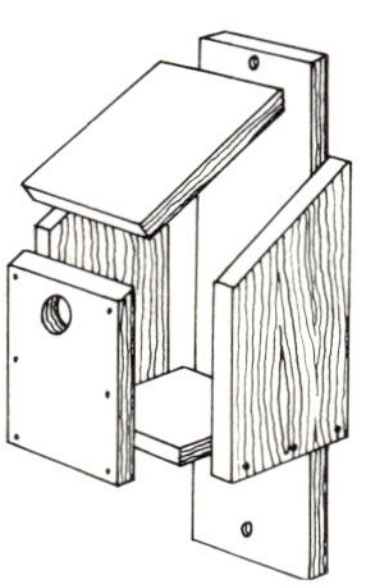

Oben: Dieser Nistkastentyp wird von Feldsperlingen und Kleibern aufgesucht. Jeder Nistkasten muß katzensicher angebracht werden.

Geben Sie etwas Moos oder Stroh in den Nistkasten, denn das verlockt viele Vögel, sich dort niederzulassen. Sie können auch Netzbeutel mit Stroh, Federn, Wolle und anderem Nistmaterial in der Nähe des Nistkastens aufhängen. Sie dürfen den Nistkasten etwa jeden dritten oder vierten Tag öffnen, aber auf keinen Fall öfter. Verscheuchen Sie niemals die Elternvögel vom Nest, sie könnten es für immer verlassen! Warten Sie, bis die Elternvögel fortgeflogen sind, um Nahrung zu suchen, bevor Sie sich dem Nistkasten nähern. Sobald die Jungvögel ausgewachsen sind und das Nest verlassen haben, sollten Sie den Nistkasten säubern und etwas Moos oder Stroh hineingeben. Vielleicht läßt sich ein Vogelpaar zur zweiten Brut nieder oder aber der Kasten ist für das nächste Jahr bezugsfertig.

Verbesserter Lebensraum im Garten

Neben der Vogelfütterung im Winter und dem Anbringen von Nistkästen können Sie Ihr Haus und Ihren Garten für Vögel wohnlicher machen. Durch einige sinnvolle Veränderungen können Sie den Vögeln einen neuen Lebensraum schaffen.
Viele Vögel nisten in Hecken, Büschen und Bäumen, deshalb sollte es in ihrem Garten eine Hecke oder eine Baumgruppe mit einigen Büschen geben. Das schafft nicht nur freibrütenden Vogelarten Nistplätze, sondern bietet auch anderen Vögeln Nahrung, Schlafplätze und Schutz. In einem gut angelegten Garten müssen Hecken und Bäume regelmäßig zurückgeschnitten werden, damit sie dicht bleiben. Außerdem ist darauf zu achten, daß möglichst viele Astquirle vorhanden sind, die Freibrüter zum Nisten anlocken. Solche sicheren Nistplätze locken Stieglitz und Gimpel an. Auch Höhlenbrüter kann man in seinen Garten holen. Löcher in Baumstämmen ziehen Spechte und Tannenhäher an; erweiterte Risse und Spalten in altem Gemäuer bieten Meisen und Stelzen Nistplätze; Kletterpflanzen an Häuserwänden werden von Rotkehlchen und Fliegen-

Angefaulte Äpfel sind ein Festschmaus für die Wacholderdrossel, die sich von Früchten und Beeren, aber auch von Insekten und Würmern ernährt.

schnäpper bevorzugt. Schwalben und Drosseln bauen ihre Nester gern auf Dachböden. Schaffen Sie ihnen die Möglichkeit, ein- und ausfliegen zu können, und bringen Sie verschiedene Bretter zum Nisten an. Ein Schuppen oder eine Garage bieten Nistgelegenheiten. Werfen Sie im Garten nicht unachtsam irgendwelche Dinge wie Reisigbündel oder Blumentöpfe fort, vielleicht möchte gerade ein Zaunkönig oder Rotkehlchen sein Nest darin bauen.

Im Garten kann viel getan werden, um Vögeln mehr natürliche Nahrungsquellen zu beschaffen. Die meisten Gartenvögel waren ursprünglich Waldvögel. Ein Garten mit einem Fleckchen Rasen, der von Büschen und Bäumen umgeben ist, gleicht in vieler Hinsicht einer Waldrandzone. Oft ist ein Garten nicht groß genug, um auf solche Weise angeordnet zu werden, wenn aber benachbarte Gärten Baum- und Rasenflächen besitzen, so bilden sie zusammen einen geeigneten Lebensraum für solche Vögel.

Ein Rasen lockt Stare und Drosseln an, die nach Würmern und Ameisen picken können. Sonnenblumen bieten den Samenfressern im Herbst Nahrung. Eine Hecke ist eine gute Nahrungsquelle für Insekten- oder Beerenfresser und bietet gleichzeitig Nistplätze für kleine Vögel. Ein Fleckchen mit Nesseln, Jakobskraut, gemeinem Kerbel und Disteln ist für Finken ein gedeckter Tisch. In einen perfekten Vogelgarten gehören auch Pflanzen wie Weißdorn, Zwergmispel, Holunder, Efeu, Vogelbeerbaum, Eberesche, Berberitze, Eibe und Geißblatt. Auch Obst- und Nußbäume sind sehr günstig. Sie versorgen uns mit Früchten, die Vögel mit Insekten.

Ein Futterhäuschen mit verschiedenen Futtersorten hilft vielen Vögeln, den Winter zu überstehen. Hier picken Kohlmeisen und Blaumeisen eifrig nach Nahrung.

Dritter Teil

Vogelbestimmung

An der lebhaften Gefiederzeichnung erkennt man sofort, daß es sich um ein Buchfinkenmännchen handelt.

Seetaucher

Ordnung Gaviiformes
Familie Gaviidae

Diese großen Schwimmvögel sind – wie ihr Name sagt – ausgezeichnete Taucher und ernähren sich von Fischen und Krebstieren. Sie tauchen entweder plötzlich oder lassen sich langsam absinken. Das Land suchen sie normalerweise nur zum Brüten auf. Im Winter sind alle Taucher oberseits graubraun und unterseits weißlich. Sie können dann nur durch ihre Größe, Schnabelform und Rückenfärbung unterschieden werden.

Prachttaucher *Gavia arctica*
63 cm. Nistet meist auf kleinen Inseln in einsamen Seen. Im Herbst und Winter an Meeresküsten, oft in kleinen Trupps.
Eistaucher *Gavia immer*
76 cm. Nistet an Seen auf Island. Sonst an der Küste zu finden.
Sterntaucher *Gavia stellata*
56 cm. Nistet an der Küste und an Seen, von wo er täglich zur Nahrungssuche ans Meer fliegt. Im Herbst und Winter vor allem auf Küstengewässern.

WICHTIGE KENNZEICHEN
Prachttaucher Schlanker Schnabel. Sommer: schwarzer Kehlfleck; Rücken dunkel gefleckt. Winter: Rücken schwarz.
Eistaucher Starker Schnabel. Sommer: Kopf schwarz; Rücken schwarz-weiß gemustert. Winter: Rücken graubraun.
Sterntaucher Schlanker, aufgebogener Schnabel. Sommer: roter Kehlfleck; Rücken grau, ungemustert. Winter: Rücken graubraun, weiß gepunktet.

Lappentaucher

Ordnung Podicipediformes
Familie Podicipitidae

Lappentaucher sind elegante Wasservögel mit einem bunten Prachtkleid im Frühjahr und Sommer. Die auffallende Färbung von Kopf und Hals, die langen Ohrbüschel und Federkrausen unterscheiden sie deutlich von den Seetauchern. Im Winter verlieren sie Farben und Federschmuck, werden oberseits graubraun und unten weiß. Sie ähneln dann Seetauchern, sind aber kleiner und haben keilförmige Köpfe. Lappentaucher jagen unter Wasser nach Fischen und anderen Wassertieren. Sie fliegen nur selten und tauchen bei Gefahr so weit unter, daß nur noch der Kopf über Wasser bleibt. Ihre Schwimmnester aus Was-

serpflanzen sind im Röhricht der Gewässerränder versteckt. Die zumeist vier Eier werden beim Verlassen des Nestes mit Pflanzenteilen zugedeckt. Vor dem Nestbau absolvieren die Lappentaucher eine in ihren grotesken Bewegungen sehr eindrucksvolle Balz. Die Jungen sitzen oft im Rückengefieder der Eltern.
Während des Zuges im Herbst und Winter kann man Lappentaucher auf den verschiedensten Binnengewässern sowie an Meeresküsten beobachten.

Haubentaucher *Podiceps cristatus*
46 cm. Im Sommer und Winter auf Binnengewässern mit einem Schilfgürtel, im Winter auch an der Küste. Wegen seines dichten, seidigen Bauchgefieders früher bejagt und z.B. in England fast ausgerottet gewesen.
Rothalstaucher *Podiceps griseigena*
43 cm. Lebt während des Sommers auf Binnengewässern, im Winter meist an der Küste.
Ohrentaucher *Podiceps auritus*
36 cm. Zur Brutzeit auf Binnengewässern, sonst häufig in Meeresbuchten.
Schwarzhalstaucher
Podiceps nigricollis
30 cm. Im Sommer oft in kleinen Trupps auf Binnengewässern, im Winter auch an den Küsten.
Zwergtaucher *Tachybaptus ruficollis*
25 cm. Im Sommer und Winter auf Binnengewässern zu beobachten, im Winter auch an den Küsten.

WICHTIGE KENNZEICHEN

Haubentaucher Langer weißer Hals und rötlicher Schnabel. Sommer: Federohren und Federkrause.

Rothalstaucher Mittellanger Hals und schwarzgelber Schnabel. Sommer: roter Hals und hellgraue Wangen, aber ohne Federkrause.

Ohrentaucher Blaugrauer Schnabel. Sommer: goldfarbene Federohren und dunkel rostroter Hals. Winter: weiße Wangen.

Schwarzhalstaucher Leicht aufgeworfener Schnabel. Sommer: schwarzer Hals und goldgelbe Federohren. Winter: grauer Hals und graue Wangen.

Zwergtaucher Entenähnliche Gestalt, aber ohne Schwanz. Sommer: rostfarbener Hals.

Ein Rothalstaucher-Paar im Sommerkleid. Im Rükkengefieder des Elternvogels auf dem schwimmenden Nest sitzt ein Junges.

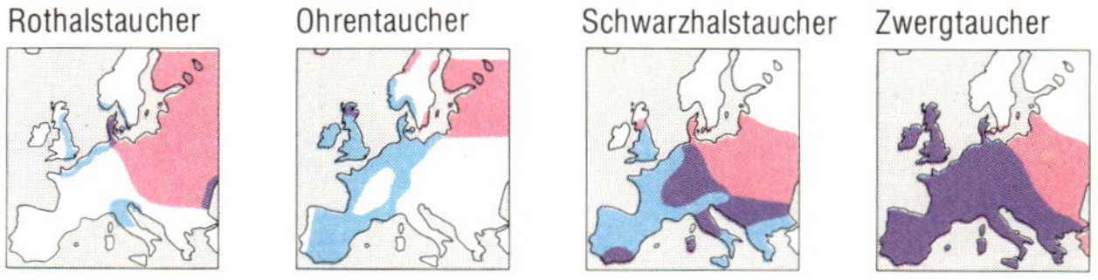

Sturmvögel und Sturmschwalben

Ordnung Procellariiformes

Die Sturmvögel (Familie Procellariidae) und die Sturmschwalben (Familie Hydrobatidae) sind Hochseevögel, die das Land nur während der Brutzeit aufsuchen. Man sieht sie dann kolonieweise an Küstenfelsen und auf kleinen Inseln. Einige Sturmvögel sind als südliche Arten nur auf dem Zuge an europäischen Küsten zu beobachten; andere folgen den Schiffen. Alle haben die Größe von Möwen, sind aber an ihrem Flug, mit steifen Schwingen dicht über das Wasser segelnd, gut zu erkennen. Sturmtaucher haben schmalere Flügel und einen dünneren, längeren Schnabel als die Eissturmvögel. Sturmschwalben sind die kleinsten Seevögel Europas; sie haben eine dunkle Farbe und einen weißen Bürzel. Ihr Flug ist unstet und flatternd.

Eissturmvogel *Fulmarus glacialis*
46 cm. Folgt oft Schiffen, kommt mitunter auch an Land. Brütet kolonieweise auf Klippen. Eltern verteidigen ihre Jungen durch Ausspritzen einer öligen, übelriechenden Flüssigkeit. Tritt in zwei Farbphasen auf.

Gelbschnabelsturmtaucher
Calonectris diomedea
46 cm. Brütet auf Mittelmeerinseln und fliegt im Herbst bis zum Atlantik. Kein Schiffsfolger.

Schwarzschnabelsturmtaucher
Puffinus puffinus
36 cm. Brütet kolonieweise in Erdhöhlen auf Inseln und Klippen. Folgt nicht den Schiffen. Häufigster europäischer Sturmtaucher.

Kappensturmtaucher *Puffinus gravis*
46 cm. Brütet im Winter im Südatlantik und besucht im Sommer und Herbst den Nordatlantik. Wird auf hoher See gesichtet.

Dunkler Sturmtaucher *Puffinus griseus*
41 cm. Brütet im Winter im Südatlantik und besucht im Sommer und Herbst den Nordatlantik. Mitunter auf dem offenen Meer zu beobachten.

Sturmschwalbe *Hydrobates pelagicus*
15 cm. Nistet auf Inseln in Felsspalten oder im Gemäuer. Folgt im Sommer und Herbst Schiffen, dicht über den Wellen flatternd.

Wellenläufer *Oceanodroma leucorhoa*
20 cm. Brütet in Höhlen auf Inseln. Flug unregelmäßiger als der der Sturmschwalbe. Begleitet keine Schiffe.

WICHTIGE KENNZEICHEN

Eissturmvogel Dickhalsig; kräftiger Schnabel; hellgrau mit weißem Kopf und weißer Unterseite (helle Phase) oder insgesamt rauchgrau (dunkle Phase).

Gelbschnabelsturmtaucher Graubrauner Kopf; gelber Schnabel.

Schwarzschnabelsturmtaucher Schwarze Oberseite und weiße Unterseite; klein.

Kappensturmtaucher Schwarze Kopfplatte und weiße Kehle; weißer Fleck an der Schwanzwurzel.

Dunkler Sturmtaucher Einfarbig schwarz; schmalflügelig.

Sturmschwalbe Gerades Schwanzende; flatternder Flug.

Wellenläufer Flach gegabelter Schwanz; hüpfender Flug.

Tölpel, Pelikane und Kormorane

Ordnung Pelecaniformis

Tölpel (Familie Sulidae), Pelikane (Familie Pelecanidae) und Kormorane (Familie Phalacrocoracidae) sind die größten Seevögel Europas. Die Füße sind kurz und alle Zehen durch Schwimmhäute verbunden. Bemerkenswert ist die unterschiedliche Art des Beuteerwerbs.

Baßtölpel *Sula bassana*
91 cm. Brütet im Sommer in starken Kolonien auf Felseninseln. An das Meer gebunden, oft weit draußen auf See; folgt den Schiffen. Stürzt sich beim Fischfang kopfüber ins Wasser.

Rosapelikan *Pelecanus onocrotalus*
168 cm. Brütet in Sümpfen im östlichen Mittelmeergebiet. Im Winter auch an der Küste zu beobachten. Fischt mit Hilfe des dehnbaren Hautsackes am Unterschnabel. Selten.

Krauskopfpelikan *Pelecanus crispus*
168 cm. Bewohnt das gleiche Gebiet und zeigt dasselbe Verhalten wie der Rosapelikan. Selten.

Kormoran *Phalacrocorax carbo*
91 cm. An Küsten und gelegentlich an Binnengewässern. Fliegt dicht über das Wasser, auf das er sich vor dem Tauchen niederläßt. Sitzt aufrecht, oft mit halbgeöffneten Flügeln. Die Atlantikform findet sich in England, Norwegen und Island und brütet auf Felsklippen; die Festlandform nistet auf Bäumen und Büschen.

Krähenscharbe
Phalacrocorax aristotelis
76 cm. Kleiner als der Kormoran, dem sie im Verhalten gleicht. Im Binnenland selten. Brütet auf Küstenfelsen.

Zwergscharbe
Phalacrocorax pygmaeus
48 cm. Gewöhnlich auf Binnengewässern und in Sümpfen. Nester auf Bäumen und Büschen.

WICHTIGE KENNZEICHEN

Baßtölpel Körper weiß mit spitzem Schwanz; Flügelspitzen schwarz; gelber Kopf mit blauem Augenring.

Rosapelikan Unterseite der Flügel mit weißem Vorderrand und schwarzen Schwingen; fleischfarbene Füße.

Krauskopfpelikan Unterseite der Flügel bis auf die dunkle Spitze weiß; graue Füße.

Kormoran Atlantikform: schwarz mit weißem Kinn. Festlandform: schwarz mit weißem Kopf und Hals.

Krähenscharbe Grünschwarz; gelbe Schnabelbasis.

Zwergscharbe Brutkleid: Gefieder dunkel gefleckt; rotbrauner Kopf. Außerhalb der Brutzeit: Gefieder ungefleckt; weiße Kehle und rotbraune Brust.

Reiher und Verwandte

Ordnung Ciconiiformes

Diese eleganten, langbeinigen Vögel waten vor allem in flachem Wasser, wo sie mit ihrem langen Hals und Schnabel Wassertiere erbeuten. Manche Reiher spannen beim Fischen die Flügel aus, vielleicht, um die Spiegelung des Himmels auszuschalten. Reiher und Rohrdommeln (Familie Ardeidae) sowie Störche (Familie Ciconiidae) haben gerade, spitze Schnäbel. Im Flug sind sie leicht zu unterscheiden, da die Störche ihren Hals ausgestreckt, die Reiher und Rohrdommeln aber angewinkelt haben. Ibisse, Löffler und Flamingos zeichnen sich durch ungewöhnliche Schnabelformen aus.

Fischreiher *Ardea cinerea*
91 cm. Der häufigste und größte Reiher in Europa. An Flüssen, Seen und an der Küste, wo er im oder nahe am Wasser steht und auf Beute lauert. Nistet in Kolonien, meist auf Bäumen.

Purpurreiher *Ardea purpurea*
79 cm. Lebt in Sümpfen, wo er kolonieweise im Röhricht, gelegentlich auch auf Büschen, brütet.

Seidenreiher *Egretta garzetta*
58 cm. In flachen Gewässern und Sümpfen. Nistet in Wassernähe. Im Sommer mit lang herabhängender Haube.

Silberreiher *Egretta alba*
89 cm. In Sümpfen, an See- und Flußufern. Nistet im Röhricht. Ähnelt dem vorigen Reiher, ist aber größer und seltener.

Rallenreiher *Ardeola ralloides*
46 cm. In Sümpfen, Morasten und Lagunen, versteckt lebend. Nistet im Röhricht oder auf Büschen. Erinnert an die Rohrdommel.

Nachtreiher *Nycticorax nycticorax*
61 cm. In der Dämmerung auf Nahrungssuche an Teichrändern und in offenem Sumpfgelände; tagsüber im Gebüsch und auf Bäumen.

WICHTIGE KENNZEICHEN

Fischreiher Groß; hellgrau und weiß; lange, schwarze Haube; schwarze Flügelränder.

Purpurreiher Langer, S-förmiger, kastanienbrauner Hals mit schwarzen Streifen; gelbbraune Unterseite.

Seidenreiher Gelbe Füße; im Sommer mit langer, weißer Haube.

Silberreiher Schwarze Füße; im Sommer ohne Haube.

Rallenreiher Dickhalsig und untersetzt; blaß semmelbrauner Körper mit weißen Flügeln; im Flug überwiegend weiß.

Nachtreiher Untersetzt und kurzbeinig; schwarzer Rücken; weiße Brust; schwarze Kopfkappe.

Zwergdommel *Ixobrychus minutus*
36 cm. An vegetationsreichen Ufern. Nistet in dichtem Röhricht in Wassernähe. Bei Gefahr Pfahlstellung einnehmend.
Rohrdommel *Botaurus stellaris*
76 cm. Lebensraum und Verhalten wie bei der Zwergdommel, doch wesentlich größer als diese. Bei Gefahr typische Pfahlstellung mit senkrecht nach oben gerichtetem Schnabel. Nebelhornähnlicher Ruf.
Weißstorch *Ciconia ciconia*
102 cm. In Sümpfen, feuchten Wiesen und Auen. Nistet auf Gebäuden und auf Bäumen. Schreitet langsam und gemessen.
Schwarzstorch *Ciconia nigra*
96 cm. In sumpfigen Auen innerhalb von Waldungen. Nistet auf hohen Waldbäumen. Selten.
Löffler *Platalea leucorodia*
86 cm. In verschilften Gewässern, Sümpfen und Flußmündungen. Nistet kolonieweise im Röhricht, auf Bäumen und Büschen. Mit dem langen, spatelförmigen Schnabel fischt er kleine Wassertiere. Selten.
Sichler *Plegadis falcinellus*
56 cm. In Sümpfen und auf Schlammflächen. Nistet kolonieweise im Röhricht über flachem Wasser sowie auf Bäumen oder Büschen, oft gemeinsam mit Reihern. Der herrliche Glanz des Gefieders ist nur aus der Nähe zu erkennen, sonst erscheint es schwarz. Selten.
Flamingo *Phoenicopterus ruber*
125 cm. In großen Kolonien in Südfrankreich (Camargue), wo er auch brütet, und in Südspanien (Coto de Donana), wo er jedoch nur selten brütet. Einzelvögel sind zumeist entflogen. Watet im flachen Wasser, aus dem er mit seinem abgeknickten Schnabel kleine Tiere seiht, und nistet auf Schlammbänken oder aufgehäuften Schlammnestern.

WICHTIGE KENNZEICHEN

Zwergdommel Geringe Größe; schwarze Flügel mit gelblich-weißem Fleck; Rücken schwarz (Männchen) oder dunkelbraun (Weibchen).

Rohrdommel Große Gestalt; in Pfahlstellung mit senkrecht nach oben gerichtetem Schnabel; dröhnender Ruf.

Weißstorch Hals und Oberseite weiß, Schnabel und Beine rot.

Schwarzstorch Hals und Oberseite schwarz.

Löffler Langer, schwarzer, löffelförmiger Schnabel (bei Jungvögeln rosa).

Sichler Langer Bogenschnabel.

Flamingo Abgeknickter Schnabel; Hals und Beine sehr lang; Flügel scharlachrot und schwarz (im Flug).

Gänsevögel

Ordnung Anseriformes
Familie Anatidae

Diese Vogelgruppe umfaßt Enten, Gänse und Schwäne. Als Wasservögel, mit breiten Häuten zwischen den Zehen, sind sie gute Schwimmer. Die Jungen werden mit Dunen geboren und können bald nach dem Schlupf laufen und schwimmen. Viele Arten trifft man sowohl auf Parkteichen wie auch in freier Wildbahn an.

Enten

Enten sind gewöhnlich kleiner und kurzhalsiger als Gänse und Schwäne. Außerdem haben die beiden Geschlechter ein unterschiedliches Gefieder, obwohl die Erpel (Männchen) nach der Mauser im Spätsommer einige Zeit den Weibchen ähneln. Enten nisten am Boden oder in Höhlen.

Schwimmenten leben in flacherem Wasser, wo sie nach tierischer und pflanzlicher Nahrung gründeln. Sie fliegen ohne Anlauf sofort vom Wasser auf und haben meist einen prächtig gefärbten »Spiegel« am Hinterrand des Flügels. Die Farbe des Spiegels ist für die Bestimmung der einfarbigeren Weibchen von Bedeutung. *Tauchenten* bevorzugen tiefere Gewässer, in denen sie nach Wasserpflanzen und -tieren tauchen. Ihre Beine sind weiter zurückgesetzt, und sie rennen beim Abflug über die Wasserfläche. Die dritte Gruppe der Enten, die *Säger*, sind ebenfalls Taucher, doch haben sie schlanke Schnäbel mit Hornzähnen an den Rändern, die sich gut zum Fischfang eignen.

Stockente *Anas platyrhynchos*
58 cm. Schwimmente. Eine sehr häufige Art auf fast jedem Gewässer, im Winter auch an Küsten; oft in Trupps. Von ihr stammen alle europäischen Hausenten ab.
Schnatterente *Anas strepera*
51 cm. Schwimmente. Bevorzugt Binnengewässer.
Knäkente *Anas querquedula*
38 cm. Schwimmente. Bevorzugt Binnengewässer.
Krickente *Anas crecca*
36 cm. Schwimmente. Kleinste europäische Ente. Im Sommer besonders auf verschilften Teichen, im Winter auf mehr offenen Gewässern.

WICHTIGE KENNZEICHEN

Stockente Männchen: dunkelgrüner Kopf; tiefbraune Brust. Weibchen: purpurblauer Spiegel.

Schnatterente Männchen: grauer Körper mit schwarzem Hinterende; kastanienbraune Flügeldecken; schwarz-weißer Spiegel. Weibchen: weißer Bauch; schwarz-weißer Flügelspiegel.

Knäkente Männchen: weißer Streifen am Kopf. Weibchen: blaugraue Vorderflügel; undeutlicher Flügelspiegel.

Krickente Männchen: brauner und grüner Kopf. Weibchen: klein; grüner Spiegel.

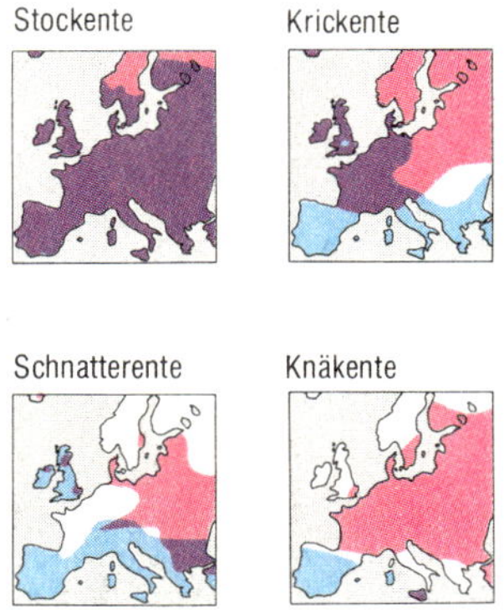

Erpel der Mandarinente

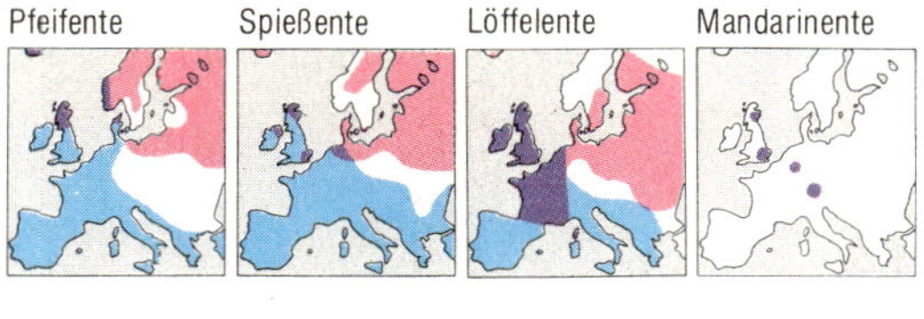

Pfeifente *Anas penelope*
46 cm. Schwimmente. Bevorzugt im Sommer Binnengewässer, im Winter in Trupps an den Küsten.

Mandarinente *Aix galericulata*
46 cm. Schwimmente. Aus China eingeführt; vor allem in Parks und auf Zierteichen, zum Teil in halbwildem Zustand. Brütet in Baumhöhlen.

Löffelente *Anas clypeata*
51 cm. Schwimmente. Meist auf Teichen und in Sümpfen. Mit dem breiten Löffelschnabel filtert sie Pflanzen und kleine Tiere aus dem Wasser.

Spießente *Anas acuta*
63 cm. Schwimmente. Bevorzugt im Sommer Binnengewässer, im Winter vor allem an den Küsten.

WICHTIGE KENNZEICHEN

Pfeifente Männchen: rotbrauner Kopf mit hellem Scheitel; weißer Flügelfleck. Weibchen: weißer Bauch; schwarzer und grüner Spiegel.

Mandarinente Männchen: orangefarbener »Backenbart«; orangefarbene »Segel« auf den Flügeln. Weibchen: weißer Augenring und -streifen; weißes Kinn; gefleckte Unterseite.

Löffelente Löffelförmiger Schnabel. Männchen: grüner Kopf, weiße Brust und rostbraune Flanken. Weibchen: blaue Vorderflügel mit dunkelgrünem Spiegel.

Spießente Große, aber schlanke Gestalt. Männchen: langer zugespitzter Schwanz; weißer Halsstreifen. Weibchen: dünner Hals und langer Schwanz.

Kolbenente *Netta rufina*
56 cm. Tauchente. Bevorzugt Binnengewässer. Selten.

Bergente *Aythya marila*
46 cm. Tauchente. Nistet im Binnenland, sonst in Meeresbuchten und Flußmündungen anzutreffen.

Reiherente *Aythya fuligula*
43 cm. Tauchente. Häufig auf Seen und Teichen; im Winter an den Küsten und in Flußmündungen.

Tafelente *Aythya ferina*
46 cm. Tauchente. Nistet in dichtem Röhricht, sonst auf Seen und in Flußmündungen anzutreffen.

Moorente *Aythya nyroca*
41 cm. Tauchente. Nistet im Röhricht von Binnengewässern. Im Winter auf offenen Binnengewässern, selten an der Küste.

WICHTIGE KENNZEICHEN

Kolbenente Männchen: kastanienbrauner Kopf mit rotem Schnabel; breites weißes Flügelband; weiße Flanken. Weibchen: graubraun mit hellen Wangen und schmutzig weißem Flügelband.

Bergente Männchen: wie Reiherente, doch ohne Federbusch und mit grauem Rücken. Weibchen: wie Reiherente, doch ohne Federbusch und mit großem weißen Fleck am Schnabelgrund.

Reiherente Männchen: herabhängender Federbusch; dunkler Kopf und Hals, schwarzer Rücken und Schwanz, weißer Bauch. Weibchen: kleiner Federbusch; kleiner heller Fleck am Schnabelgrund; weißes Flügelband.

Tafelente Männchen: dunkel kastanienbrauner Kopf und Hals mit hellgrauem Rücken; schwarze Brust. Weibchen: brauner Kopf mit hellem Augenstreifen; blauer Schnabelring; graue Flügelbinde.

Moorente Männchen: Kopf, Hals und Brust dunkel kastanienbraun; weiße Augen; weiße Unterschwanzdecken; weiße Flügelbinde. Weibchen: wie der Erpel, aber matter braun, mit braunen Augen; weiße Unterschwanzdecken und weiße Flügelbinde.

Eisente *Clangula hyemalis*
51 cm. (Weibchen 41 cm). Tauchente. Nistet auf Seeinseln in der Tundra; winters an den Küsten.

Samtente *Melanitta fusca*
56 cm. Tauchente. Brütet gewöhnlich an nördlichen Binnenseen; winters an den Küsten und auf großen Seen.

Schellente *Bucephala clangula*
46 cm. Tauchente. Nistet in Baumhöhlen und Kaninchenbauen in Wassernähe. Im Winter auf Seen, Flüssen und Küstengewässern. Bei der Balz im zeitigen Frühjahr recken die Erpel den Schnabel nach oben. Im Fluge erzeugen die Flügel ein Pfeifen.

Trauerente *Melanitta nigra*
51 cm. Nistet im Inland und auf Inseln; winters meist an den Küsten.

WICHTIGE KENNZEICHEN

Eisente Männchen: langer, spitzer Schwanz; dunkler Kopf und Hals mit weißem Gesichtsfleck (Sommer) oder weißer Kopf und Hals mit dunklem Halsfleck (Winter). Weibchen: weißes Gesicht und Bauch mit dunklem Rücken, dunklen Schultern und Flügeln.

Samtente Männchen: schwarz bis auf einen weißen Fleck unter dem Auge und weiße Flügelbinde. Weibchen: zwei weißliche Flecken auf jeder Kopfseite; weiße Flügelbinde.

Schellente Männchen: runder weißer Fleck vor dem Auge. Weibchen: brauner Kopf mit weißem Halsband.

Trauerente Männchen: schwarz bis auf orangefarbenen Schnabelfleck; schwarzer Höcker am Schnabelgrund. Weibchen: dunkler Scheitel; weißliche Wange.

Weißkopf-Ruderente
Oxyura leucocephala
46 cm. Tauchente. An verschilften Binnengewässern. Stellt ihren langen, spitzen Schwanz beim Schwimmen oft aufrecht. Selten.

Zwergsäger *Mergus albellus*
41 cm. Säger (wirkt entenartig). Brütet in Baumhöhlen am Wasser. Im Winter auch an der Küste anzutreffen.

Eiderente *Somateria mollissima*
61 cm. Tauchente. Ans Meer gebunden, nur selten im Binnenland. Nistet an der Küste und polstert das Nest mit weichen Brustfedern, den Eiderdaunen, aus.

Mittelsäger *Mergus serrator*
56 cm. Säger (siehe Seite 128). Nistet in Wassernähe, das Nest zwischen Vegetation (Heidekraut) oder Felsen versteckt. Im Winter vor allem an den Küsten.

Brandente *Tadorna tadorna*
61 cm. Große gänseartige Ente. Nistet in Baumhöhlen oder Kaninchenbauen unter Buschwerk. Im Winter hauptsächlich am Meer, meist an Sandküsten. Geschlechter fast gleich.

Gänsesäger *Mergus merganser*
66 cm. Säger. Nistet in Baum- oder Erdhöhlen in Wassernähe. Bleibt im Winter im Binnenland.

WICHTIGE KENNZEICHEN

Weißkopf-Ruderente Männchen: weißer Kopf, blauer Schnabel (im Sommer). Weibchen: helle Wangen mit dunkler Linie.

Zwergsäger Männchen: weiß, mit schwarzen Flecken, besonders einem auffallenden Augenfleck. Weibchen: weiße Wangen und Kehle mit rotbrauner Kappe und Nacken.

Eiderente Männchen: weißer Rücken und schwarzer Bauch. Weibchen: braun, dicht schwarz gebändert.

Mittelsäger Männchen: grünlich-schwarzer Kopf mit Doppelhaube, weißes Halsband und rostbraunes Brustband. Weibchen: rostbrauner Kopf mit Doppelhaube.

Brandente Männchen: grünlich-schwarzer Kopf und weißer Körper mit breitem fuchsroten Band; roter Schnabelhöcker. Weibchen: wie der Erpel, aber ohne roten Schnabelhöcker.

Gänsesäger Männchen: dunkelgrüner Kopf mit langem, schmalem roten Schnabel; weiße, rotübertönte Brust und Flanken. Weibchen: wie beim Mittelsäger, mit nur einer Haube und auffallend weißer Kehle.

Gänse

Gänse stehen größenmäßig zwischen Enten und Schwänen. Sie suchen ihre Nahrung vor allem an Land und können mit ihren weiter vorn ansetzenden Beinen gut laufen. Die Geschlechter sind gleich gefärbt. Gänse der Gattung *Anser* sind graubraun, solche der Gattung *Branta* schwarz und weiß.

Graugans *Anser anser*
84 cm. Eine sehr bekannte Art. Nistet gesellig in Sümpfen, Mooren, in sumpfigem Dickicht und auf Inselchen. Im Winter auf Feldern, in Sumpfniederungen und Flußmündungen. Es gibt zwei Unterarten: eine westliche Unterart *(A.a. anser)*, die in Island, England und Westeuropa heimisch ist, und eine östliche *(A.a. rubrirostris)*, die in Osteuropa anzutreffen ist. Alle Hausgänse stammen von der Graugans ab.

Bläßgans *Anser albifrons*
71 cm. In den gleichen Lebensräumen wie die Graugans im Winter, brütet aber im hohen Norden. Man unterscheidet zwei Unterarten. Die grönländische Unterart *(A. albifrons flavirostris)* überwintert vor allem in Irland und Westschottland, die Nominatform *(A.a. albifrons)* brütet in Nordrußland und überwintert in England und im kontinentalen Europa.

Zwerggans *Anser erythropus*
61 cm. Im Vorkommen und Aussehen ähnlich der Bläßgans, aber kleiner.

Saatgans *Anser fabalis*
76 cm. Nistet in der offenen Tundra oder unter Bäumen; überwintert auf Wiesenflächen in Wassernähe.

Kurzschnabelgans *Anser brachyrhynchus*
68 cm. Nistet in der Tundra oder in Felsschluchten; überwintert wie die Saatgans.

Ringelgans *Branta bernicla*
58 cm. Wintergast an Küsten und Flußmündungen. Ernährt sich hauptsächlich von Seegras während der Ebbe. Eine hellbäuchige Unterart *(B. bernicla hrota)* brütet in Grönland und Spitzbergen, die dunkelbäuchige Nominatform *(B.b. bernicla)* im nördlichen Rußland.

WICHTIGE KENNZEICHEN

Graugans Rosa Beine und Füße; Kopf und Hals nicht dunkler als der Körper; orangefarbener (westliche Unterart) oder fleischfarbener Schnabel (östliche Unterart).

Bläßgans Weißer Fleck am Schnabelgrund; unregelmäßig schwarze Querflecken am Bauch; rötlicher (Nominatform) oder gelber bis orangefarbener Schnabel (grönländische Unterart).

Zwerggans Wie die Nominatform der Bläßgans, aber mit gelbem Augenring und größerem weißen Fleck.

Saatgans Orangegelbe Füße und Beine; dunkler Kopf und Hals; schwarz und orangegelber Schnabel.

Kurzschnabelgans Wie die Saatgans, jedoch mit rötlichen Füßen und Beinen sowie rötlichem und schwarzem Schnabel.

Ringelgans Schwarzer Kopf und Hals mit kleinem weißen Halsfleck an den Seiten.

Nonnengans *Branta leucopsis*
63 cm. Arktischer Wintergast in Salzsümpfen und Wiesen an Flußmündungen. Nistet in Kolonien auf den Simsen steiler Felsen in der Arktis, gelegentlich auch in der offenen Tundra.
Kanadagans *Branta canadensis*
97 cm. Größte europäische Gans. Aus Nordamerika als Parkvogel eingeführt. Verwilderte Vögel brüten in England und Schweden und überwintern an den Küsten der Nord- und Ostsee. Wilde Vögel nisten auf buschbestandenen Seeinseln und weiden in Sümpfen und auf Feldern in Wassernähe.

WICHTIGE KENNZEICHEN
Nonnengans Weißes Gesicht; schwarzer Hals und schwarze Brust.
Kanadagans Langer schwarzer Hals, schwarzer Kopf mit weißer Kehle; weißliche Brust.

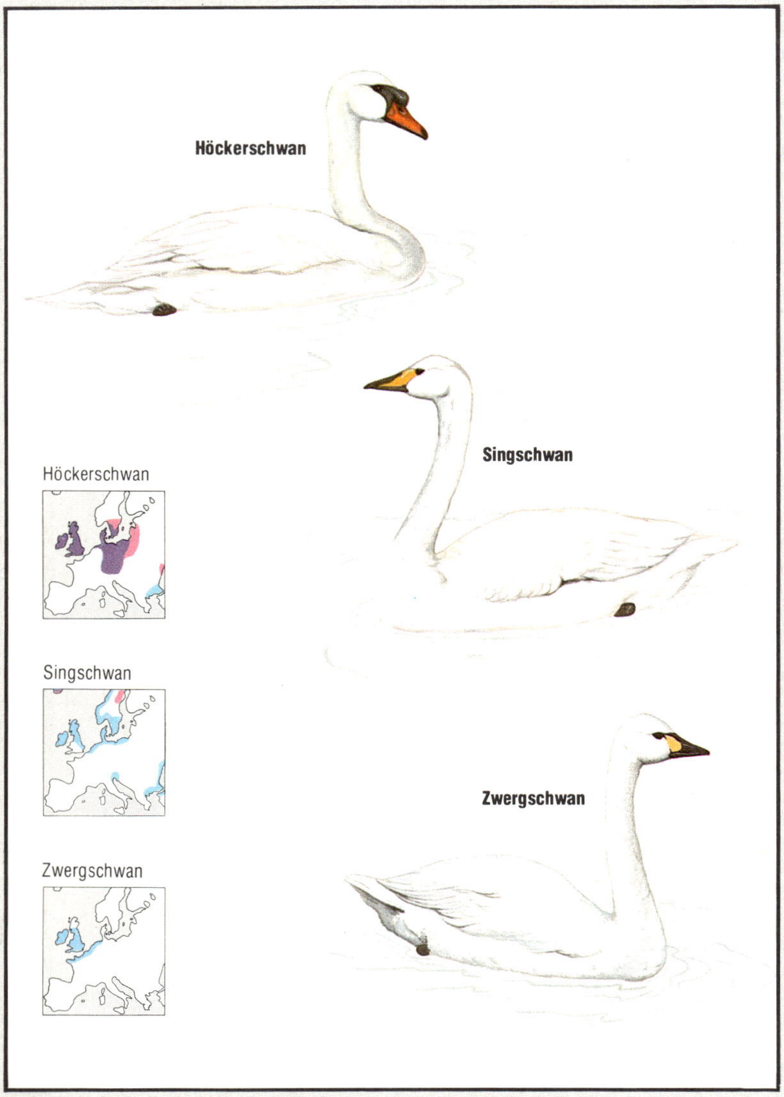

Schwäne

Schwäne sind die größten Schwimmvögel und an ihrem langen, schlanken Hals zu erkennen. Sie tauchen mit dem Kopf tief in das Wasser, um Pflanzen abzuweiden. Die Geschlechter sind gleich gefärbt. Die schwarzen Schwäne, die in den Parks zu sehen sind, stammen aus Australien. Man sollte sich diesen Vögeln nur mit Vorsicht nähern, besonders zur Brutzeit.

Höckerschwan *Cygnus olor*
152 cm. Sehr häufig. Oft halbdomestiziert als Parkvogel auf Teichen und Flüssen. Brütet gewöhnlich an Gewässerrändern; winters auf offenen Wasserflächen und an geschützten Meeresküsten.
Singschwan *Cygnus cygnus*
152 cm. Brütet in Sümpfen und an Seen im hohen Norden. Überwintert an den Küsten sowie auf Seen und Flüssen. Im Flug laute trompetende Rufe.
Zwergschwan *Cygnus bewickii*
122 cm. Wintergast aus dem hohen Norden. Lebt ähnlich wie der Singschwan, bevorzugt aber größere Wasserflächen in offenem Gelände.

WICHTIGE KENNZEICHEN
Höckerschwan Orangefarbener Schnabel mit schwarzem Höcker; Hals meist gebogen.
Singschwan Groß; gelber Schnabel mit schwarzer Spitze; Hals steil aufgerichtet.
Zwergschwan Kleiner; schwarzer Schnabel mit gelber Basis; Hals aufgerichtet.

Greifvögel

Ordnung Falconiformes

Die Greifvögel jagen andere Tiere, gewöhnlich lebende Beute am Boden, in der Luft oder im Wasser; sie fressen aber auch Aas. Andere Vögel wie Eulen oder Krähen tun dies auch, doch haben die Greifvögel spitze Krallen, um ihre Beute zu fassen, und einen Hakenschnabel, um sie zu kröpfen. Auch jagen Greifvögel, im Gegensatz zu den meisten Eulen, am Tage.

Greife

Familie Accipitridae

Die meisten Greife schweben hoch in den Lüften, suchen mit scharfen Augen nach Beute und stürzen sich dann auf das meist arglose Opfer. Geier hingegen werden von verendeten Tieren angezogen; neben Aas fressen manche auch Abfälle. Adler suchen zumeist nach lebender Beute. Bussarde und Milane erinnern im Flug an kleine Adler, doch sieht man Bussarde öfters auch auf Bäumen sitzen. Milane sind an ihrem gegabelten Schwanz zu erkennen. Habichte und Weihen fliegen dicht über dem Boden, die ersteren mit schnellem Stoß, die letzteren in ruhigem Gleitflug.

Schmutzgeier *Neophron percnopterus*
63 cm. Gewöhnlich im Gebirge, kommt aber auch an die Abfallhaufen in Ortschaften. Aus Afrika ist bekannt, daß er Steine auf Straußeneier fallen läßt, um sie zu öffnen.

Gänsegeier *Gyps fulvus*
100 cm. Vor allem im Gebirge. Anders als bei Adlern, erscheinen Kopf und Schwanz im Flugbild sehr klein.

Mönchsgeier *Aegypius monachus*
102 cm. Sowohl in den Bergen wie auch in der Ebene, aber selten.

Bartgeier *Gypaetus barbatus*
110 cm. Lebt in entlegenen Bergketten. Einzelgänger, kommt nicht mit anderen Geiern zum Aas. Läßt Knochen aus großer Höhe fallen, so daß sie an Felsen zerschellen.

WICHTIGE KENNZEICHEN

Schmutzgeier Langer, dünner Schnabel und nackte gelbe Kopfhaut; weißliches Gefieder mit schwarzen Handschwingen.

Gänsegeier Weißer Kopf und Hals mit weißlicher Halskrause.

Mönchsgeier Dunkle Flecken am Kopf; langer, nackter Hals mit brauner Krause.

Bartgeier Lange, schmale Flügel und langer, keilförmiger Schwanz; rostfarbene Brust.

Steinadler *Aquila chrysaetos*
84 cm. Schwebt meist über einsamen Gebirgswänden, jagt jedoch mehr in Bodennähe. Gelegentlich auch an der Küste oder in Gebirgswäldern. Nistet auf Felsvorsprüngen oder Bäumen.

Kaiseradler *Aquila heliaca*
81 cm. Lebt in Wäldern, Steppen und Sumpfgebieten. Nest auf hohen Einzelbäumen.

Habichtsadler *Hieraaetus fasciatus*
71 cm. Gewöhnlich in felsigem Gebirge, zieht im Winter in die Ebenen. Jagt in schnellem Flug kleine Säuger und Vögel. Nistet an Felswänden, gelegentlich auf Bäumen.

Zwergadler *Hieraaetus pennatus*
51 cm. Meist in Wäldern, wo er auf den Lichtungen jagt. Nistet auf Bäumen. Tritt in zwei Farbphasen auf, von denen die helle Form viel häufiger ist als die dunkle.

Schlangenadler *Circaetus gallicus*
66 cm. An Gebirgshängen, in Schluchten, Wäldern, auf sumpfigen Ebenen und an der Küste. Rüttelt häufig und späht nach Schlangen, Echsen und Fröschen. Nistet auf Bäumen. Kopfgefieder hell oder häufiger dunkel.

Wespenbussard *Pernis apivorus*
53 cm. Vor allem an Waldrändern und Lichtungen. Sucht die Nester von Wespen und Bienen, um ihre Larven zu fressen. Nistet auf Bäumen. Gefieder cremefarben bis dunkelbraun.

WICHTIGE KENNZEICHEN

Steinadler Insgesamt dunkelbraun mit goldgelben Federn an Kopf und Nacken.

Kaiseradler Weiße Schultern; kurzes weißes Flügelband (nur die spanische Form).

Habichtsadler Weiße Unterseite; Flügel oben dunkel oder unten weiß mit einer dunklen Binde.

Zwergadler Größe eines Mäusebussards, aber mit langem, schmalem Schwanz.

Schlangenadler Körper und Flügel unterseits weiß, oft mit dunkler Brust und dunklem Kopf.

Wespenbussard Wie der Mäusebussard, aber längerer Schwanz mit schwarzen Binden.

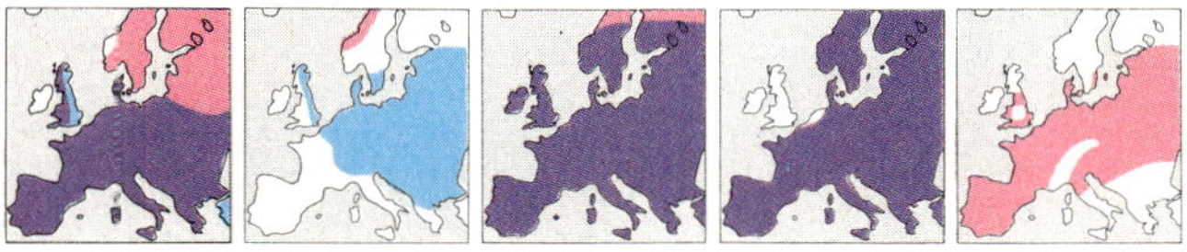

Weibchen der Wiesenweihe am Nest.

Mäusebussard *Buteo buteo*
53 cm. In Wald- und Kulturlandschaften, an Felsküsten und in gebirgigem Gelände. Kreist stundenlang, jagt aber dicht über dem Boden. Nistet auf Bäumen oder Felsvorsprüngen. Gefieder variiert von hell cremefarben bis dunkelbraun.

Rauhfußbussard *Buteo lagopus*
56 cm. Im Sommer an Berghängen, im Winter in Mooren, Sümpfen und auf Feldern. Nistet meist auf Felsklippen oder auf dem Boden der Tundra. Rüttelt häufig, bevor er sich auf kleinere Säuger stürzt; jagt auch Vögel.

Sperber *Accipiter nisus*
33 cm. Hauptsächlich in Wäldern, aber auch in baum- und buschbestandenem Kulturland. Kleine Vögel werden in schnellem, durch den Wald und dicht über Hecken führendem Flug gejagt. Weibchen wesentlich größer als das Männchen. Nistet auf Bäumen oder in hohen Büschen.

Habicht *Accipiter gentilis*
53 cm. Besonders in Nadelwäldern, wo er in gewandtem Flug Vögel jagt. Nistet meist auf Fichten. Ähnelt dem Sperberweibchen, ist jedoch größer. Weibchen größer als das Männchen.

Wiesenweihe *Circus pygargus*
43 cm. Teilt dieselben Lebensräume mit der Kornweihe, der sie auch im Verhalten gleicht.

WICHTIGE KENNZEICHEN

Mäusebussard Einem kleinen Steinadler ähnlich, aber mit breitem, gerundetem Schwanz.

Rauhfußbussard Dunkler Bauch; weißer Schwanz mit breiter, dunkler Endbinde.

Sperber Breite, gerundete Flügel und langer Schwanz; eng gebänderte Unterseite.

Habicht Beide Geschlechter dem Sperber ähnlich, jedoch größer.

Wiesenweihe Männchen: wie die Kornweihe, aber mit schwarzer Flügelbinde, grauem Bürzel und braungestreifter Unterseite. Weibchen: sehr ähnlich dem Weibchen der Kornweihe.

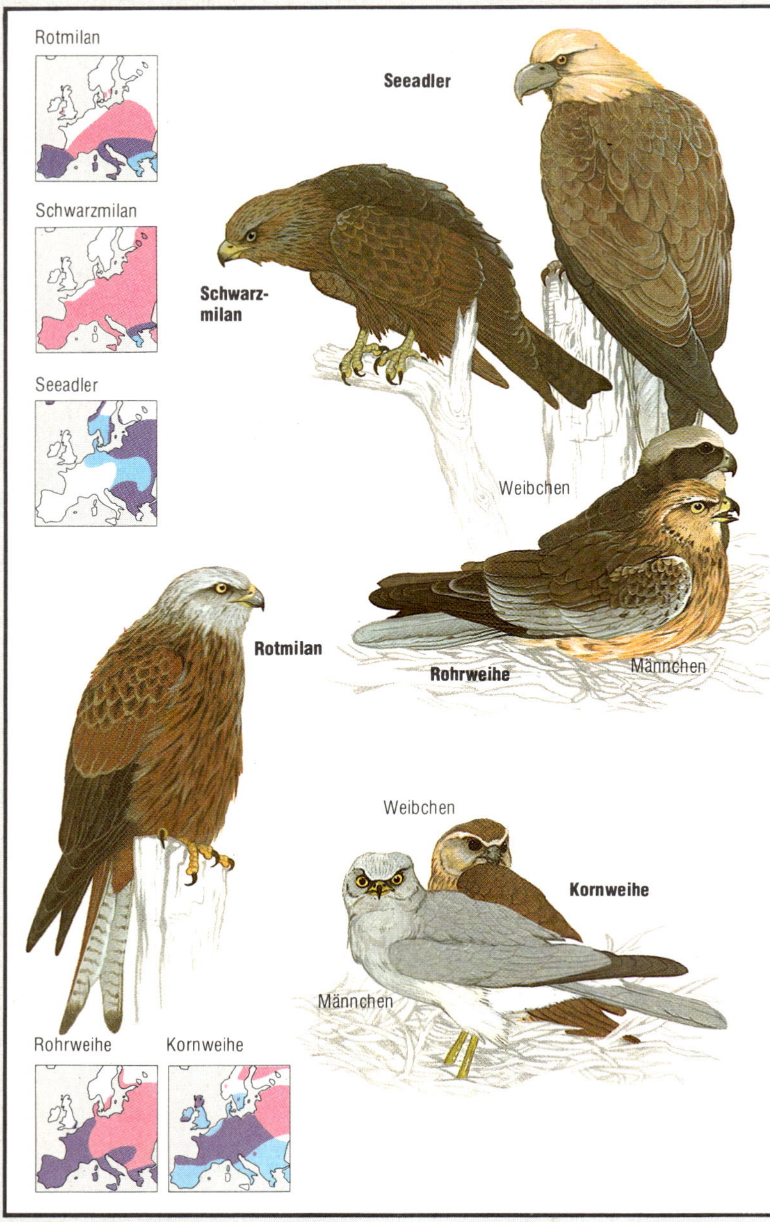

Rotmilan *Milvus milvus*
63 cm. Hauptsächlich in bewaldetem Hügelland. Nistet auf Bäumen.

Schwarzmilan *Milvus migrans*
53 cm. In baumbestandenem Gelände, meist in der Nähe von Seen oder Flüssen. In Südeuropa auch an offeneren Stellen und in Ortschaften nach Abfall suchend. Nistet auf Bäumen.

Seeadler *Haliaeetus albicilla*
81 cm. An Küsten und entlegenen Binnengewässern. Fängt Fische an der Oberfläche des Wassers oder taucht nach ihnen; greift auch Säuger und Vögel. Nistet auf Felsvorsprüngen und hohen Bäumen.

Rohrweihe *Circus aeruginosus*
51 cm. Fliegt niedrig über Moore und Sümpfe mit großen Röhrichtbeständen, in denen sie auch nistet.

Kornweihe *Circus cyaneus*
46 cm. In offenem Gelände, in Mooren, Heiden und Sümpfen. Jagt in niedrigem Flug. Nistet am Boden.

WICHTIGE KENNZEICHEN

Rotmilan Bussardähnlich, aber von rötlicher Färbung und mit tiefgegabeltem Schwanz.

Schwarzmilan Wie der Rotmilan, aber mit dunklem Gefieder und flachgegabeltem Schwanz.

Seeadler Brauner Körper und weißer Schwanz.

Rohrweihe Männchen: graue Armschwingen und Schwanz. Weibchen: Scheitel und Kehle dottergelb.

Kornweihe Männchen: grau mit weißem Bürzel und gleich gefärbter Unterseite. Weibchen: bräunlich gestreift, mit weißem Rumpf (ähnlich der Wiesenweihe).

Fischadler Dunkle Oberseite und weiße Unterseite; weißer Kopf mit schwarzer Seitenlinie.

Fischadler

Familie Pandionidae

Der Fischadler unterscheidet sich etwas von allen anderen Greifvögeln und wird deshalb in eine eigene Familie gestellt.

Fischadler *Pandion haliaetus*
56 cm. An größeren Binnengewässern und an den Küsten. Kreist oder rüttelt hoch über dem Wasser und taucht – mit den Füßen voran – nach Fischen. Baumt dann in Wassernähe mit der Beute auf.

Falken

Familie Falconidae

Falken sind im allgemeinen kleiner als die anderen Greifvögel; sie haben lange, spitze Flügel und einen langen Schwanz. Bei der Jagd stoßen sie zumeist mit rasender Geschwindigkeit auf ihre Beute. Früher wurden Falken des öfteren zur Jagd abgerichtet. Die Weibchen sind gewöhnlich größer als die Männchen.

Baumfalke *Falco subbuteo*
33 cm. In lichten Wäldern und Kulturland mit zerstreutem Baumwuchs. Jagt kleinere Vögel wie Schwalben, Lerchen usw. sowie größere fliegende Insekten. Nistet auf Bäumen, meist in alten Krähennestern.

Wanderfalke *Falco peregrinus*
43 cm. Hält sich gerne an steilen Felsen auf, wo er auch nistet, aber auch in der Ebene und in Sümpfen (im Winter) sowie in offenen Wäldern und Städten. Stürzt sich rasend schnell und mit fast geschlossenen Flügeln senkrecht auf seine Beute, besonders Vögel (Tauben). Durch die Verwendung von Pestiziden und durch Aushorstungen sehr selten geworden.

Gerfalke *Falco rusticolus*
53 cm. Lebt in Felsgebieten, an Waldrändern sowie an Meeresküsten. Nistet auf Felsklippen. Jagt wie der Wanderfalke, dem er in der Schnelligkeit gleichkommt.

Lanner *Falco biarmicus*
43 cm. An felsigen Gebirgshängen und in steinigen Ebenen. Nistet an Felsen, mitunter auf Bäumen. Fliegt ähnlich wie der Wanderfalke, jagt jedoch kleinere Vögel.

Merlin *Falco columbarius*
30 cm. Im Sommer in offenen und hügeligen Landschaften sowie in Sumpfgebieten, winters auch an der Küste. Nistet am Boden oder auf Bäumen. Jagt dicht über dem Boden kleinere Vögel, doch rüttelt er auch.

Rötelfalke *Falco naumanni*
30 cm. In offenem, felsigem oder sumpfigem Gelände, oft auch auf Feldern in der Nähe von Ortschaften. Nistet in Felsnischen und auf Gebäuden. Dem Turmfalken ähnlich, rüttelt aber seltener.

Turmfalke *Falco tinnunculus*
33 cm. Recht zahlreich in allen Landschaften, oft auch in Städten und am Rande von Autostraßen. Rüttelt häufig, gegen den Wind gestellt, und stößt in steilem Winkel auf kleine Nager, Insekten und andere Beute.

WICHTIGE KENNZEICHEN

Baumfalke Gestreifte Unterseite und rostbraune »Hosen«.

Wanderfalke Helle Unterseite schwarz gebändert; schiefergrauer Rücken; schwarzer Bartstreifen.

Gerfalke Wie ein großer Wanderfalke, aber mit heller grauem oder seltener weißem Gefieder; ohne Bartstreifen.

Lanner Ähnlich dem Wanderfalken, aber mit braunem Rücken und hellbraunem Scheitel.

Merlin Männchen: blaugrauer Rücken und rotbraun gefleckte Unterseite. Weibchen: wie das Männchen, aber mit braunem Rücken.

Rötelfalke Männchen: wie Turmfalke, Rükken und Flügel aber ungefleckt. Weibchen: dem Turmfalken ähnlich.

Turmfalke Männchen: graublauer Kopf und Nacken, rotbraune gefleckte Oberseite; grauer Schwanz mit schwarzer Binde. Weibchen: wie das Männchen, doch Kopf und Nacken braun; Oberseite und der braune Schwanz gebändert.

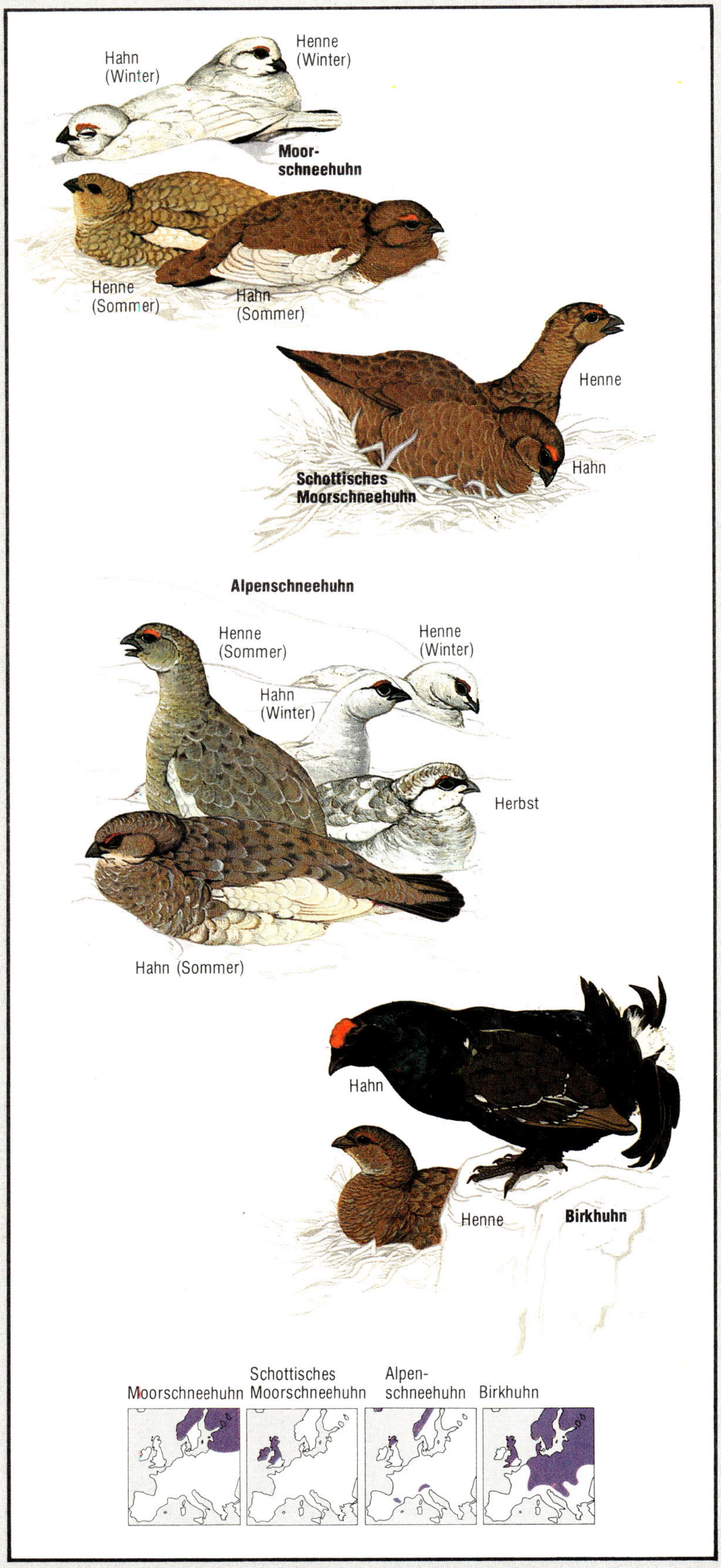

Hühnervögel

Ordnung Galliformes

Diese Vögel sind von plumper Gestalt, mit kurzen, abgerundeten Flügeln. Sie fliegen nur selten sehr weit oder hoch und ziehen es vor, zu laufen oder sich bei Gefahr zu verstecken. Erst im letzten Augenblick fliegen sie auf, und zwar mit einem schnellen Start. Als Bodenvögel können sie sehr gut laufen, und mit ihren kräftigen Füßen scharren sie nach Sämereien und Insekten. Auch ihre Nester stehen auf dem Boden. Die Jungen der Hühnervögel sind Nestflüchter. Die Hähne haben in der Regel ein sehr prächtiges Gefieder.

Rauhfußhühner

Familie Tetraonidae

Die Läufe und oft auch die Zehen dieser Vögel, die in nördlichen Gebieten leben, sind befiedert.

Moorschneehuhn *Lagopus lagopus*
38 cm. In Mooren und Heidegebieten mit Birken und Wacholdergestrüpp. Die Farbe wechselt von rein Weiß im Winter zu Braun und Weiß im Sommer, so daß der Vogel jeweils gut getarnt ist.

Schottisches Moorschneehuhn
Lagopus lagopus scoticus
38 cm. Die in England verbreitete Form des Moorschneehuhns zeigt keinen Wechsel in der Färbung. Sein dunkles Rotbraun ist allenfalls im Sommer etwas heller. In Moorgebieten mit Rausch- und Moosbeere, im Winter auch auf Feldern.

Alpenschneehuhn *Lagopus mutus*
36 cm. An steinigen Berghängen, meist über der Baumgrenze. Die Farbe wechselt von Braun und Weiß im Sommer über Grau und Weiß im Herbst zu reinweiß im Winter. Auf diese Weise wird es von seinen Verfolgern (Adler, Fuchs) nicht so leicht entdeckt.

Birkhuhn *Lyrurus tetrix*
Hahn 53 cm, Henne 41 cm. In Heiden, Torfmooren und Gelände mit einzelnen Bäumen. Im Frühjahr versammeln sich die Vögel an Balzplätzen, wo die Hähne unter Flügelspreizen und Aufstellen des leierförmigen Schwanzes vor den Hennen balzen.

WICHTIGE KENNZEICHEN

Moorschneehuhn Hahn: im Sommer rotbraun, Flügel und Bauch weiß; im Winter rein weiß mit schwarzem Schwanz (wie die Henne des Alpenschneehuhns). Henne: im Sommer wie der Hahn, doch weniger rot und mehr gestreift; im Winter wie der Hahn.

Schottisches Moorschneehuhn Hahn: rotbraun mit dunklen Flügeln und Schwanzrändern. Henne: wie der Hahn, doch weniger rot und mehr gestreift.

Alpenschneehuhn Hahn: wie das Moorschneehuhn, doch grauer im Sommer und Herbst und mit dunklem Gesichtsfleck im Winter. Henne: sehr ähnlich der des Moorschneehuhns, doch gewöhnlich in größeren Höhen.

Birkhuhn Hahn: glänzend schwarz mit leierförmigem Schwanz. Henne: graubraun mit leichtgegabeltem Schwanz.

Auerhuhn *Tetrao urogallus*
Hahn 86 cm, Henne 61 cm. In Nadelwäldern des Hügellandes und der Gebirge. Bei der Balz stellt der Hahn seinen Schwanz fächerartig auf.
Haselhuhn *Tetrastes bonasia*
36 cm. Lebt in Mischwäldern (Espen und Birken), wo es sich in der dichten Vegetation versteckt hält.

WICHTIGE KENNZEICHEN
Auerhuhn Hahn: dunkel mit breitem, fächerartigem Schwanz; bräunliche Flügel. Henne: wie die des Birkhuhns, aber mit gerundetem Schwanz und rostfarbenem Brustfleck.
Haselhuhn Hahn: schwarze Kehle und schwarze Binde im grauen Schwanz. Henne: wie der Hahn, doch mit weißlicher Kehle.

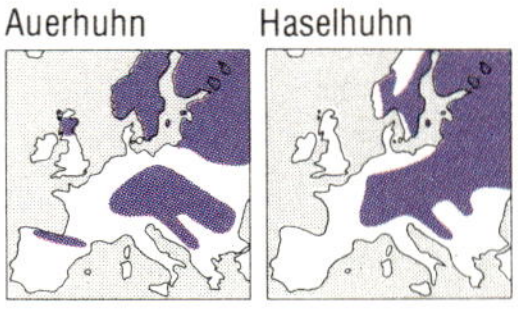

Feldhühner und Fasane
Familie Phasianidae

Im Gegensatz zu den Rauhfußhühnern haben diese Vögel unbefiederte Läufe und Füße und leben nicht in kalten Gebieten. Prächtig gefärbte fremdländische Fasane werden in Parks gehalten, manche von ihnen sind verwildert. Fasane nisten am Boden und erbrüten sehr viele Küken. Auch die Feldhühner sind Bodenbrüter und sehr schwer zu entdecken. Ihr Flug ist schwerfällig und wenig ausdauernd. Allein die Wachtel ist als Zugvogel bekannt.

Der Goldfasan verdankt seinen Namen der herrlichen Farbe seiner Kopfhaube. Er stammt aus Zentralasien und China. China ist auch die Heimat des wunderschönen Silberfasans mit seiner delikaten schwarzen Rückenzeichnung. Diese exotischen Verwandten unseres Fasans werden in Europa nur in Parks oder Volieren gehalten.

Steinhuhn *Alectoris graeca*
33 cm. Auf felsigen Halden oder licht bewaldeten Hängen, meist über der Baumgrenze. Dem Rothuhn sehr ähnlich.

Rothuhn *Alectoris rufa*
34 cm. Auf sumpfigem Boden und Feldern, in flachem baumlosen Hügelland, doch oft auch auf trockenem, steinigem Gelände.

Rebhuhn *Perdix perdix*
30 cm. Vor allem auf Feldern, aber ebenso in Mooren, Heiden und Sanddünen sowie auf sumpfigem Gelände.

Wachtel *Coturnix coturnix*
18 cm. Der kleinste europäische Hühnervogel und zugleich der einzige ziehende. Auf Weiden und Feldern sehr versteckt lebend.

Fasan *Phasianus colchicus*
Hahn 84 cm, Henne 58 cm. Vor allem im Winter zahlreich auf Feldern, auch in Wäldern und auf sumpfigem Gelände. Zeichnung des Hahnes variabel; manche mit einem weißen Halsring.

WICHTIGE KENNZEICHEN

Steinhuhn Rote Beine; weißer Kehlfleck, schwarz eingefaßt.

Rothuhn Wie das Steinhuhn, jedoch mit schwarzen Streifen unterhalb des Kehlflecks.

Rebhuhn Graue Beine; rostfarbenes Gesicht; dunkelbrauner Bauchfleck (nur beim Hahn).

Wachtel Klein; gestreifter Kopf; dunkler Kehlfleck (nur beim Hahn).

Fasan Hahn: sehr langer Schwanz, grüner Kopf und roter Augenfleck. Henne: gelblichbraun gefleckt und langer, spitzer Schwanz.

Kraniche, Rallen und Trappen

Ordnung Gruiformes

Alle diese Vögel besitzen lange Beine, und viele von ihnen waten im seichten Wasser. Kraniche (Familie Gruidae) sind stattliche und elegante Vögel, die auf trockenem wie auf feuchtem Gelände leben. Dagegen sind Rallen, Sumpfhühner, Bläßhühner und Teichhühner (Familie Rallidae) vornehmlich Wasserbewohner von geringer bis mittlerer Körpergröße. Trappen (Familie Otididae) sind mittelgroße bis große Landvögel mit langen, dicken Hälsen.

Kranich *Grus grus*
114 cm. Nistet am Boden in feuchtem Gelände, oft im Röhricht. Erscheint im Winter an Flußufern, auf Feldern und in Steppen. Unterscheidet sich von Störchen und Reihern durch den buschigen »Schwanz«. Fliegt mit ausgestrecktem Hals, ziehende Scharen in langen Linien oder V-Formation. Im Frühjahr vollführen sie eigenartige Balztänze.

Wasserralle *Rallus aquaticus*
28 cm. Lebt sehr versteckt im Schilf kleiner Gewässer und nistet hier auch über flachem Wasser. Bei kaltem Wetter gelegentlich auch im Freien sitzend.

Tüpfelsumpfhuhn *Porzana porzana*
23 cm. Noch scheuer als die Wasserralle, der es im Verhalten und Vorkommen ähnelt.

Zwergsumpfhuhn *Porzana pusilla*
18 cm. Vorkommen und Verhalten wie die Wasserralle. Dieser ähnlich, aber viel kleiner; sehr scheu.

Kleines Sumpfhuhn *Porzana parva*
19 cm. Vorkommen und Verhalten wie die Wasserralle, aber viel kleiner als diese. Männchen ähnelt stark dem Zwergsumpfhuhn. Sehr scheu.

Wachtelkönig *Crex crex*
25 cm. Nistet in Wiesen und Feldern mit üppigem Pflanzenwuchs; lebt sehr versteckt. Durch Mähmaschinen und andere Neuerungen in der Landwirtschaft dezimiert.

WICHTIGE KENNZEICHEN

Kranich Roter Scheitel und weißer Wangenstreifen; buschig herabhängender »Schwanz«.

Wasserralle Langer roter Schnabel.

Tümpelsumpfhuhn Dunkelbraun geflecktes und gestricheltes Gefieder.

Zwergsumpfhuhn Graue Unterseite mit schwarz-weiß gebänderten Flanken; fleischfarbene Beine.

Kleines Sumpfhuhn Männchen: wie das Zwergsumpfhuhn, aber Flanken nicht gebändert, grüne Beine. Weibchen: wie das Männchen, aber rahmfarbene Unterseite.

Wachtelkönig Gefieder rahmfarben mit rötlichen Flügeldecken.

Purpurhuhn *Porphyrio porphyrio*
48 cm. Lebt und nistet im Schilf und Röhricht von Sümpfen und Teichen.

Teichhuhn *Gallinula chloropus*
33 cm. Auf Teichen, Tümpeln und Flüssen, wo es unter Kopfnicken umherschwimmt und gelegentlich nach Nahrung taucht. Oft auch in Parks. Nistet im Röhricht und Gebüsch, selten auf Bäumen, in Wassernähe. Zur Nahrungssuche oft auf Feldern.

Bläßhuhn *Fulica atra*
38 cm. Auf Seen, größeren Teichen und Flüssen, auch in Parks. Im Winter oft an der Küste. Bevorzugt größere offene Wasserflächen als das Teichhuhn und taucht auch öfters. Meist in Trupps, recht zänkisch. Nistet im Röhricht oder zwischen anderer Ufervegetation.

Großtrappe *Otis tarda*
Männchen 102 cm, Weibchen 76 cm. Auf offenen, baumlosen Ebenen und ausgedehnten Feldern, wo sie auch nistet. Läuft gemessen mit hoch erhobenem Kopf, ist aber sehr scheu. Zur Paarungszeit balzen die Hähne vor der Partnerin, wobei sie den Hals aufblähen, so daß die weißen Bartfedern einen Federbusch bilden, den Schwanz auf den Rücken schlagen und die Flügel senken. Heute selten geworden.

Zwergtrappe *Tetrax tetrax*
43 cm. Gleiches Vorkommen und Verhalten wie die Großtrappe. Drückt sich bei Gefahr flach auf den Boden. Im Winter sehen beide Geschlechter gleich aus.

WICHTIGE KENNZEICHEN

Purpurhuhn Großer roter Schnabel und lange rote Beine und Zehen; purpurblaues Gefieder.

Teichhuhn Schwarz, mit rotem Schnabel und rotem Stirnschild.

Bläßhuhn Schwarz, mit weißem Schnabel und weißem Scheitel.

Großtrappe Kräftige Gestalt; grauer Kopf und Hals; »Bart« aus langen weißen Federn (nur der Hahn).

Zwergtrappe Hahn: schwarze und weiße Halszeichnung (nur im Sommer). Henne und Hahn im Winter: braungestreifter Kopf und Hals.

Regenpfeifervögel

Ordnung Charadriiformes

Diese umfangreiche Ordnung umfaßt sehr unterschiedliche Vogelgruppen, die aber alle zumindest einen Teil ihres Lebens im oder in der Nähe des Wassers verbringen. Regenpfeifer und Schnepfenvögel leben an den Küsten oder in Sumpfgebieten. Mit ihren langen Beinen waten sie im seichten Wasser.

Austernfischer

Familie Haematopodidae

Austernfischer *Haematopus ostralegus*
43 cm. Die einzige Art dieser Familie in Europa. Vor allem an Küsten, wo er zwischen Felsen und auf Wattflächen nach Nahrung sucht. Muscheln werden geschickt mit dem Schnabel geöffnet. Gelegentlich auch im Inland in Moorgebieten und an Seen und Flüssen.

Regenpfeifer

Familie Charadriidae

Regenpfeifer unterscheiden sich von fast allen anderen Watvögeln durch ihren kurzen Schnabel. Sie suchen in Erde, Schlamm und Sand, sowohl im Binnenland als auch an der Küste, nach Würmern, Insektenlarven und Schnecken. Sie laufen lebhaft umher und bleiben nur kurz zum Aufpicken von Futtertieren stehen. Alle Regenpfeifer nisten am Erdboden.

Kiebitz *Vanellus vanellus*
30 cm. Sehr häufiger Regenpfeifer. Auf sumpfigen Wiesen, Mooren und Feldern; im Winter auch an der Küste. Meist in großen Scharen.
Sandregenpfeifer *Charadrius hiaticula*
19 cm. An Sand- und Schlammküsten, mitunter im Binnenland.
Flußregenpfeifer *Charadrius dubius*
15 cm. An steinigen oder sandigen Ufern der Seen und Flüsse; auch bei Kiesgruben.
Seeregenpfeifer *Charadrius alexandrinus*
15 cm. An Meeresküsten auf Sand- und Kiesstränden.
Kiebitzregenpfeifer *Pluvialis squatarola*
28 cm. Auf Schlammflächen und an sandigen Küsten.

WICHTIGE KENNZEICHEN

Austernfischer Schwarzes und weißes Gefieder mit langem roten Schnabel.

Kiebitz Schwarzes und weißes Gefieder mit langer Kopfhaube; Rücken schillernd grünlichschwarz.

Sandregenpfeifer Schwarzes Brustband; orangegelbe Beine; weiße Flügelbinde (im Flug).

Flußregenpfeifer Wie der Sandregenpfeifer, aber ohne Flügelbinde; blaßgelbliche Beine.

Seeregenpfeifer Wie der Sandregenpfeifer, Brustband aber unvollständig; Beine schwarz.

Kiebitzregenpfeifer Sommer: unten schwarz, oben weißlich. Winter: unten weiß, oben grau.

Goldregenpfeifer *Pluvialis apricaria*
28 cm. In Mooren, wo er im Heidekraut nistet, winters auf Feldern und an der Küste, meist mit Kiebitzen.
Mornellregenpfeifer *Eudromias morinellus*
23 cm. Nistet auf erhöhten kahlen Bodenstellen. Im Winter auf Feldern und an den Küsten.
Steinwälzer *Arenaria interpres*
23 cm. An der Küste, meist an felsigen und steinigen Stränden. Dreht auf der Suche nach Nahrung Steine, Muscheln und Tang um.

WICHTIGE KENNZEICHEN

Goldregenpfeifer Sommer: unten schwarz, oben goldbraun. Winter: unten weiß, oben goldbraun.

Mornellregenpfeifer Weißer Augenstreifen und weißes Brustband; dunkle Unterseite.

Steinwälzer Sommer: rotbraun- und schwarzgefleckte Flügel. Winter: dunkles Brustband und orangegelbe Beine.

Schnepfenvögel

Familie Scolopacidae

Die Watvögel der Familie Scolopacidae sind durch einen meist langen Schnabel und oft sehr lange Beine ausgezeichnet. Sie leben sowohl in sumpfigen Gebieten des Binnenlandes wie an der Küste und nisten meist am Boden. Oft suchen Trupps aus verschiedenen Arten am Strand gemeinsam nach Nahrung, wobei sie mit ihren Schnäbeln im Wasser, Schlamm oder Sand herumstochern. Die Schnabellänge ist bei den einzelnen Arten unterschiedlich, so daß sie jeweils in bestimmten Tiefen ihre tierische Nahrung aufspüren.

Bekassine *Gallinago gallinago*
27 cm. Lebt versteckt in Sümpfen, nassen Mooren und feuchten Wiesen. Aufgestöbert, fliegt sie im Zickzackkurs davon. Bei Sturzflügen während der Balz verursachen die Schwanzfedern ein dumpfes Brummen.
Doppelschnepfe *Gallinago media*
28 cm. Versteckt in Sümpfen oder an verschilften Flußufern, besonders während der Brutzeit. Sonst auch auf Feldern oder Heiden. Der Flug führt meist geradeaus.
Zwergschnepfe *Lymnocryptes minimus*
19 cm. Hat das gleiche Vorkommen und Verhalten wie die Bekassine, lediglich ihr Flug ist mehr geradeaus führend.

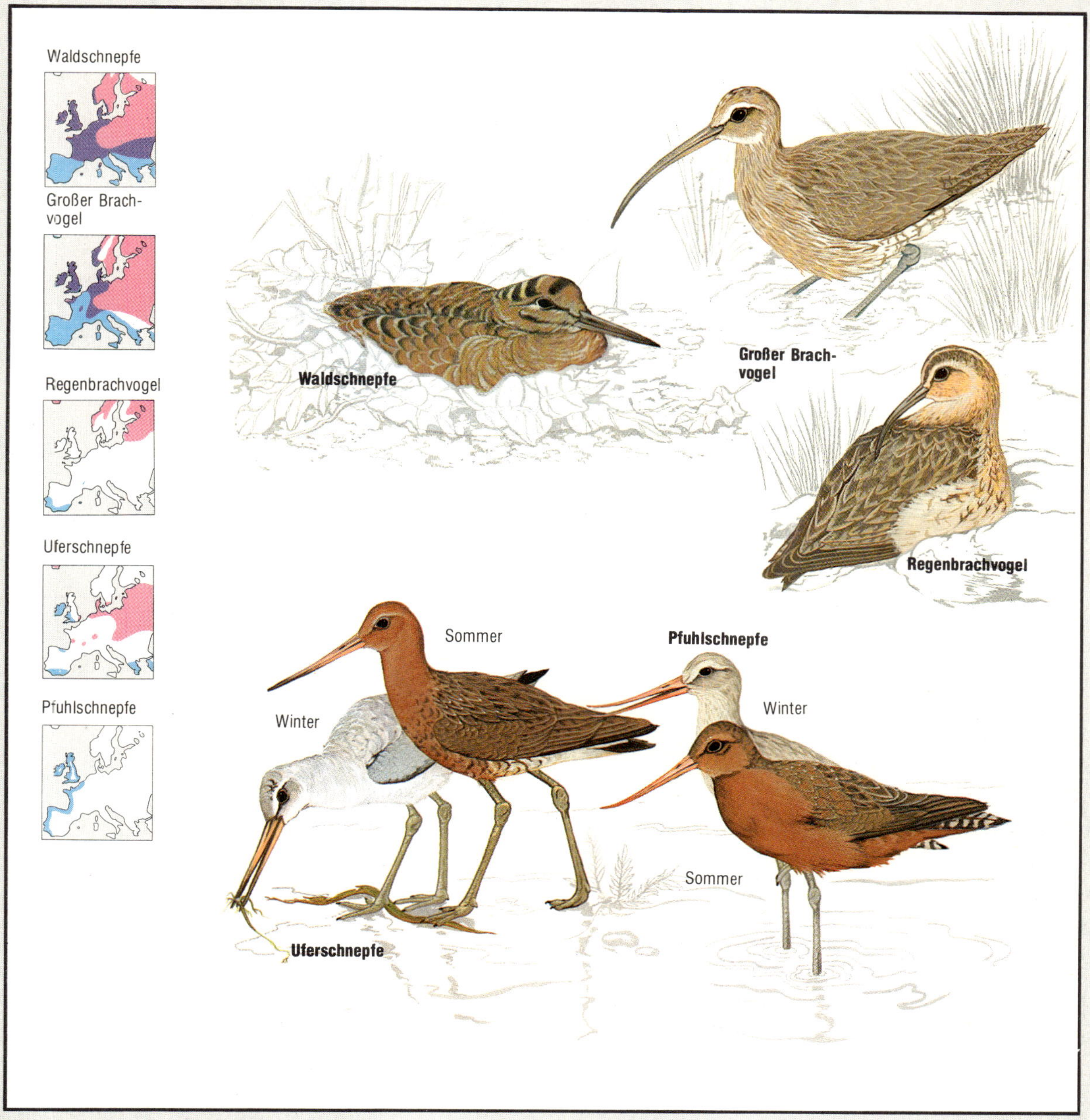

Waldschnepfe *Scolopax rusticola*
36 cm. Versteckt in feuchten Wäldern mit üppiger Bodenvegetation. Am ehesten in der Dämmerung beim langsamen Balzflug zu beobachten.

Großer Brachvogel *Numenius arquata*
56 cm. Nistet in Moorgelände und Sümpfen, feuchten Wiesen und Sanddünen. Im Winter auf Schlammflächen in Küstennähe.

Regenbrachvogel *Numenius phaeopus*
41 cm. Dieselben Lebensstätten wie der Große Brachvogel, dem er sehr ähnelt. Ist an der Kopfzeichnung zu unterscheiden.

Uferschnepfe *Limosa limosa*
41 cm. Nistet in feuchten Wiesen und in sumpfigem Gelände. Im Winter auch auf Schlammbänken.

Pfuhlschnepfe *Limosa lapponica*
38 cm. Nistet in Sümpfen im hohen Norden und kommt im Winter an die Meeresküsten.

WICHTIGE KENNZEICHEN

Bekassine Langer, gerader Schnabel; dunkle Längsstreifen auf dem Kopf. Zickzackflug.

Doppelschnepfe Wie die Bekassine, aber weiße Seiten bis zum Schwanz. Gerader Flug.

Zwergschnepfe Wie die Bekassine, aber viel kürzerer Schnabel und spitzer Schwanz.

Waldschnepfe Langer Schnabel; dunkle Bänder auf Scheitel und Nacken; untersetzte Gestalt.

Großer Brachvogel Sehr langer, abwärts gebogener Schnabel; Scheitel nicht gestreift.

Regenbrachvogel Wie der Große Brachvogel, aber kürzerer Schnabel und gestreifter Scheitel.

Uferschnepfe Langer, sehr leicht aufgebogener Schnabel. Sommer: rostbraune Brust und weißer Schwanz mit schwarzem Endband. Winter: graue Brust, sonst wie Sommer.

Pfuhlschnepfe Wie Uferschnepfe, aber aufgebogener Schnabel und gebänderter Schwanz.

Ein Grünschenkel am Nest.

Waldwasserläufer *Tringa ochropus*
23 cm. Nistet in sumpfigen Wäldern. Im Winter in Sümpfen, an Seen und Flüssen, selten an der Küste.

Bruchwasserläufer *Tringa glareola*
20 cm. In den Wäldern des Nordens und in der Tundra, wo er am Boden in Wassernähe oder in alten Baumnestern brütet.

Flußuferläufer *Tringa hypoleucos*
20 cm. Nistet an See- und Flußufern, oft in hügeligem Gelände. Winters auch an der Küste. Ständiges Kopfnicken und Schwanzwippen.

Rotschenkel *Tringa totanus*
28 cm. Nistet in Wiesen, Mooren und Heiden sowie in Binnen- und Küstensümpfen. Nest zwischen Grasbüscheln. Im Winter an Küsten.

Dunkler Wasserläufer *Tringa erythropus*
30 cm. Nistet im hohen Norden und kommt im Winter an Meeresküsten und in Sümpfe.

Grünschenkel *Tringa nebularia*
30 cm. Nistet am Boden in Mooren oder Wäldern, meist in Wassernähe. Im Winter an Küsten und Binnengewässern.

Knutt *Calidris canutus*
25 cm. Wintergast aus der Arktis. Oft in dichten Schwärmen an schlammigen Meeresufern. Vögel im Sommergefieder im Frühjahr und Herbst zu beobachten.

Meerstrandläufer *Calidris maritima*
20 cm. Im Winter an felsigen Meeresküsten und auf kleinen Inseln. Nistet zwischen niedrigen Pflanzen in der Tundra. Rücken in hellem Licht purpurglänzend.

Zwergstrandläufer *Calidris minuta*
13 cm. Nistet im hohen Norden und überwintert in Afrika. Auf dem Zuge im Frühjahr und Herbst in ganz Europa an schlammigen Küsten und im Binnenland an Seen und Stauseen zu beobachten.

Temminckstrandläufer *Calidris temminckii*
14 cm. Nistet zwischen niedriger Vegetation im hohen Norden und überwintert in Afrika. Auf dem Zuge im Frühjahr und Herbst in ganz Europa zu beobachten, vor allem in Sümpfen.

Alpenstrandläufer *Calidris alpina*
18 cm. Nistet in Mooren und Sümpfen. Im Winter schwarmweise auf Schlammflächen an der Küste oder im Binnenland sowie an Flußmündungen. Fliegt in dichten Schwärmen. Häufigster europäischer Strandläufer.

Sichelstrandläufer *Calidris ferruginea*
19 cm. Nistet im hohen Norden und überwintert in Südeuropa. Auf dem Zuge im Frühjahr und Herbst auf Schlammflächen und in Sümpfen zu beobachten.

WICHTIGE KENNZEICHEN

Waldwasserläufer Weißer Bürzel und dunkle Beine; keine Flügelbinde.

Bruchwasserläufer Weißer Bürzel und gelbe Beine; keine Flügelbinde.

Flußuferläufer Dunkler Bürzel; im Flug weiße Flügelbinde sichtbar; wippt mit dem Schwanz.

Rotschenkel Weißer Bürzel mit langen roten Beinen; im Flug weißes Band auf der Flügeloberseite.

Dunkler Wasserläufer Sommer: schwarz mit roten Beinen; kein Flügelband. Winter: blaßgrau mit roten Beinen; kein Flügelband.

Grünschenkel Weißer Bürzel mit grünlichen Beinen; kein Flügelband.

Knutt Sommer: rostrote Unterseite. Winter: plumper Körper, kurzer Hals; heller Schwanz.

Meerstrandläufer Sommer: geflecktes Gefieder und gelbe Beine. Winter: Kopf und Brust dunkel, gelbe Beine.

Zwergstrandläufer Klein; schwarze Beine. Herbst: blasse V-Zeichnung auf dem Rücken.

Temminckstrandläufer Wie der Zwergstrandläufer, aber helle Beine und ohne V-Zeichnung auf dem Rücken.

Alpenstrandläufer Schnabelspitze leicht abwärts gebogen. Sommer: schwarzer Bauch. Winter: oben braungrau, unten weiß.

Sichelstrandläufer Abwärts gebogener Schnabel. Sommer: rostbraunes Gefieder. Winter: wie Alpenstrandläufer, aber mit weißem Bürzel.

Sanderling *Calidris alba*
20 cm. Im Winter an flachen Sandküsten, unermüdlich umherrennend. Nistet in der arktischen Tundra.

Kampfläufer *Philomachus pugnax*
Männchen 30 cm. Weibchen 23 cm. Nistet in Mooren, Sümpfen und Wiesen; im Winter an Fluß- und Seeufern. Im späten Frühjahr balzen die Männchen und locken die Weibchen mit ihrer großen, aufrichtbaren Halskrause aus bunten Federn.

WICHTIGE KENNZEICHEN

Sanderling Sommer: rostbraune Oberseite, weißer Bauch. Winter: hellgraue Oberseite mit dunklem »Schulterfleck«.

Kampfläufer Männchen: mit Halskrause (Frühling und Sommer); Rücken stark braun gesprenkelt (Herbst). Weibchen: wie das Männchen im Herbst, aber kleiner.

Säbelschnäbler Langer, nach oben gebogener Schnabel; Rücken schwarz/weiß.

Stelzenläufer Langer, gerader Schnabel; schwarzer Rücken und weiße Unterseite; lange rote Beine.

Odinshühnchen Weibchen: roter Nacken, weiße Kehle (Sommer), dunkle Augenpartie (Winter). Männchen: wie das Weibchen, jedoch nicht so leuchtende Farben im Sommer.

Triel Große, gelbe Augen, kräftige, gelbe Beine.

Brachschwalbe Heller Kehlfleck, rotbraune Flügelunterseite.

Skua Gefächerte Schwanzspitze ohne lang herausragende Federn.

Schmarotzerraubmöwe Gefächerte Schwanzspitze mit lang herausragenden Federn in der Schwanzmitte.

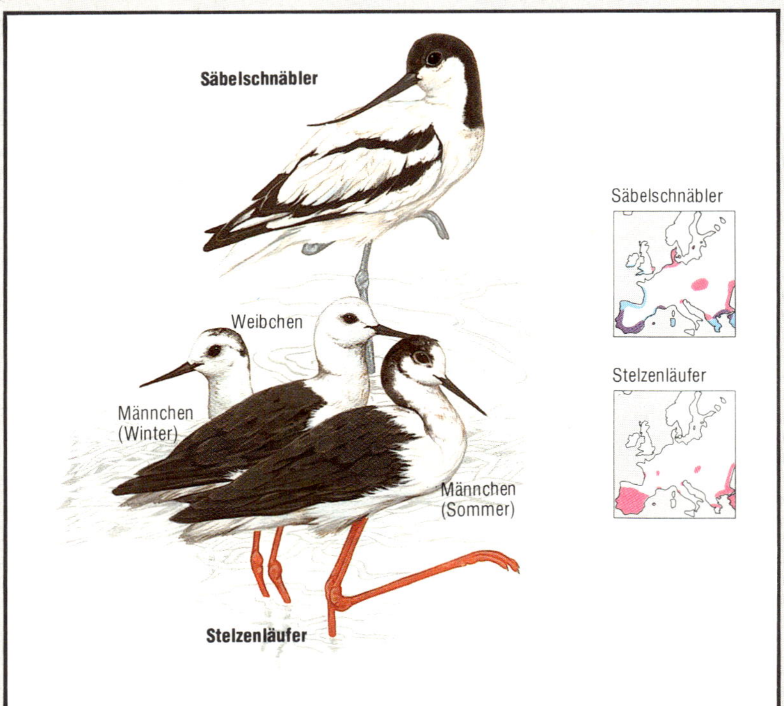

Stelzenläufer

Familie Recurvirostridae

Zu dieser Familie gehören die elegantesten Watvögel. Sie stelzen langbeinig durch das flache Wasser, schnappen Insekten aus der Luft oder suchen mit dem langen Schnabel im Wasser nach Nahrung.

Säbelschnäbler
Recurvirostra avosetta
43 cm. Nistet in Sümpfen in der Nähe der Küste; im Winter an Flußmündungen. Am ehesten in Reservaten zu beobachten. Bei der Nahrungssuche im Flachwasser wird der lange, aufwärts gekrümmte Schnabel seitwärts bewegt.

Stelzenläufer *Himantopus himantopus*
38 cm. In Sümpfen und Lagunen, wo er oft über längere Strecken im tieferen Wasser watet.

Wassertreter
Familie Phalaropodidae

Odinshühnchen *Phalaropus lobatus*
18 cm. Nistet in Sümpfen und an Seeufern; im Winter an der Küste. Schwimmt sehr gerne, wobei es auffallend hoch im Wasser liegt. Bei der Nahrungsaufnahme im flachen Wasser dreht es sich in typischer Weise, um kleine Tiere vom Boden aufzuwirbeln. Die größeren und lebhafter gefärbten Weibchen werben um die Männchen, die auch das Nest bauen, brüten und die Jungen aufziehen.

Triele
Familie Burhinidae

Triel *Burhinus oedicnemus*
41 cm. Nistet auf steinigem oder felsigem, aber auch sandigem Boden, z.B. auf Heideflächen oder Dünen mit spärlichem Pflanzenbewuchs. Rennt bei Beunruhigung geduckt und mit tiefgehaltenem Kopf. Sein Ruf (meist in der Dämmerung) erinnert an den des Großen Brachvogels. Typisch sind die kräftigen gelben Beine und die großen, gelben Augen.

Brachschwalben
Familie Glareolidae

Brachschwalbe *Glareola pratincola*
25 cm. Auf ausgetrockneten Schlammflächen, grasigen Ebenen und freien Plätzen in Sümpfen. Diese Watvögel ähneln im Flug großen Schwalben, rennen aber auch am Boden umher. Sie stehen oft auf Zehenspitzen und rekken den Hals, als ob sie nach etwas Ausschau hielten.

Raubmöwen
Familie Stercorariidae

Raubmöwen sind kräftige, fast greifvogelartig wirkende Seevögel mit schmalen, gewinkelten Flügeln. Sie leben räuberisch, indem sie andere Seevögel, zum Teil im Sturzflug, so lange jagen, bis diese die aufgenommene Nahrung wieder erbrechen. Die Reste werden dann von den Raubmöwen meist im Flug erhascht.

Skua *Stercorarius skua*
58 cm. Nistet auf Mooren in Meeresnähe; zieht im Winter längs der Küste oder über den Atlantik bis Südspanien.
Schmarotzerraubmöwe
Stercorarius parasiticus
46 cm. Lebt an ähnlichen Stellen wie die vorige Art. Hals, Brust und Unterseite variieren von hell bis sehr dunkel.

Die Lachmöwe folgt oft scharenweise dem Pflug des Bauern, um die zutage geförderten Insektenlarven und Würmer aufzusammeln. Damit tragen sie auf natürliche Weise zur Dezimierung von Schädlingen bei.

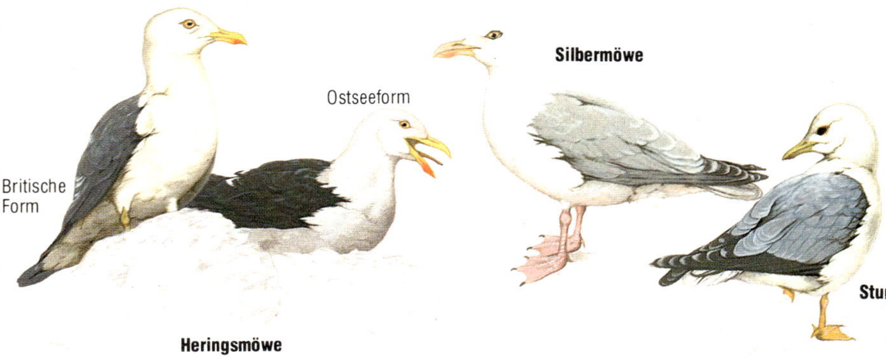

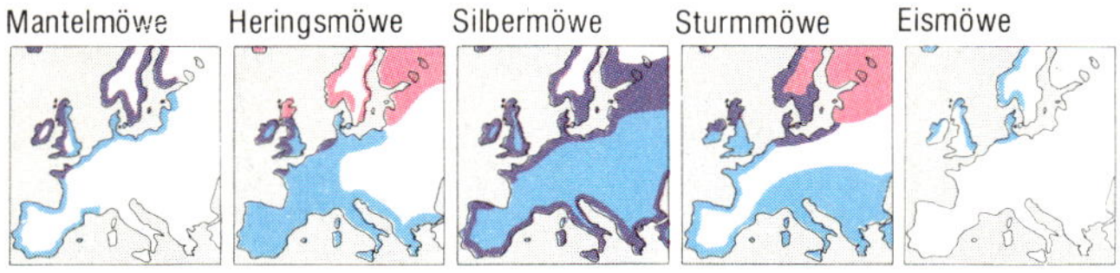

Möwen und Seeschwalben

Familie Laridae

Diese beiden wohlbekannten Gruppen der Seevögel sind leicht zu unterscheiden. Möwen haben breite Flügel, einen fächerförmigen Schwanz und einen breiten, an der Spitze gehöckerten Schnabel. Sie beleben in Scharen die Küsten und Häfen und sind mit ihren rauhen, klagenden Rufen nicht zu überhören. Zur Nahrungsaufnahme lassen sich die Möwen auf dem Wasser nieder. Sie folgen auch den Schiffen, aber nur in Sichtweite des Landes. Besonders im Winter begegnet man einigen Arten regelmäßig im Binnenland. Sie suchen hier auf Müllkippen nach Nahrung, folgen dem Pflug oder lassen sich füttern, wobei sie zugeworfene Brocken geschickt in der Luft auffangen. Möwen nisten in Kolonien am Erdboden oder auf Klippen; die Jungen haben ein braunes und weißes Gefieder. Seeschwalben (Seite 154) haben schmale Flügel, einen gegabelten Schwanz und einen spitzen, im Flug oft abwärts gerichteten Schnabel. Häufig rütteln sie und tauchen aus der Luft nach Fischen. Seeschwalben bevölkern Meeresküsten sowie Sümpfe und Seen im Binnenland. Sie nisten kolonieweise am Erdboden und legen große Entfernungen zurück, wenn sie zu ihren Überwinterungsplätzen im Süden aufbrechen.

Mantelmöwe *Larus marinus*
68 cm. Meist an felsigen Küsten und vorgelagerten Inseln; besonders im Winter auch im Binnenland. Frißt häufig die Eier und Jungen anderer Seevögel.

Heringsmöwe *Larus fuscus*
53 cm. Oft an Küsten, in Häfen und auch im Binnenland. Die britische Form *(L. fuscus graellsii)* hat einen helleren Rücken als die Ostseeform *(L. f. fuscus)*, die einer kleinen Mantelmöwe ähnelt.

WICHTIGE KENNZEICHEN

Mantelmöwe Rücken und Flügel schwarz, Beine weißlich-fleischfarben.

Heringsmöwe Rücken und Flügel schiefergrau (britische Form) oder schwarz (Ostseeform); Beine gewöhnlich gelblich oder fleischfarben.

Silbermöwe Rücken hellgrau; schwarzweiße Flügelspitzen und gelber Schnabel mit rotem Fleck.

Sturmmöwe Wie die Silbermöwe, aber Beine und Schnabel grünlich-gelb, letzterer ohne roten Fleck.

Eismöwe Rücken und Flügel silbergrau; rein weiße Flügelspitzen.

Silbermöwe *Larus argentatus*
56 cm. Eine sehr häufige Möwe, sowohl an der Küste wie auch im Binnenland.

Sturmmöwe *Larus canus*
41 cm. An der Küste und noch öfter als die Silbermöwe im Binnenland.

Eismöwe *Larus hyperboreus*
71 cm. Nistet auf arktischen Inseln; im Winter an den Küsten und in Häfen, seltener im Binnenland. Raubt Eier und kleine Vögel.

Dünnschnabelmöwe *Larus genei*
43 cm. Nistet in Sümpfen, auf Flußbänken und Laguneninseln, sonst an Küsten und Flußmündungen zu beobachten. Schnabel im Flug geneigt.

Schwarzkopfmöwe
Larus melanocephalus
38 cm. Nistet in Sümpfen, auf kleinen Inseln in Lagunen und Seen; sonst an Küsten, in Häfen und auch im Binnenland zu finden.

Zwergmöwe *Larus minutus*
28 cm. Auffallend kleiner als die anderen Möwenarten. Nistet gewöhnlich in Sümpfen, sonst an den Küsten und auch im Binnenland zu beobachten.

Lachmöwe *Larus ridibundus*
38 cm. Eine sehr häufige Möwe. Nistet in Sümpfen, Mooren sowie an Fluß- und Seeufern. Zahlreich im Binnenland, auf Feldern sowie an den Küsten und in Häfen. Allesfresser, nimmt auch Fische, Würmer, fliegende Insekten und sogar Küchenabfälle. Auf Feldern folgt sie oft in Schwärmen dem Pflug.

Schwalbenmöwe *Larus sabini*
33 cm. Nistet in der Tundra; im Winter in den Küstengewässern anzutreffen. Einzige europäische Möwe mit gegabeltem Schwanz.

Dreizehenmöwe *Rissa tridactyla*
41 cm. Nistet kolonieweise an Felswänden, mitunter an Gebäuden in Küstenstädten. Im Winter meist draußen auf dem Meer.

WICHTIGE KENNZEICHEN

Dünnschnabelmöwe Wie die Lachmöwe, aber mit weißem Kopf das ganze Jahr über und langem dünnen Schnabel.

Schwarzkopfmöwe Wie die Lachmöwe, aber mit schwarzem Kopf im Sommer und rein weißen Flügeln.

Zwergmöwe Einer kleinen Lachmöwe ähnlich, aber im Sommer schwarzköpfig; ohne Schwarz auf der Flügeloberseite und ohne schwärzliche Unterflügel.

Lachmöwe Dunkelbrauner Kopf (nur im Sommer); rein weißer Flügelvorderrand und unterseits dunkelgraue Handschwingen.

Schwalbenmöwe Wie die Lachmöwe, aber dunkelgrauer Kopf im Sommer, schwarze Flügelspitzen und gegabelter Schwanz.

Dreizehenmöwe Schwarze Flügelspitzen (ohne jedes Weiß) und schwärzliche Beine.

Rosenseeschwalbe *Sterna dougallii*
38 cm. Nistet auf felsigen Inseln, gelegentlich am Strand, zusammen mit Küsten- und Flußseeschwalben. Selten im Binnenland.
Zwergseeschwalbe *Sterna albifrons*
24 cm. Nistet vor allem auf Sand- und Kiesstrand, seltener an Binnengewässern.
Brandseeschwalbe *Sterna sandvicensis*
41 cm. Nistet in großen Kolonien auf Sand- oder Kiesstrand sowie auf Inseln, selten auch am Ufer von Binnengewässern.
Flußseeschwalbe *Sterna hirundo*
36 cm. Nistet an Stränden, auf Sanddünen, in Küstensümpfen und auf Inseln im Salz- und Süßwasser. Fliegt an den Stränden und taucht nach Fischen.
Küstenseeschwalbe *Sterna paradisaea*
36 cm. An denselben Plätzen wie die Flußseeschwalbe, doch weniger im Binnenland. Fliegt zum Überwintern sehr weit nach Süden.
Trauerseeschwalbe *Chlidonias niger*
24 cm. Baut Schwimmnester im Flachwasser von Sümpfen und Seen. Auf dem Zuge im Frühjahr und Herbst auch an der Küste. Jagt fliegende Insekten über dem Wasser oder nimmt sie von der Oberfläche auf.
Weißbartseeschwalbe
Chlidonias hybrida
24 cm. An denselben Stellen wie die vorige Art; taucht öfters nach Nahrung.

WICHTIGE KENNZEICHEN
Rosenseeschwalbe Schwarzer Schnabel, zuweilen mit roter Wurzel; sehr langer Schwanz.
Zwergseeschwalbe Gelber Schnabel mit schwarzer Spitze; weiße Stirn.
Brandseeschwalbe Schwarzer Schnabel mit gelber Spitze; leichte Haube.
Flußseeschwalbe Orangeroter Schnabel mit schwarzer Spitze.
Küstenseeschwalbe Blutroter Schnabel; kurze Beine.
Trauerseeschwalbe Schwarzer Kopf und Körper; Flügel und Schwanz grau.
Weißbartseeschwalbe Grauer Bauch, weiße Wangen.

Anmerkung: Die Beschreibungen und Abbildungen der Seeschwalben beziehen sich auf ihr Sommergefieder. Im Wintergefieder haben alle Arten eine weiße Stirn und einen schwarzen Schnabel; sie sind dann schwer zu unterscheiden. Trauerseeschwalbe und Weißbartseeschwalbe werden außerdem unterseits weiß.

Der Schnabel des Papageitauchers hat gesägte Ränder, so daß er mehrere Fische gleichzeitig halten kann.

Alken

Familie Alcidae

Alken sehen Pinguinen ähnlich und verhalten sich auch wie sie. Die Vögel jagen unter Wasser nach Fischen, wobei die Flügel als Ruder und die Füße zum Steuern eingesetzt werden. An Land halten sie sich aufrecht und watscheln umher. Sie verbringen die meiste Zeit auf dem Meer und kommen nur zum Brüten an die Küste. Anders als Pinguine, können die Alken fliegen – nur der ausgestorbene Riesenalk war flugunfähig. Für Jäger war er deshalb eine leichte Beute; das letzte Paar wurde im Jahre 1844 getötet. Der Riesenalk erreichte die Größe einer Gans.

Tordalk *Alca torda*
41 cm. Brütet in Kolonien auf Küstenfelsen, gemeinsam mit Trottellummen. Im Winter auf dem Meer, von Stürmen oft an die Küste gezwungen.

Krabbentaucher *Plautus alle*
20 cm. Nistet in der Arktis. Im Winter auf den nördlichen Meeren, strandet zuweilen bei schweren Stürmen.

Papageitaucher *Fratercula arctica*
30 cm. Brütet kolonieweise in Höhlen an Steilhängen über dem Meer. Rennt zum Starten mitunter hangabwärts. Hält sich im Winter in küstennahen und -fernen Meeresteilen auf und wird nur selten vom Sturm an die Küste getrieben.

Gryllteiste *Cepphus grylle*
33 cm. Nistet in Höhlen oder unter Steinblöcken an Felsufern und auf Meeresklippen, aber meist nur vereinzelt. Im Winter in Küstennähe.

Trottellumme *Uria aalge*
41 cm. Nistet in dichten Kolonien auf Felssimsen an der Küste und auf Inseln. Die birnenförmigen Eier werden auf den nackten Fels gelegt. Im Winter sind die Tiere auf dem Meer; starke Stürme treiben sie gelegentlich an die Küste.

WICHTIGE KENNZEICHEN

Tordalk Seitlich zusammengedrückter Schnabel mit weißer Querlinie.

Krabbentaucher Klein; kurzer Schnabel.

Papageitaucher Dreieckiger Schnabel (im Sommer leuchtend rot, gelb und blau).

Gryllteiste Sommer: schwarzer Körper mit weißem Flügelschild. Winter: oberseits weiß gefleckt mit weißem Flügelschild.

Trottellumme Schlanker spitzer Schnabel.

Taubenvögel

Ordnung Columbiformes

Tauben haben einen rundlichen Körper, einen kleinen Kopf und kurze Beine. Sie fliegen alle sehr schnell und sind nicht zuletzt deshalb ein beliebtes Objekt für den Vogelzüchter. Zwei Familien gehören zu den Taubenvögeln: Flughühner (Familie Pteroclidae) und Tauben (Familie Columbidae). Flughühner leben und nisten vorwiegend in Wüsten und Trockengebieten und müssen oft weite Strecken zurücklegen, um an Wasser zu gelangen. Nur das Steppenhuhn tritt sporadisch in Europa auf. Die Nahrung der Tauben ist vorwiegend pflanzlicher Art. Beim Wassertrinken heben sie nicht wie andere Vögel bei jedem Schluck den Kopf, sondern saugen das Wasser mit eingetauchtem Schnabel ein. Tauben sind teils Baum-, teils Höhlenbrüter.

Steppenhuhn *Syrrhaptes paradoxus*
38 cm. Brutvogel in Zentralasien, wandert periodisch nach Europa. Gewöhnlich an den Sandküsten und auf abgeernteten Feldern.

Hohltaube *Columba oenas*
33 cm. In Wäldern und Kulturland, auch in Parks, auf Klippen und Sanddünen an der Küste; oft zusammen mit Ringeltauben.

Felsentaube *Columba livia*
33 cm. An felsigen Küsten und in felsigem Gelände des Binnenlandes; nistet in Höhlen und an Felswänden. Die verwilderten Haustauben in den Städten und Parkanlagen stammen – wie auch sämtliche Zuchtrassen – von der Felsentaube ab. Einige dieser Haustauben gleichen noch weitgehend der wilden Felsentaube, andere haben ein völlig verschiedenes Gefieder. Die Haustauben vermischen sich mit den Felsentauben, so daß die ursprüngliche Art langsam verschwindet. Da die Felsentauben an Klippen und Felshängen zu Hause sind, kann unsere Haustaube auch an und in Gebäuden leben und nisten. Zur Nahrungsaufnahme besucht sie in großen Scharen die Felder.

Ringeltaube *Columba palumbus*
41 cm. In Wäldern und Kulturland, oft auch in Parks und Gärten. Oft schwarmweise zusammen mit Hohltauben und Haustauben.

Turteltaube *Streptopelia turtur*
28 cm. Im Frühling und Sommer in lichten Wäldern und in offenem Gelände mit vereinzelten Gehölzen und Hecken, auch in Parks und Gärten.

Türkentaube *Streptopelia decaocto*
30 cm. Hauptsächlich in Städten und Dörfern. Nistet gewöhnlich auf Bäumen, oft auch an Gebäuden. Etwa seit 1930 hat sich die Türkentaube von Asien und Südosteuropa aus nach Nordwesten ausgebreitet und 1955 England erreicht. Heute kommt sie auch auf Island vor. Die Ursache für diese Ausweitung des Verbreitungsareals ist unbekannt.

WICHTIGE KENNZEICHEN

Steppenhuhn Schwarzer Fleck am Bauch; langer, spitzer Schwanz.

Hohltaube Grauer Bürzel, ohne besondere Hals- oder Flügelzeichnung.

Felsentaube Weißer Bürzel, ohne Halszeichnung; zwei schwarze Flügelbinden.

Ringeltaube Grauer Bürzel; weiße Halszeichnung und weißes Flügelband.

Turteltaube Dunkler Schwanz mit weißem Ende; weißer Halsfleck mit schwarzen Streifen.

Türkentaube Schwarzer, weiß eingefaßter Nackenfleck.

Kuckucksvögel

Ordnung Cuculiformes
Familie Cuculidae

Kuckucke sind dafür bekannt, daß sie ihre Eier in die Nester anderer Vögel legen und diesen das Ausbrüten und die Aufzucht ihrer Jungen überlassen. Beide in Europa lebenden Kuckucksarten verfahren in dieser Weise.
Ihr Name geht auf den wohlbekannten Ruf zurück, der den Frühling ankündigt. Diesen Ruf läßt allerdings nur das Männchen des *Cuculus canorus* vernehmen.

Kuckuck *Cuculus canorus*
33 cm. In Wäldern, offenem Gelände mit vereinzelten Bäumen und Buschwerk sowie in Moorgebieten. Nur das Männchen ruft »kukkuck«, während das Weibchen eine mehr kichernde Stimme hat. Das Weibchen legt seine Eier einzeln in die Nester anderer, kleinerer Vögel, wobei jedes Kuckucksweibchen stets die Nester ein und derselben Wirtsart heimsucht. Nach dem Schlüpfen wirft der junge Kuckuck alle Eier oder Jungen der Wirtsvögel über Bord.
Häherkuckuck *Clamator glandarius*
41 cm. An Waldrändern und in offenem, baumbestandenem Gelände. Legt seine Eier vor allem in Elsternester. Ruft nicht »kuckuck«.

WICHTIGE KENNZEICHEN
Kuckuck Grauer Kopf, Unterseite weißlich, dunkelgrau gebändert; Weibchen gelegentlich rotbraun und auch oberseits gebändert.
Häherkuckuck Oberseite weiß gefleckt, graue Haube, langer weiß gesäumter Schwanz.

Eulen

Ordnung Strigiformes

Eulen führen eine überwiegend nächtliche Lebensweise und jagen als Fleischfresser vor allem Mäuse und andere Kleintiere. Sie haben einen großen Kopf, nach vorn gerichtete, große Augen in einem flachen Gesicht, einen krummen Schnabel und mächtige Krallen. Ihr Flug ist geräuschlos, so daß die Beutetiere nicht gewarnt werden. Eulen brüten in Höhlen, auf dem Boden oder auch in Gebäuden. Man unterscheidet zwei Familien, die Schleiereulen (Familie Tytonidae) und alle übrigen Eulen (Familie Strigidae).

Schleiereule *Tyto alba*
36 cm. In Kulturland und Sümpfen, aber auch in verlassenen Gebäuden, Kirchtürmen, Ruinen und Scheunen. Fliegt in der Dämmerung. Die weißbrüstige Unterart *(T. a. alba)* lebt in Süd- und Westeuropa, eine Form mit rostgelber Unterseite *(T. alba guttata)* in Nord- und Osteuropa.
Zwergohreule *Otus scops*
19 cm. Auf Bäumen, oft in der Nähe von Ge-

bäuden, auch in Ruinen. Selten am Tage zu sehen. Wie andere Eulen, hat sie Federohren, die aber keine Ohren sind, sondern nur auffallende Federbüschel des Kopfes.

Uhu *Bubo bubo*
68 cm. Die größte europäische Eule. Lebt in großen Wäldern, an felsenreichen Berghängen sowie in offenen Steppen. In der Morgen- und Abenddämmerung auf der Jagd nach Beute bis zur Größe eines Hasen. Selten.

Schnee-Eule *Nyctea scandiaca*
61 cm. Lebt und brütet in der arktischen Tundra Norwegens und Islands, kommt im Winter gelegentlich bis nach Mitteleuropa. Sie ist dann in Moorgebieten, Sümpfen, an Seeufern und der Küste zu beobachten. Jagt am Tage.

Sperlingskauz *Glaucidium passerinum*
18 cm. Meist in alten Nadelholzwäldern. Aktiv bei Tag und Nacht, jagt kleine Vögel im Fluge. Wippt beim Sitzen mit dem Schwanz. Kleinste europäische Eule.

Steinkauz *Athene noctua*
23 cm. In Feldern und offenem Gelände mit zerstreut stehenden Bäumen. Nistet in Baumhöhlen. Gelegentlich am Tage auf Zäunen oder Masten zu beobachten.

Waldkauz *Strix aluco*
38 cm. Eine recht häufige Eule. Lebt in Wäldern, wie auch in Parks und Gärten. Jagt gewöhnlich bei Nacht, wird manchmal am Tage, wenn er auf einem Baum schläft, durch das Gezeter anderer Vögel verraten. Die Farbe variiert von Braun bis Grau.

Waldohreule *Asio otus*
36 cm. Schläft tagsüber im Wald, meist auf Nadelbäumen, und geht in der Dämmerung auf Jagd, häufig in offenem Gelände. Schläft im Winter oft in kleinen Gesellschaften.

Sumpfohreule *Asio flammeus*
38 cm. Jagt in Moorgebieten, Sümpfen und in offenem Gelände am Tage und in der Dämmerung. Federohren sehr kurz, meist unsichtbar.

WICHTIGE KENNZEICHEN

Schleiereule Herzförmiges Gesicht; brauner Rücken und weiße oder lederfarbene ungestreifte Brust (in der Dämmerung weiß erscheinend).

Zwergohreule Klein, mit kurzen Federohren.

Uhu Sehr groß, mit auffälligen Federohren.

Schnee-Eule Weißes Gefieder, große gelbe Augen.

Sperlingskauz Sehr klein, mit rundem Kopf, ohne Federohren. Wippt beim Sitzen mit dem Schwanz.

Steinkauz Klein, mit abgeflachtem Kopf, ohne Federohren.

Waldkauz Gestreiftes Gefieder, schwarze Augen; rundliche Gestalt und ohne Federohren.

Waldohreule Schlanke Gestalt und lange Federohren.

Sumpfohreule Ähnlich dem Waldkauz, aber gelbe Augen und helleres Gefieder.

Ziegenmelker

Ordnung Caprimulgiformes
Familie Caprimulgidae

Ziegenmelker *Caprimulgus europaeus*
28 cm. In Wäldern, zwischen Farnkraut auf Lichtungen, in Mooren und Sanddünen. Durch vollkommene Farbanpassung nicht zu entdekken. Schläft am Tage und jagt nachts Insekten. Legt die Eier auf den nackten Boden.

WICHTIGE KENNZEICHEN
Ziegenmelker Gefiederzeichnung erinnert an trockenes Laub; unten fein gestreift.

Ziegenmelker

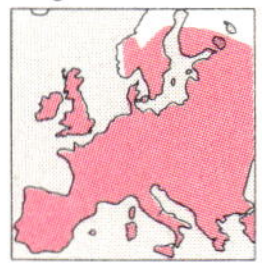

Ziegenmelker auf dem Nest.

Segler

Ordnung Apodiformes
Familie Apodidae

Segler sind hervorragende Flieger und meist in Trupps zu beobachten, die hoch in den Lüften ihre Flugkünste zeigen. Den größten Teil ihres Lebens verbringen sie fliegend, da sie im Fluge nicht nur ihre Nahrung erbeuten, sondern des Nachts auch schlafen. Segler haben nur schwache Beine, so daß sie, einmal auf dem Boden gelandet, kaum wieder starten können. Sie halten sich nämlich in der Regel an senkrechten Wänden fest und lassen sich zum Abfliegen einfach fallen.

Mauersegler *Apus apus*
16 cm. Nistet in Baumhöhlen, Mauerspalten und unter Dachrinnen. In der Dämmerung jagen zur Brutzeit ganze Trupps laut kreischend um die Hausgiebel. Gelegentlich in Gemeinschaft von Schwalben (S. 165), von denen sie durch die dunkle Unterseite und den flach gegabelten Schwanz leicht zu unterscheiden sind.
Alpensegler *Apus melba*
20 cm. In hohen Gebirgen, an Felswänden, mitunter auch zwischen alten Gebäuden. Baut seine Nester in Felsspalten und unter Dachsparren.

WICHTIGE KENNZEICHEN
Mauersegler Dunkler Körper, flach gegabelter Schwanz.
Alpensegler Bauch und Kehle weiß, mit braunem Brustband; sehr lange Flügel.

Alpensegler

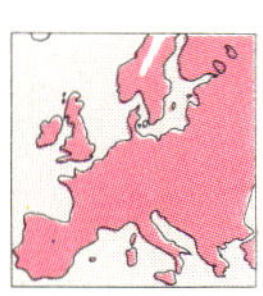

Mauersegler

Rackenvögel

Ordnung Coraciiformes

Jede der Vogelarten in dieser Ordnung verdient besondere Beachtung, denn es handelt sich hier um die farbenprächtigsten Vögel Europas. Kein Vogel ist wie der andere, und alle gehören verschiedenen Familien an; die Eisvögel sind der Familie Alcedinidae und die Bienenfresser der Familie Meropidae zuzuordnen. Die Blauracke ist ein Vertreter der Familie Coraciidae, der Wiedehopf ein Angehöriger der Familie Upupidae.

Bienenfresser *Merops apiaster*
28 cm. In offenem Gelände mit vereinzelten Bäumen und Büschen, oft auf den Leitungsdrähten der Telegraphenmaste sitzend. Nistet kolonieweise in Höhlen an Uferbänken oder in Sandgruben. Jagt fliegende Insekten, meist Bienen und Wespen.

Blauracke *Coracias garrulus*
30 cm. In offenem Gelände mit einzelnen Bäumen sowie in Wäldern. Nistet in Baumhöhlen oder in Höhlen an Erdhängen. Beobachtet vom Ansitz aus die Umgebung und stürzt sich auf vorbeifliegende Insekten oder andere kleine Tiere. Das Männchen führt gaukelnde Balzflüge aus.

Eisvogel *Alcedo atthis*
16 cm. An Flüssen und Seen, Kanälen und Teichen; sitzt wachsam auf einem Ast am Wasser und erbeutet im Tauchstoß kleine Fische und Wasserinsekten. Im Winter auch an den Meeresküsten.

Wiedehopf *Upupa epops*
28 cm. In offenen Waldungen, Obstgärten und Parkanlagen. Nistet in Baumhöhlen, mitunter auch an Gebäuden. Sucht seine Nahrung hauptsächlich am Boden.

WICHTIGE KENNZEICHEN

Bienenfresser Gelbe Kehle und blaugrüne Brust.

Blauracke Blaugrün mit rötlich braunem Rücken.

Eisvogel Blaugrüner Rücken und rostbraune Unterseite.

Wiedehopf Schwarz-weiß gebänderte Flügel; große, schwarzspitzige Haube.

Spechtvögel

Ordnung Piciformes
Familie Picidae

Gewöhnlich hört man die Spechte, bevor man sie sieht. Mit ihrem kräftigen Meißelschnabel hämmern sie – auf der Suche nach Insekten – in rascher Schlagfolge auf morsches Holz. In der gleichen Art und Weise zimmern sie ihre Nesthöhlen aus. Die Spechte halten sich dabei mit ihren starken Füßen an der Rinde und stützen sich mit dem steifen Schwanz ab, der ihnen auch als Widerhalt beim Klettern dient. Zur Brutzeit im Frühling trommeln die Spechte häufig auf dürre Äste, was als Balzhandlung zu verstehen ist.

Grünspecht *Picus viridis*
30 cm. In Wäldern, vor allem mit Laubgehölzen, sowie in offenem Gelände mit zerstreuten Baumgruppen. Häufig auch am Boden an Ameisenhaufen.

Grauspecht *Picus canus*
25 cm. An den gleichen Plätzen wie der Grünspecht. Trommelt häufig im Frühling.

Dreizehenspecht *Picoides tridactylus*
23 cm. In Gebirgswäldern und Waldungen des Nordens.

Schwarzspecht *Dryocopus martius*
46 cm. In Wäldern des Mittel- und Hochgebirges. Größter europäischer Specht.

WICHTIGE KENNZEICHEN

Grünspecht Grünlicher Rücken und gelber Bürzel, großer roter Scheitel. Breiter schwarzer (Weibchen) oder roter (Männchen) Bartstreif.

Grauspecht Grauer Kopf mit dünnem Bartstreif; nur das Männchen mit rotem Vorderscheitel.

Dreizehenspecht Weißer Rücken, schwarze Wangen und gestreifte Flanken. Gelber Scheitel (nur das Männchen).

Schwarzspecht Schwarzer Körper mit rotem Scheitel.

Blutspecht *Dendrocopos syriacus*
23 cm. In Wäldern, auch in der Nähe von Ortschaften.
Buntspecht *Dendrocopos major*
23 cm. In Wäldern aller Art, auch in Parks und Gärten. Kommt auch zur Fütterung.
Wendehals *Jynx torquilla*
16 cm. In lichten Wäldern und baumreichen Parklandschaften mit Büschen und Hecken sowie in Obstgärten. Spechtähnlich, doch ohne Stützschwanz und ohne langen Schnabel. Brütet in natürlichen Höhlen von Bäumen und Gemäuer, auch in Nisthöhlen. Verdreht den Kopf (Wendehals).

WICHTIGE KENNZEICHEN
Blutspecht Wie der Buntspecht, aber ohne schwarzen Halsstreifen.
Buntspecht Große weiße Flügelflecken und schwarzer Scheitel (in der Jugend rot); schwarzer Querstreifen im Nacken; roter Fleck auf dem Hinterkopf (nur Männchen).
Wendehals Langer gebänderter Schwanz; kurzer Schnabel.

Ein Wendehals wird beringt.

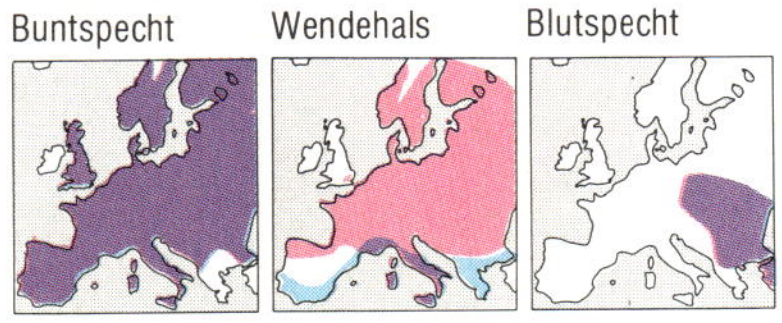

Mittelspecht *Dendrocopos medius*
20 cm. In Wäldern, vorwiegend in Eichenforsten. Zimmert seine Nisthöhle hoch oben in den Bäumen.

Kleinspecht *Dendrocopos minor*
15 cm. Das gleiche Vorkommen wie der Mittelspecht, aber auch in Parkanlagen und Obstgärten. Der kleinste europäische Specht.

Weißrückenspecht *Dendrocopos leucotos*
25 cm. In Wäldern des Hügellandes; im Winter auch in der Nähe von Ortschaften.

WICHTIGE KENNZEICHEN

Mittelspecht Wie der Buntspecht, aber roter Scheitel in beiden Geschlechtern und weniger schwarz im Gesicht.

Kleinspecht Klein; Oberseite schwarz-weiß gebändert, Schwanzunterseite ohne Rot. Scheitel rot (Männchen) oder weißlich (Weibchen).

Weißrückenspecht Wie der Kleinspecht, aber größer und mit weißem Bürzel und roter Schwanzunterseite.

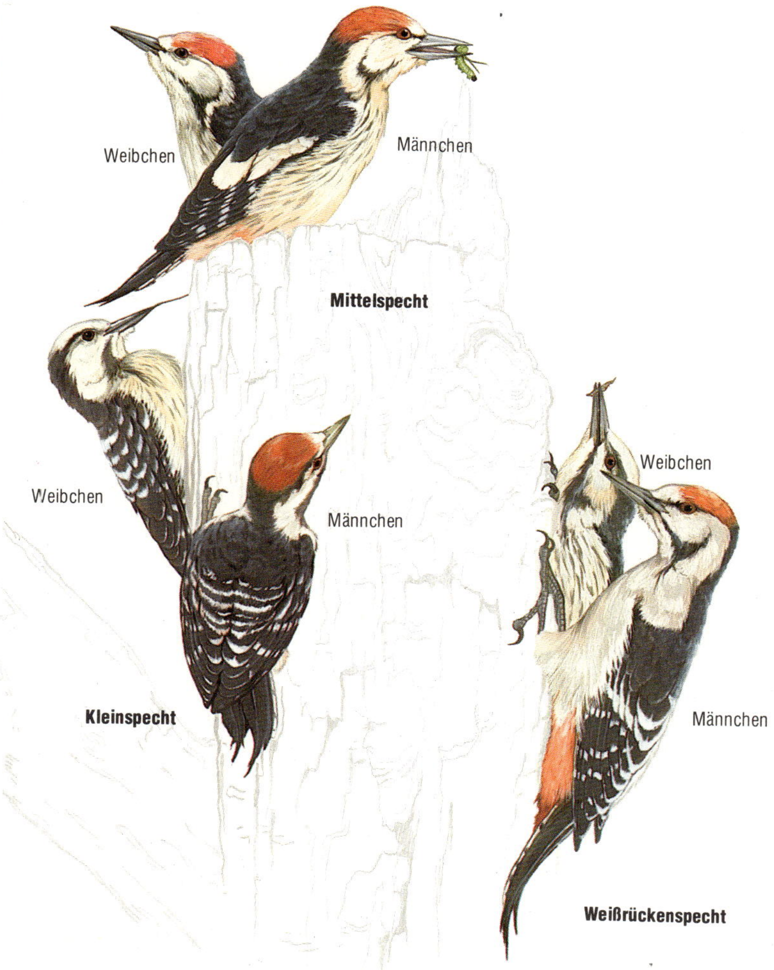

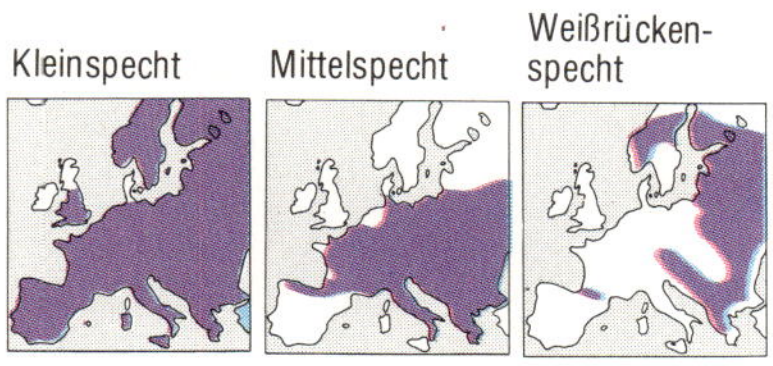

Ein Buntspechtweibchen beim Füttern der Jungen. In die ausgemeißelte Bruthöhle werden bis zu 8 weiße Eier abgelegt. Während des Fütterns hält sich der Vogel mit seinen starken Zehen an der Rinde fest und stützt sich mit dem steifen Schwanz ab.

Sperlingsvögel

Ordnung Passeriformes

Die Sperlingsvögel stellen die größte Ordnung innerhalb des Vogelreiches – mehr als die Hälfte der bekannten Arten. Sie kommen überall vor. Die Mehrzahl ist von mittlerer Größe, viele sind sogar klein bis sehr klein. Die Füße der Sperlingsvögel haben drei Zehen nach vorn und eine lange Zehe nach hinten, so daß sie einen Zweig gut zu umfassen vermögen – obgleich dies andere Vögel natürlich auch können. Viele, aber beileibe nicht alle, zeichnen sich durch einen wohlklingenden Gesang aus, und in einigen Fällen lassen sich die Arten am besten aufgrund dieses Gesanges identifizieren.

Lerchen

Familie Alaudidae

Diese Vögel sieht man sehr oft – laut singend – in der Luft. Sie bauen ihre Nester am Boden, wo die unauffällig gefärbten Lerchen schwer zu entdecken sind. Man sieht sie manchmal auch am Boden entlangrennen. Einige Lerchen ähneln Ammern (S. 190–191), haben jedoch einen dünnen Schnabel, Ammern dagegen einen gedrungenen.

Kalanderlerche *Melanocorypha calandra*
19 cm. Auf steinigem Gelände, Feldern und Steppen.
Kurzzehenlerche *Calandrella cinerea*
14 cm. Auf trockenem, sandigem oder steinigem Ödland, ausgetrockneten Schlammflächen sowie Steppen und Feldern.
Haubenlerche *Galerida cristata*
16 cm. Auf steinigem und sandigem Boden und in Feldern, auch in der Nähe menschlicher Siedlungen und an Straßenrändern.
Heidelerche *Lullula arborea*
15 cm. Auf Feldern, in sandigen Heidegebieten mit zerstreuten Bäumen und Büschen sowie an Waldrändern. Steigt in weiten Spiralen im Singflug empor.
Feldlerche *Alauda arvensis*
18 cm. Auf Feldern, Weideflächen, Sanddünen und Mooren. Steigt singend geradlinig empor und singt auch im Rütteln.
Ohrenlerche *Eremophila alpestris*
16 cm. Brütet auf felsigem Grund im hohen Norden oder im Gebirge. Im Winter an Stränden, in Sümpfen und Feldern in Küstennähe.

WICHTIGE KENNZEICHEN

Kalanderlerche Schwarzer Halsfleck und großer Schnabel.

Kurzzehenlerche Helle, ungestreifte Unterseite.

Haubenlerche Große Haube (in Südspanien kommt die von ihr nicht zu unterscheidende Theklalerche vor).

Heidelerche Schwarz-weiße Zeichnung am Flügel-Vorderrand, brauner Schwanz, kleine Haube.

Feldlerche Weißgesäumter Schwanz, kleine Haube.

Ohrenlerche Kopf mit schwarzen »Hörnchen« (Männchen); schwarze und gelbe Gesichtszeichnung.

Schwalben

Familie Hirundinidae

Schwalben sind sehr schnelle Flieger, jagen oft dicht über dem Erdboden und fangen in geschickten Flugmanövern Insekten. Segler (S. 159) sind ähnlich, haben aber längere Flügel. Anders als die Segler, die sich nicht hinsetzen können, bevölkern oft Scharen von Schwalben in langen Reihen die Telegraphendrähte, besonders vor ihrem Wegzug nach Süden.

Rauchschwalbe *Hirundo rustica*
19 cm. Baut offene Nester aus Schlamm und Stroh auf Simse und Sparren in Ställen und Scheunen. Jagt Insekten über Feldern und oft in niedrigem Flug über Wasser.

Rötelschwalbe *Hirundo daurica*
18 cm. Gewöhnlich in felsigem Gelände und an der Küste. Baut Schlammnester mit langem, schmalem Eingang an Höhlenwänden, Klippen, unter Brücken oder an Gebäuden.

Felsenschwalbe *Hirundo rupestris*
14 cm. Im Gebirge und an der Küste. Baut napfförmige Schlammnester in Höhlen von Felswänden, gelegentlich auch an Gebäuden.

Mehlschwalbe *Delichon urbica*
13 cm. Zahlreich in Städten und Ortschaften, aber auch im offenen Gelände. Baut Schlammnester mit engem Schlupfloch unter Dachrändern, Brücken sowie an Felsen und Klippen.

Uferschwalbe *Riparia riparia*
13 cm. In offenem Gelände, besonders in der Nähe von Gewässern. Nistet kolonieweise in selbstgegrabenen Erdlöchern an Flußufern, in Sand- und Kiesgruben.

WICHTIGE KENNZEICHEN

Rauchschwalbe Tiefgegabelter Schwanz, rote Kehle, tiefblauer Rücken.

Rötelschwalbe Wie die Rauchschwalbe, aber ohne rote Kehle und mit gelblichem (nicht rotem) Bürzel.

Felsenschwalbe Brauner Rücken, Unterseite insgesamt hell gelblich.

Mehlschwalbe Tiefblauer Rücken mit weißem Bürzel, Unterseite vollständig weiß.

Uferschwalbe Wie die Felsenschwalbe, aber mit braunem Brustband.

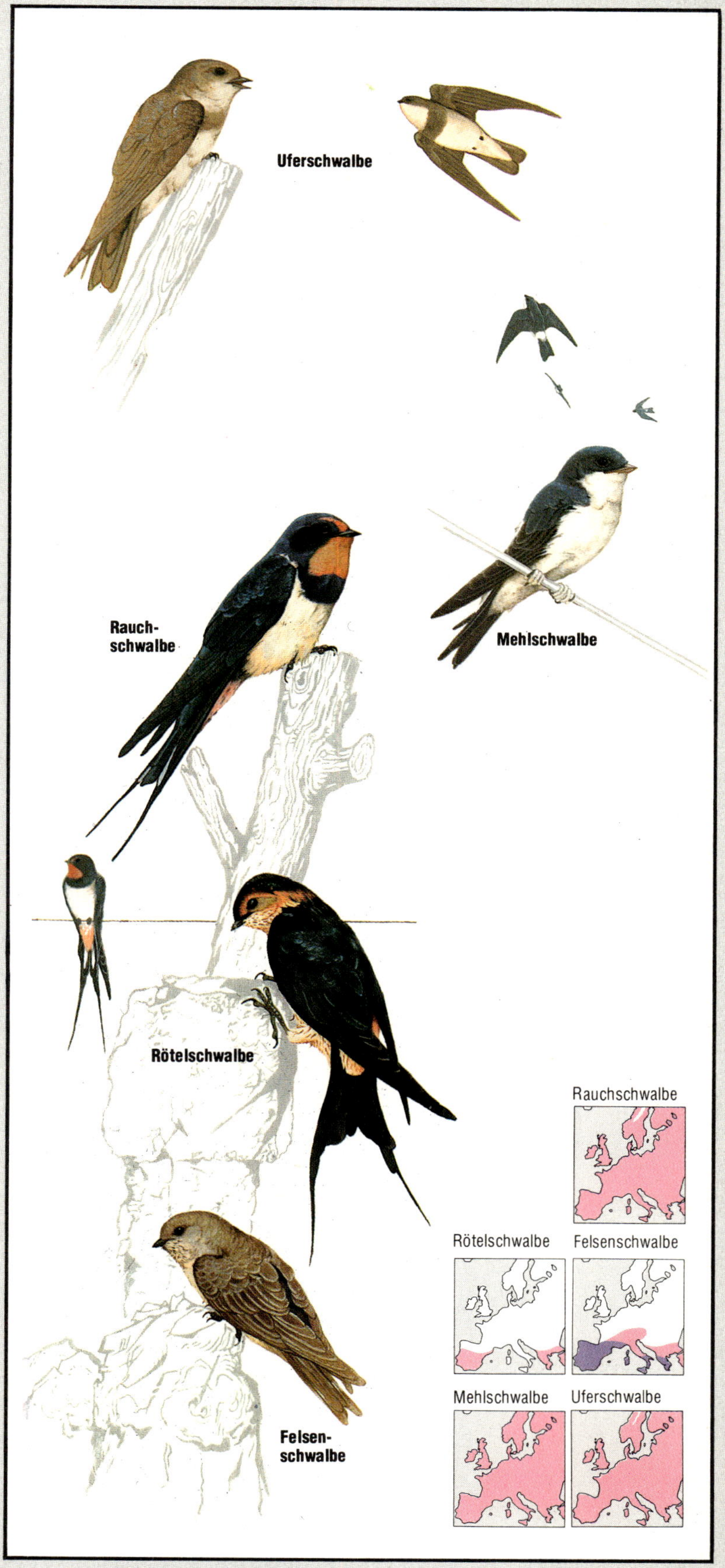

Pirole

Familie Oriolidae

Die Mehrzahl der Pirole sind prächtig gefärbte Vögel der tropischen Wälder. In Europa findet man nur eine Art.

Pirol *Oriolus oriolus*
24 cm. In Wäldern, Obstgärten und baumreichen Parks. Meist im Blattwerk der Baumkronen versteckt.

WICHTIGE KENNZEICHEN
Pirol Männchen: leuchtend gelb mit schwarzen Flügeln. Weibchen: Kopf und Körper oben grün und unterseits weißlich gestreift.

Rabenvögel

Familie Corvidae

Krähen sind die größten Sperlingsvögel und gehören mit zu den intelligentesten Vögeln. Auf der Suche nach Nahrung umgehen sie geschickt Fallen und ignorieren Vogelscheuchen. Sie speichern Vorräte für den Winter und öffnen Schneckenhäuser durch Aufschlagen auf Steine. Ihre Stimme ist eher ein Krächzen als ein Gesang.

Kolkrabe *Corvus corax*
63 cm. An Küstenfelsen, in Wäldern und offenem Gelände, besonders im Gebirge und meist weit entfernt von menschlichen Ansiedlungen. Baut ein mächtiges Nest auf Felsvorsprüngen oder auf Bäumen. Während der Balz akrobatische Flugspiele, besonders im Frühling. Jagt Kaninchen, Igel und Ratten, oft auch an Aas anzutreffen. Größter Rabenvogel in Europa.
Rabenkrähe *Corvus corone corone*
46 cm. In Mooren, an der Küste, in Feldern, Parks und Gärten. Vereinzelt oder in Paaren zu beobachten. Nistet paarweise auf Bäumen oder Felsen. Gewöhnlich als Krähe bezeichnet.

WICHTIGE KENNZEICHEN
Kolkrabe Mächtige Gestalt; schwarzer Körper mit großem schwarzen Schnabel und keilförmigem Schwanzende.
Rabenkrähe Mittelgroß; schwarzer Körper mit kräftigem schwarzen Schnabel.

Saatkrähen bauen ihre Nester aus Sicherheitsgründen in den Baumwipfeln; als gesellige Vögel nisten sie oft in dichten Kolonien. Dohlen und auch Eulen übernehmen oftmals Nester, die von den Saatkrähen verlassen worden sind.

Saatkrähe

Nebelkrähe

Dohle

Elster

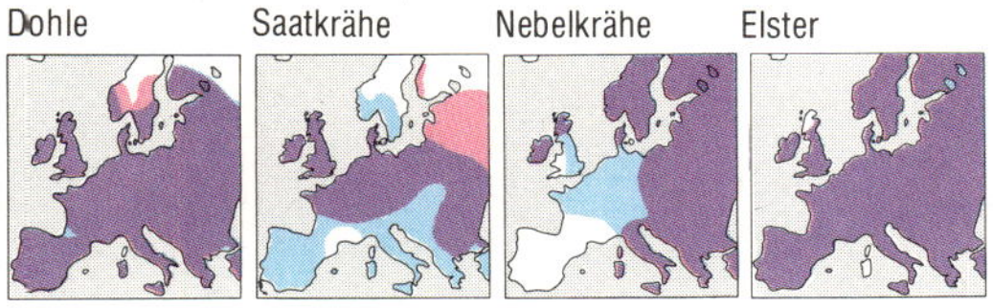

Nebelkrähe *Corvus corone cornix*
46 cm. Vorkommen und Lebensweise wie die Rabenkrähe. Beide gehören zur gleichen Art und vermischen sich dort, wo sich ihre Verbreitungsgebiete überlappen.

Saatkrähe *Corvus frugilegus*
46 cm. Auf Feldern, die von Bäumen und kleinen Gehölzen umgeben sind, auf denen die Saatkrähen kolonieweise nisten. Im Winter auch an den Meeresküsten und in offenem Gelände, gewöhnlich in kleinen Trupps.

Dohle *Corvus monedula*
33 cm. Auf Feldern, in offenem Gelände und an Felsküsten. Nistet gesellig in Baumhöhlen, in Felslöchern und auf Gebäuden. Zumeist in kleinen Schwärmen, auch in Städten, wo sie lärmend um Türme kreisen.

Elster *Pica pica*
46 cm. Auf Feldern und in offenem Gelände mit vereinzelten Bäumen und Hecken, in denen sie ihr großes haubenförmig überdachtes Nest baut. Oft auch in Stadtparks und Gärten. Sie hat einen charakteristischen Flug, bei dem schnelle Flügelschläge und Gleitflug abwechseln.

WICHTIGE KENNZEICHEN

Nebelkrähe Wie die Rabenkrähe, aber mit grauem Rücken und Bauch.

Saatkrähe Wie die Rabenkrähe, aber mit grauem Fleck am Schnabelgrund (wirkt vergrößernd).

Dohle Schwarzer Körper mit grauem Hinterkopf und Hals.

Elster Schwarzer und weißer Körper mit sehr langem Schwanz.

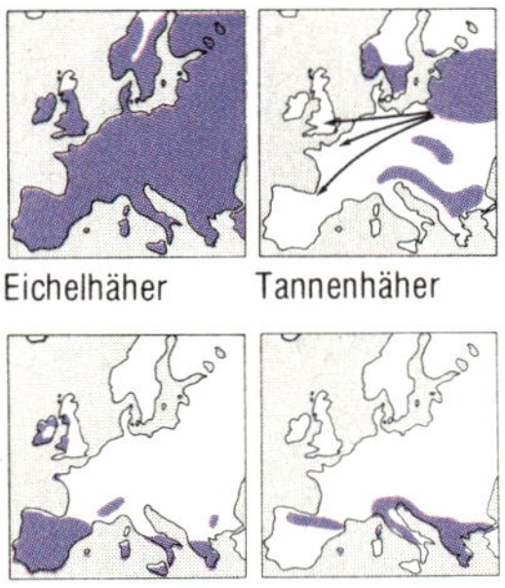

Die Alpendohle folgt dem Bergsteiger und ist auf den höchsten Gipfeln zu beobachten, besonders in den Alpen, in den Pyrenäen und den Gebirgen des Balkans. Die Alpendohle ist ein kräftiger Flieger, der gewöhnlich nicht ins Tiefland hinabsteigt.

Tannenhäher *Nucifraga caryocatactes*
33 cm. In Gebirgswäldern, vor allem Nadelwaldungen. Ernährt sich hauptsächlich von Nüssen, die er im Herbst sammelt und noch Monate später wiederfindet, selbst unter Schnee.

Eichelhäher *Garrulus glandarius*
36 cm. In Wäldern und Obstgärten, manchmal auch in Stadtparks und Kleingärten. Sammelt Eicheln, die er für den Winter im Boden vergräbt. Er kann bis zu sechs Eicheln auf einmal im Schnabel halten. Ein sehr lebhafter und aktiver Vogel mit durchdringender, heiserer Stimme; ist oft im Chor zu hören.

Alpenkrähe *Pyrrhocorax pyrrhocorax*
38 cm. In Gebirgen und an Felsküsten, auch in Steinbrüchen. Nistet auf Felsvorsprüngen oder in Höhlen. Zeigt oft akrobatische Luftspiele.

Alpendohle *Pyrrhocorax graculus*
38 cm. In hohen Gebirgen, bis zu den Schneegipfeln. Alpendohlen wurden schon in Gipfelnähe des Mount Everest beobachtet; sie fliegen höher als jeder andere Vogel. Kommt im Winter in die Bergdörfer, um freßbare Abfälle zu suchen.

WICHTIGE KENNZEICHEN

Tannenhäher Brauner Körper mit weißen Flecken, weiße Schwanzunterseite.

Eichelhäher Blauer und weißer Fleck am Flügel; weißer Bürzel.

Alpenkrähe Schwarzer Körper mit roten Beinen und rotem gebogenen Schnabel.

Alpendohle Wie die Alpenkrähe, aber mit gelbem Schnabel.

Meisen

Familie Paridae

Meisen sind überwiegend Waldvögel, einige von ihnen sind auch häufige Besucher unserer Gärten. Von anderen Vögeln in Wald und Garten sind sie leicht durch ihren rundlichen Körper zu unterscheiden. Sie streifen von Ast zu Ast, auf der Suche nach Insekten, Knospen und Samen. Meisen sind Höhlenbrüter und legen zwischen 4 und 5 Eier, mitunter aber auch bis zu 20. In Gärten sind sie leicht anzulocken, da sie wenig Furcht vor dem Menschen zeigen. Ihre Beweglichkeit erlaubt es ihnen, die verschiedensten Futterquellen auszunutzen, was sich auch bei den Meisenringen zeigt. Im Winter treten die Meisen nicht selten in gemischten Schwärmen auf.

Kohlmeise *Parus major*
14 cm. Häufig in Wäldern, Parks und Gärten. Pickt gelegentlich den Verschluß von Milchflaschen auf, um an den Rahm zu gelangen.

Blaumeise *Parus caeruleus*
11 cm. Zahlreich in Wäldern, Parks und Gärten. Öffnet wie die Kohlmeise Milchflaschen. Gelegentlich reißt sie Streifen von Zeitungen, Buchseiten und ähnlichem, was als Abreißen von Rinde bei der Suche nach Insekten gedeutet werden kann.

Tannenmeise *Parus ater*
11 cm. Häufig, besonders in Nadelwäldern. Weniger zahlreich in Gärten als die beiden vorgenannten Arten.

Haubenmeise *Parus cristatus*
11 cm. Besonders in Nadelwäldern zu beobachten, seltener in Gärten.

Sumpfmeise *Parus palustris*
11 cm. Häufig in Wäldern und oft auch in Gärten. Trotz ihres Namens nur selten in Sümpfen. Nistet in natürlichen Höhlen.

Weidenmeise *Parus montanus*
11 cm. In Wäldern, vor allem an feuchten Stellen. Zimmert sich Nisthöhlen in morschen Stämmen.

Trauermeise *Parus lugubris*
14 cm. In Wäldern und felsigem Gelände. Weniger neugierig als andere Meisen und meist Einzelgänger.

Lapplandmeise *Parus cinctus*
13 cm. In Wäldern. Flaumiges Aussehen, anders als die übrigen Meisen.

WICHTIGE KENNZEICHEN

Kohlmeise Gelbe Unterseite mit schwarzem Längsband.

Blaumeise Scheitel, Flügel und Schwanz blau.

Tannenmeise Weißer Fleck auf dem Hinterkopf.

Haubenmeise Schwarz-weiß gesprenkelte Haube.

Sumpfmeise Schwarzer Scheitel ohne den weißen Nacken der Tannenmeise.

Weidenmeise Wie die Sumpfmeise, aber mit hellem Flügelfleck.

Trauermeise Wie die Sumpfmeise, aber mit großem schwarzen Kehlfleck.

Lapplandmeise Brauner Scheitel, schwarze Kehle.

Schwanzmeisen

Familie Aegithalidae

Wäre nicht der lange Schwanz, dann würden diese Vögel zu den kleinsten gehören, die wir kennen. Auch ihr Schnabel ist sehr kurz. In Europa gibt es nur eine Art.

Schwanzmeise *Aegithalos caudatus*
14 cm. In buschreichen Wäldern, heckenbestandenem Kulturland, in Parkanlagen und Obstgärten. Baut ein eiförmiges geschlossenes Nest aus feinen Moospflänzchen mit einem winzigen Schlupfloch. Im Nest muß der Vogel seinen langen Schwanz nach vorn über den Rücken legen.

WICHTIGE KENNZEICHEN
Schwanzmeise Zierlicher schwarzer und weißer Körper mit sehr langem Schwanz.
Kleiber Blaugrauer Rücken, kurzer Schwanz.
Mauerläufer Rote Flügelzeichnung.

Spechtmeisen und Mauerläufer

Familie Sittidae

Spechtmeisen sind sehr bewegliche Baumvögel mit kräftigem Schnabel und großen Füßen. Sie klettern an Bäumen auf- und abwärts, wobei sie die Rinde nach Insekten absuchen.
Mauerläufer klettern an Felsen wie auch an Gemäuer und erinnern mehr an Baumläufer als an Spechtmeisen. Ihr Flug gleicht dem Flattern der Schmetterlinge.

Kleiber *Sitta europaea*
14 cm. In Wäldern, Parks und Gärten, kommt auch an den Futtertisch. Nistet in Baumhöhlen und verklebt zu große Eingänge mit Lehm. In Nordeuropa leben zwei Unterarten: eine weißbäuchige Form *(S. eu. europaea)* und eine andere *(S. europaea caesia)* mit rahmgelber Unterseite. In Südosteuropa kann man den sehr ähnlichen Felsenkleiber *(Sitta neumayer)* in felsigem Gelände beobachten.
Mauerläufer *Tichodroma muraria*
16 cm. In Felsschluchten und an Klippen, kommt im Winter in die Täler hinab, wo er auch in der Nähe von Häusern zu beobachten ist. Nistet in Felsspalten.

Baumläufer
Familie Certhiidae

Die Baumläufer suchen die Rinde nach versteckten Insekten ab. Sie nisten in Baumhöhlen oder -spalten und hinter Efeu.

Waldbaumläufer *Certhia familiaris*
13 cm. In Wäldern, Parks und Gärten. Im Winter zusammen mit Meisen.
Gartenbaumläufer *Certhia brachydactyla*
13 cm. An denselben Stellen wie der Waldbaumläufer. In Mittel- und Südeuropa lebt diese Art mehr in der Ebene, während der Waldbaumläufer Gebirgswälder bewohnt.

Zaunkönige
Familie Troglodytidae

Bis auf eine Art leben alle Zaunkönige in Amerika. Es sind sehr kleine Vögel.

Zaunkönig *Troglodytes troglodytes*
10 cm. Lebt zwischen niedrigen Pflanzen und ist fast überall anzutreffen: im Gebirge und an der Küste, in Mooren, Wäldern, Feldern, Parks und Gärten. Häufig in Hecken, an Mauern oder am Boden auf der Suche nach Insekten zu beobachten. Nistet in Hecken und Buschwerk, aber auch in Baum- oder Mauerhöhlen.

Wasseramseln
Familie Cinclidae

Wasseramseln sind an das Leben in Fließgewässern angepaßt. Sie können schwimmen und tauchen und auf der Suche nach kleinen Wassertieren sogar am Boden des Baches entlanglaufen. Meist sitzen sie auf größeren Steinen im Bach und knicksen in einer typischen Art und Weise. In Europa lebt nur eine Art.

Wasseramsel *Cinclus cinclus*
18 cm. Vor allem an Gebirgsbächen, aber auch an klaren Gewässern der Ebene, im Winter gelegentlich an der Küste. Baut ihr Nest an Flußufern, unter Brücken oder hinter Wasserfällen.

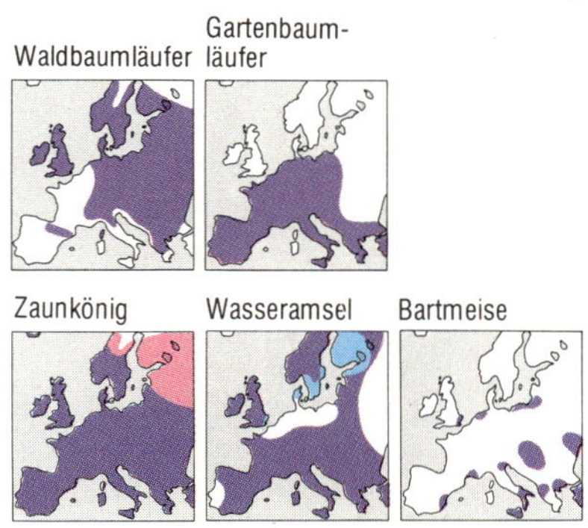

Drosselmeisen
Familie Timaliidae

Von dieser Familie lebt in Europa nur eine Art.

Bartmeise *Panurus biarmicus*
16 cm. In einsamen und ausgedehnten Röhrichtbeständen. Im Winter zu Schwärmen vereinigt. Nest am Grunde des Röhrichts in Wassernähe. Der Name bezieht sich auf die große bartähnliche Zeichnung des Männchens.

WICHTIGE KENNZEICHEN

Waldbaumläufer Gebogener Schnabel; braun gestreifter Rücken und weiße Unterseite.

Gartenbaumläufer Sehr ähnlich dem Waldbaumläufer, aber mit bräunlicheren Flanken.

Zaunkönig Klein; aufgerichteter Schwanz.

Wasseramsel Dunkel, mit weißer Brust.

Bartmeise Zimtbraune Oberseite mit sehr langem Schwanz; schwarzer Bartstreifen (Männchen).

Drosseln

Familie Turdidae

In dieser großen Vogelfamilie gibt es einige Arten, die als Gartenbesucher wohlbekannt sind. Sie ernähren sich vor allem von Früchten, Beeren und Insekten, suchen aber auch gerne nach Würmern. Viele Arten erfreuen uns mit ihrem wunderschönen Gesang.

Misteldrossel *Turdus viscivorus*
28 cm. In Wäldern, Kulturland, Parks und Gärten, im Winter in Mooren. Nistet auf Bäumen.

Wacholderdrossel *Turdus pilaris*
25 cm. In Wäldern, in Nordeuropa auch in Parks und Gärten. Nistet in Bäumen, gelegentlich an Gebäuden. Im Winter truppweise zur Futtersuche auf Feldern und offenem, mit Baumgruppen bestandenem Gelände.

Singdrossel *Turdus philomelos*
23 cm. Häufig in Wäldern und Obstgärten mit verstreutem Buschwerk und Hecken sowie in Parks und Gärten. Sucht auf Rasenflächen oftmals nach Würmern. Gehäuseschnecken werden auf einen Stein geschlagen, um die Schale zu zertrümmern. Nistet auf Bäumen, in Büschen, Hecken und auch an Gebäuden.

Rotdrossel *Turdus iliacus*
20 cm. In Wäldern, im Norden in Parks und Gärten. Winters auf Feldern und in offenem Gelände. Nistet in Bäumen oder auf dem Boden.

WICHTIGE KENNZEICHEN

Misteldrossel Graubrauner Rücken; stark gefleckte Brust; weiße Unterflügel und weiße äußere Schwanzfedern.

Wacholderdrossel Grauer Kopf und Bürzel, kastanienbrauner Rücken.

Singdrossel Ähnlich der Misteldrossel, aber kleiner, brauner Rücken und die Brust heller gefleckt; lederfarbene Unterflügel und ganz brauner Schwanz.

Rotdrossel Rötliche Flanken und Unterflügel; heller Streifen über dem Auge.

Ringdrossel *Turdus torquatus*
24 cm. Auf Bergmooren mit zerstreuten Bäumen und Buschwerk. Nistet zwischen niedrigen Pflanzen, an Felsvorsprüngen oder Mauern.

Amsel *Turdus merula*
25 cm. Sehr zahlreich in Wäldern, Obstgärten, Hecken, Parks und Kleingärten; im Winter auch in Feldern. Nistet auf Bäumen, im Gebüsch und in Hecken, am Boden oder an Gebäuden. Gelegentlich kann man Teilalbinos oder auch völlig weiße Exemplare beobachten.

Steinrötel *Monticola saxatilis*
19 cm. Lebt und nistet in offenem, felsigem Gelände mit einzelnen Bäumen im westlichen Europa; im Osten in tieferen Lagen.

Blaumerle *Monticola solitarius*
20 cm. Auf Fels- und Sandboden von der Küste bis ins Gebirge. Im südlichen Europa auch in Städten. Nistet in Felshöhlen und -spalten und in Löchern von Gebäuden.

WICHTIGE KENNZEICHEN

Ringdrossel Schwarz, mit weißem Brustband.

Amsel Männchen: schwarz, mit leuchtend gelbem Schnabel. Weibchen: dunkelbraun.

Steinrötel Männchen: blauer Kopf, rostrote Unterseite und Schwanz, weißes Rückenband. Weibchen: braun gefleckt, mit rostbraunem Schwanz.

Blaumerle Männchen: blauer Körper, mit dunklen Flügeln und dunklem Schwanz. Weibchen: wie beim Steinrötel, aber mit dunkelbraunem Schwanz.

Nestlinge der Amsel; rechts ein Albino

Braunkehlchen *Saxicola rubetra*
13 cm. An ähnlichen Stellen wie das Schwarzkehlchen, aber auch auf Wiesengelände und Feldern. Im Verhalten wie das Schwarzkehlchen.

Steinschmätzer *Oenanthe oenanthe*
15 cm. In offenem Gelände, von Hochmooren und Bergweiden bis hin zur Küste. Nistet in Bodenhöhlen, Steinhaufen oder Mauerlöchern.

Mittelmeersteinschmätzer
Oenanthe hispanica
14 cm. In Fels- und Sandgebieten mit Baumgruppen und Buschwerk. Nistet in Fels- oder Mauerlöchern. Männchen mit weißer oder schwarzer Kehle.

Gartenrotschwanz
Phoenicurus phoenicurus
14 cm. In Wäldern, in Heide mit alten Bäumen und Büschen, in Parks und Gärten. Wippt ständig mit dem Schwanz. Nistet in Baumhöhlen und Mauerlöchern.

Schwarzkehlchen *Saxicola torquata*
13 cm. In Moorgebieten, in Küstennähe und auf ginsterbestandenem Ödland. Sitzt auf erhöhten Warten und wippt ständig mit Flügeln und Schwanz. Nest in einem Busch oder zwischen Grasbüscheln versteckt.

Trauersteinschmätzer *Oenanthe leucura*
18 cm. Im Gebirge und an Küstenklippen. Nistet in Felshöhlen, deren Eingang er oft mit einem kleinen Wall von Kieselsteinen schützt.

WICHTIGE KENNZEICHEN

Braunkehlchen Männchen: dunkle Wangen und weißer Streifen über dem Auge; an der Schwanzbasis weiß. Weibchen: wie das Männchen, aber heller.

Steinschmätzer Männchen im Sommer: schwarzer Fleck über dem Auge; grauer Scheitel, grauer Rücken und Bürzel. Weibchen und Männchen im Herbst: weißer Streifen über dem Auge; graubrauner Rücken und weißer Bürzel.

Mittelmeersteinschmätzer Männchen: schwarzer Fleck über dem Auge und weißer bis kastanienbrauner Scheitel, ledergelber Rücken und weißer Bürzel; schwarzer Fleck eventuell bis zur Kehle reichend. Weibchen: wie beim Steinschmätzer, aber mit dunklem Wangenfleck und dunkleren Flügeln.

Gartenrotschwanz Männchen: schwarze Kehle und rostrote Brust; rötlicher Schwanz. Weibchen: gelblich-braune Brust und rötlicher Schwanz.

Schwarzkehlchen Männchen: schwarzer Kopf (im Winter bräunlich) mit rostbrauner Brust. Weibchen: wie das Männchen, aber viel heller.

Trauersteinschmätzer Männchen: schwarzer Körper. Weibchen: dunkler, schokoladenbrauner Körper. Beide mit weißem Bürzel.

Nachtigall *Luscinia megarhynchos*
16 cm. Versteckt in Laubwaldungen mit dichtem Unterholz, in verwilderten Hecken und Parkanlagen, gelegentlich in Gärten. Nest gut verborgen in Bodennähe. Sehr schwer zu entdecken, doch ist der Gesang oft zu hören, besonders bei Nacht.

Sprosser *Luscinia luscinia*
16 cm. Lebensweise, Nistgewohnheiten und Gesang sehr ähnlich der Nachtigall. Beide Arten kommen nur in einer schmalen Zone im östlichen Europa zusammen vor.

Blaukehlchen *Luscinia svecica*
14 cm. Versteckt in sumpfigen Dickichten und verwilderten Hecken, meist in Wassernähe. Nest verborgen am Boden. In Mittel- und Südeuropa findet sich das Weißsternige Blaukehlchen *(L. svecica cyanecula)*, bei dem die blaue Kehle des Männchens weiß gekernt ist, und in Nordeuropa das Rotsternige Blaukehlchen *(L.s. svecica)* mit rotem Zentrum des blauen Kehlflecks. Im Winter verblaßt das Blau.

Rotkehlchen *Erithacus rubecula*
14 cm. Recht zahlreich in Wäldern, Hecken, Parks und Gärten, meist am Boden. Nistet in Baumhöhlen und Mauerlöchern. In manchen Gegenden sind die Rotkehlchen weniger scheu und kommen zum Futtertisch. In der Regel einzeln oder im Frühjahr und Sommer paarweise. Gegenüber seinesgleichen so aggressiv, daß es sogar sein Spiegelbild attakkiert.

Hausrotschwanz *Phoenicurus ochruros*
14 cm. An Felshängen und Klippen, auch in den Städten. Wippt ständig mit dem Schwanz. Nistet in Fels- und Mauerlöchern und an Gebäuden.

WICHTIGE KENNZEICHEN

Nachtigall Brauner Rücken und braunroter Schwanz; einfarbige Brust.

Sprosser Graubrauner Rücken und teilweise braunroter Schwanz; bräunlich gewölkte Brust.

Blaukehlchen Männchen: blaue Kehle mit rotem oder weißem Fleck im Zentrum. Weibchen: dunkles Brustband und kastanienbraune Flecken am Schwanz.

Rotkehlchen Gesicht und Brust orangerot.

Hausrotschwanz Männchen: schwarz, mit rötlichem Schwanz. Weibchen: wie beim Gartenrotschwanz, aber mit graubrauner Brust.

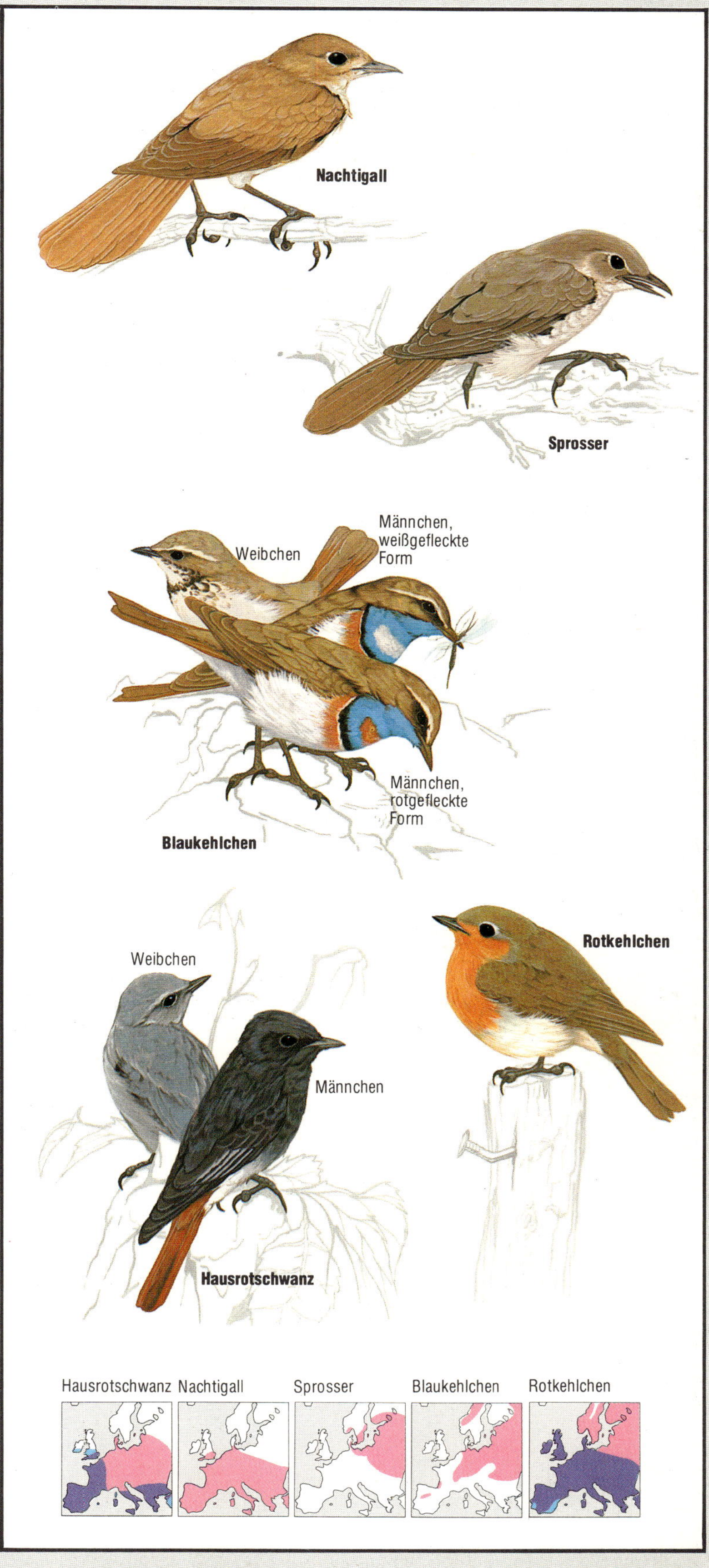

Grasmücken

Familie Sylviidae

Grasmücken sind kleine, flinke Vögel, die in Bäumen und Sträuchern, aber auch in schilfartigen Gräsern rastlos auf der Suche nach Insekten sind. Die bei uns vorkommenden Arten haben meist einen auffallenden Gesang, der von Art zu Art verschieden ist. Die Vögel sind sehr scheu und deshalb schwer zu beobachten. Den meisten Arten fehlen auffallende Farben, und sie haben nur wenig ins Auge fallende Unterscheidungsmerkmale. Deshalb ist es besonders wichtig, auf ihren Gesang zu achten.

Seidensänger *Cettia cetti*
14 cm. Nistet in dichtem Gebüsch und Schilf, vor allem an Flußufern und sumpfigen Stellen. Wippt mit dem Schwanz.

Feldschwirl *Locustella naevia*
13 cm. Nistet vorwiegend in dichtem Unterwuchs, hohen Gräsern und Schilf in offener Landschaft mit verstreut stehenden Bäumen und Sträuchern. Hat seinen Namen nach dem schwirrenden Gesang, der an den der Laubheuschrecken erinnert. Die Unterseite ist gelblich getönt.

Rohrschwirl *Locustella luscinioides*
14 cm. Nistet zwischen Büschen und Schilf auf feuchten Böden und in Sümpfen. Am besten zu beobachten, wenn der Vogel an der Spitze von Schilf oder Gebüsch aufsitzt.

Mariskensänger
Acrocephalus melanopogon
13 cm. Nistet zwischen Schilf und in kleinen Büschen in Sumpfgebieten und an Flußläufen. Wippt mit dem Schwanz – im Gegensatz zum ähnlichen Schilfrohrsänger und Seggenrohrsänger.

Drosselrohrsänger
Acrocephalus arundinaceus
19 cm. Hält sich zwischen Schilf an Teich- und Flußufern auf. Baut sein Nest um Schilfhalme. Ist am besten zu sehen, wenn er an der Spitze der Halme sitzt und singt. Die größte europäische Grasmücke.

WICHTIGE KENNZEICHEN

Seidensänger Rücken rotbraun, nicht gestreift. Gesang: ein wiederholtes, schluchzendes »Tschi-tschi«.

Feldschwirl Rücken gestreift, mit hellem Augenstreifen. Gesang: ein lang anhaltender, schnurrender Ton.

Rohrschwirl Dem Teichrohrsänger ähnlich, aber mit weißer Kehle. Gesang: wie beim Feldschwirl, aber tiefer und kürzer.

Mariskensänger Rücken dunkel gestreift; Kappe dunkel, mit hellem Augenstreifen. Gesang: melodisch, an eine Nachtigall erinnernd.

Drosselrohrsänger Groß, Rücken braun, nicht gestreift, mit einem Augenstreifen. Gesang: laut, knarrend und rauh.

Orpheusspötter *Hippolais polyglotta*
13 cm. Hält sich in Wäldern und im Gebüsch an Flußläufen, in Parks und Gärten auf. Nistet in Büschen und Hecken. Ist dem Gelbspötter sehr ähnlich; beide Arten bewohnen in Europa getrennte Gebiete und treffen nur in einem schmalen Streifen zusammen.
Gelbspötter *Hippolais icterina*
13 cm. Nistet an den gleichen Stellen wie der Orpheusspötter, aber kaum in der Nähe von Wasser.
Blaßspötter *Hippolais pallida*
13 cm. Nistet in Bäumen, Gebüschen und Hecken in Wäldern, Obstgärten, Parks und Anlagen. Ist der Gartengrasmücke ähnlich, hat aber in Europa eine andere Verbreitung.
Schilfrohrsänger
Acrocephalus schoenobaenus
13 cm. Nistet zwischen Schilf, in niedrigem Gebüsch und in Hecken, gewöhnlich in der Nähe von Wasser. Sitzt auf den Grashalmen, singt aber auch im Flug.
Sumpfrohrsänger *Acrocephalus palustris*
13 cm. Nistet in niedrigem Gebüsch in sumpfigen Gebieten, an Gräben und Flüssen, aber auch auf Getreidefeldern. Sitzt auf niedrigen Zweigen und singt. Ist dem Teichrohrsänger recht ähnlich, lebt aber nicht im Schilf.
Teichrohrsänger
Acrocephalus scirpaceus
13 cm. Nistet zwischen Schilf und in kleinen Büschen an Gewässern, seltener an Feldrändern. Sitzt an der Spitze von Schilfhalmen und singt. Baut sein Nest um die Grashalme

WICHTIGE KENNZEICHEN

Orpheusspötter Graugrün, mit gelblicher Unterseite und braunen Beinen. Gesang: melodisch, sehr vielseitig.

Gelbspötter Dem vorigen ähnlich, aber mit blaugrauen Beinen. Gesang: wiederholte kurze Strophen, teils melodisch, teils rauh.

Blaßspötter Auf der Oberseite graubraun, unterseits weißlich, mit rotgelbem Augenstreifen. Gesang: wie beim Schilfrohrsänger.

Schilfrohrsänger Dem Mariskensänger ähnlich, aber heller. Gesang: eine Mischung aus weichen und rauhen Lauten.

Sumpfrohrsänger Dem Teichrohrsänger ähnlich, aber mit braungrünlichem Rücken und rosa Beinen. Gesang: vielseitig, melodisch, mit Trillern.

Teichrohrsänger Dem vorigen ähnlich, aber kleiner und mit hellem Augenstreifen. Gesang: eintönig, eine Mischung von weichen und rauhen Lauten.

Sperbergrasmücke *Sylvia nisoria*
15 cm. Nistet in Gebüsch und Hecken in Wäldern und Feldern. Gewöhnlich scheu, kann aber im Singflug beobachtet werden.

Orpheusgrasmücke *Sylvia hortensis*
15 cm. Nistet in Gebüschen und auf Bäumen in Wäldern und Obstgärten.

Gartengrasmücke *Sylvia borin*
14 cm. Verbirgt sich; nistet im Unterwuchs in Wäldern und in Gebüschen und Hecken, oft in Parks und Gärten. Dieser Vogel ist von allen europäischen Arten der unscheinbarste und hat keinerlei Merkmale.

Mönchsgrasmücke *Sylvia atricapilla*
14 cm. Nistet im Unterwuchs, in Gebüschen und Hecken, in Wäldern, Parks und Gärten. Meist sehr scheu, kommt im Winter aber manchmal zu den Futterplätzen. Nur das Männchen hat eine schwarze Haube, beim Weibchen ist sie braun.

WICHTIGE KENNZEICHEN

Sperbergrasmücke Unterseite gefleckt. Gesang: melodisch und laut, in kurzen Strophen, durch Schnarren unterbrochen.

Orpheusgrasmücke Kappe schwarz, bis unter das gelbliche Auge reichend. Gesang: wiederholte Triller in verschiedenen Tonlagen.

Gartengrasmücke Oberseite hellbraun, auf der Unterseite grauweiß, ohne auffallende Zeichnung. Gesang: angenehm und melodisch, oft lang anhaltend.

Mönchsgrasmücke Männchen: Kappe schwarz. Weibchen: Kappe braun. Gesang: melodisch und außerordentlich verschieden.

Seggenrohrsänger
Acrocephalus paludicola
13 cm. Nistet zwischen Schilf und in niedrigen Büschen am Rande offener Wasserflächen. Ist scheu, kann aber im Singflug beobachtet werden.

Dorngrasmücke *Sylvia communis*
14 cm. Nistet in niedrigem Gebüsch, in Hecken und Brombeersträuchern in Wäldern, an Feldrändern und in Gärten. Sehr beweglich, fliegt unermüdlich hin und her und singt während des Fluges.

Klappergrasmücke *Sylvia curruca*
13 cm. Nistet auf Bäumen und Sträuchern in Wäldern, Parks und Gärten.

Samtkopfgrasmücke
Sylvia melanocephala
14 cm. Nistet in niedrigem Gebüsch in Wäldern und in offener Landschaft, in Parks und Gärten. Kann beim Aufsitzen, aber auch während des Singfluges beobachtet werden.

Bartgrasmücke *Sylvia cantillans*
13 cm. Nistet in Sträuchern und Gebüschen zwischen einzeln stehenden Bäumen, auf Kahlschlägen und auch an Flußläufen. Kann während des Singfluges beobachtet werden.

WICHTIGE KENNZEICHEN

Seggenrohrsänger Dem Schilfrohrsänger ähnlich, aber mit einem lederfarbenen Scheitelstreifen. Gesang: wie beim Schilfrohrsänger.

Dorngrasmücke Kehle weiß, Kopf hellgrau (Männchen) oder braun (Weibchen), Flügel rotbraun. Gesang: rauh, schnarrend und wenig melodisch.

Klappergrasmücke Der vorigen ähnlich, aber mit dunklerem Augenfleck und graubraunen Flügeln. Gesang: anfangs ein leises Gezwitscher, das mit einem lauten Klappern endet.

Samtkopfgrasmücke Kappe schwarz (Männchen) oder braun (Weibchen), bis unter das rote Auge reichend. Gesang: lang anhaltend und melodisch, durch Schnarren unterbrochen.

Bartgrasmücke Kehle orangefarben (beim Weibchen heller), mit weißem Bartstreifen. Gesang: leise und melodisch.

Fitis *Phylloscopus trochilus*
11 cm. Fliegt hastig in Wäldern, zwischen einzeln stehenden Bäumen und Büschen, in Parks und Gärten. Nistet meist am Boden zwischen Gebüsch. Mit Ausnahme des Gesangs dem Zilpzalp sehr ähnlich.

Zilpzalp *Phylloscopus collybita*
11 cm. An den gleichen Stellen wie der Fitis und ebenso rastlos, bevorzugt aber Gebiete mit vielen Bäumen. Nistet am Boden. Ist dem Fitis sehr ähnlich, hat aber einen anderen Gesang.

Waldlaubsänger *Phylloscopus sibilatrix*
13 cm. Nistet in Wäldern. Ein sehr lebendiger Vogel, der von Baum zu Baum fliegt und dabei seinen Gesang erschallen läßt.

Berglaubsänger *Phylloscopus bonelli*
11 cm. In Wäldern, gewöhnlich auf Hügeln und im Bergland. Nistet zwischen den Bäumen auf dem Boden.

Provencegrasmücke *Sylvia undata*
13 cm. Nistet in niedrigem Strauchwerk und in Gebüschen in offener Landschaft auf trockenen Hügeln. Sehr scheu, singt im Flug. Hat in England ihr Brutgebiet in den letzten Jahren ausgedehnt, ist aber trotzdem von der Ausrottung bedroht. Wahrscheinlich sterben viele Vögel während kalten Wintern und durch Heidebrände.

Cistensänger *Cisticola juncidis*
10 cm. Nistet in dichtem, niedrigem Gebüsch in Sümpfen, an Seen, Teichen und Flußufern, auf Feldern und im offenen Gelände. Sehr scheu, kann beim Singflug beobachtet werden.

Brillengrasmücke *Sylvia conspicillata*
13 cm. Nistet in niedrigem Gebüsch in offener, trockener Landschaft. Singt auf den oberen Zweigen der Sträucher sitzend und während des Fluges.

WICHTIGE KENNZEICHEN

Fitis Rücken graugrün, Unterseite gelblich, Augenstreifen weiß, Beine fahlgelb. Gesang: eine weiche, abfallende, kurze oder lange Strophe.

Zilpzalp Dem Fitis ähnlich, aber mit dunklen Beinen. Gesang: ein wiederholtes »Zilp-zalp«.

Waldlaubsänger Kehle und Brust gelb, Augenstreifen gelblich. Gesang: ein wiederholtes »Zick Zwi-ip«, dazwischen schnarrende Laute.

Berglaubsänger Dem vorigen ähnlich, aber oberseits mehr grau, unterseits weiß; gelber Bürzel. Gesang: kurze Triller.

Provencegrasmücke Brust rotbraun, Schwanz aufgebogen. Gesang: kurze, wohlklingende Strophen mit verschieden langen Pausen.

Cistensänger Scheitel und Rücken gestreift, Körper klein mit kurzem Schwanz. Gesang: wiederholtes »Schiep-schiep«.

Brillengrasmücke Der Dorngrasmücke ähnlich, aber mit rosa Brust und dunklerem Kopf. Gesang: pfeifend, langsam abfallend, meist kurz.

Sänger

Familie Muscicapidae

Diese Vögel sieht man meist auf Zweigen sitzen, von wo sie ihre Umgebung sorgfältig beobachten. Plötzlich flattern sie los, um ein fliegendes Insekt zu erbeuten. Häufig kehren sie auf ihren alten Platz zurück und warten auf die nächste Mahlzeit.

Grauschnäpper *Muscicapa striata*
14 cm. Verbreitet an Waldrändern, in Parks, Obstgärten und Anlagen. Nistet an Gebäuden und Baumstämmen. Wippt beim Aufsitzen mit dem Schwanz. Jungvögel sind gefleckt, Altvögel schwach gestreift.

Trauerschnäpper *Ficedula hypoleuca*
13 cm. Findet sich in Wäldern, Parks und Gärten. Nistet in Mauerlöchern, Baumhöhlen und Nistkästen. Wippt beim Aufsitzen mit dem Schwanz.

Halsbandschnäpper *Ficedula albicollis*
13 cm. An den gleichen Stellen und zeigt dasselbe Verhalten wie der Trauerschnäpper. Im Frühjahr und Sommer ist das Gefieder der Männchen sehr verschieden. In Italien und Mitteleuropa findet man die Unterart *Ficedula albicollis albicollis* mit weißem Halsband. Die östliche Unterart *Ficedula albicollis semitorquata* ist in Nordeuropa verbreitet; sie hat kein Halsband.

Zwergschnäpper *Ficedula parva*
11 cm. Kommt in Wäldern, Parks und Anlagen vor und nistet in Löchern von Mauern und Bäumen. Das Männchen ähnelt einem Rotkehlchen, hat aber am Schwanz weiße Seitenränder, die im Flug auffallen.

WICHTIGE KENNZEICHEN

Grauschnäpper Graubraun; Brust und Kopf hell gestreift.

Trauerschnäpper Männchen im Sommer: schwarzer Rücken und weiße Unterseite, weißer Flügelfleck. Männchen im Herbst und Weibchen: brauner Rücken und weißer Flügelfleck.

Halsbandschnäpper Männchen im Sommer: wie der vorige, aber mit weißem Halsband (nur die westliche Rasse) und weißer Stirn. Männchen im Herbst und Weibchen: wie der vorige.

Zwergschnäpper Orange (Männchen) oder rotgelbe (Weibchen) Kehle, weiße Schwanzränder.

Goldhähnchen

Familie Regulidae

Die beiden in Europa vorkommenden Goldhähnchen-Arten gehören zu unseren kleinsten Vögeln.

Wintergoldhähnchen *Regulus regulus*
9 cm. In Wäldern, vor allem in Nadelwäldern, aber auch in Hecken, niedrigen Büschen und im Unterwuchs. Baut sein schwer zu entdeckendes, kugelförmiges Nest zwischen hängenden Fichtenzweigen.
Sommergoldhähnchen
Regulus ignicapillus
9 cm. An denselben Stellen wie das Wintergoldhähnchen, aber nicht so sehr an Nadelwälder gebunden. Das Nest hängt tiefer als bei der vorigen Art, meist im Gebüsch.

Braunellen

Familie Prunellidae

Braunellen sind kleine Vögel, die sich auf dem Boden aufhalten und zwischen den Pflanzen nach Insekten und Spinnen suchen. Im Winter fressen sie auch Samen. In Europa gibt es zwei Arten.

Heckenbraunelle *Prunella modularis*
15 cm. Kommt in Wäldern und Gebüschen, in Hecken, Parks und Gärten vor. Sieht einem weiblichen Haussperling ähnlich, hat aber einen schmaleren Schnabel und ist an Kopf und Unterseite dunkelgrau. Nistet in Hecken, Büschen und zwischen Kräutern.
Alpenbraunelle *Prunella collaris*
18 cm. Lebt im Gebirge, kommt aber in strengen Wintern bis in die Ebene herab. Nistet in Felshöhlen.

Eine Heckenbraunelle füttert einen jungen Kuckuck, der in ihrem Nest aus dem Ei geschlüpft ist.

WICHTIGE KENNZEICHEN

Wintergoldhähnchen Klein, mit orangem (Männchen) oder gelbem (Weibchen) Streifen auf dem Scheitel.

Sommergoldhähnchen Wie die vorige Art, aber mit hellem Überaugenstreifen und dunklem Augenstreifen.

Heckenbraunelle Kopf und Brust grau, Rücken braun.

Alpenbraunelle Kehle gefleckt, Flanken gestreift.

Stelzen

Familie Motacillidae

Pieper und Stelzen, die zu dieser Familie gehören, sind kleine Vögel, die sich vorwiegend auf dem Boden aufhalten und nach Insekten suchen. Die Pieper sehen äußerlich manchen anderen erdbewohnenden Vögeln ähnlich, z.B. den Lerchen, haben aber einen schmalen Schnabel und einen schlanken Körper. Die Stelzen haben einen langen Schwanz, mit dem sie ständig auf und ab wippen.

Brachpieper *Anthus campestris*
16 cm. Hält sich auf trockenem, offenem, oft sandigem Boden auf. Nistet zwischen niedrigen Pflanzen.

Wiesenpieper *Anthus pratensis*
15 cm. Kommt überall in offenen Landschaften vor, auf Mooren, Feldern, Dünen und grasigen Abhängen, im Winter an Flußläufen und an Küsten. Baut ein schwer zu sehendes Nest zwischen niedrigen Pflanzen. Ist am besten während des kurzen Flugs zu beobachten, wenn er sich singend vom Boden erhebt.

Baumpieper *Anthus trivialis*
15 cm. In lichten Wäldern und auf Kahlschlägen sowie zwischen einzeln stehenden Bäumen und Büschen. Nistet am Boden zwischen niedrigen Pflanzen. Erhebt sich in einem kurzen, schraubenförmigen Singflug und kann dabei am besten beobachtet werden.

Wasserpieper *Anthus spinoletta spinoletta*
16 cm. Hält sich im Frühjahr und Sommer in höheren Gebirgslagen auf und nistet in Felshöhlen. Kommt im Winter in die Ebene und hält sich an Gewässern auf.

Felsenpieper *Anthus spinoletta petrosus*
16 cm. Mit dem vorigen eng verwandt, lebt aber an den Küsten und nistet in Felslöchern.

WICHTIGE KENNZEICHEN

Brachpieper Brust sandfarben, nicht gestreift, Hals schwach gestreift.

Wiesenpieper Brust fahl mit dunklen Streifen, Beine braun.

Baumpieper Brust lederfarben mit dunklen Streifen, Beine rosa.

Wasserpieper Im Sommer: Brust ungestreift, Rücken grau. Im Winter: dem Wiesenpieper ähnlich, aber mit dunklen Beinen und weißem Augenstreifen.

Felsenpieper Insgesamt dunkel, Beine dunkel, Schwanzränder grau (bei den anderen Piepern weiß).

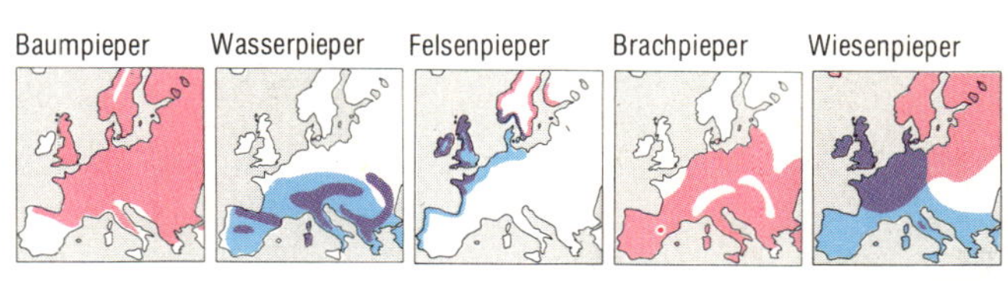

Bachstelze *Motacilla alba alba*
18 cm. Kommt sowohl in offenen Landschaften an Gewässern als auch in Dörfern und Städten vor. Nistet in kleinen Höhlen, zwischen Steinen und in Mauerlöchern. Im Winter finden sich die Vögel oft in Ortschaften ein.

Trauerbachstelze *Motacilla alba yarrellii*
18 cm. Diese Unterart ist in England verbreitet. Dort lebt sie wie die vorige Art.

Gebirgsstelze *Motacilla cinerea*
18 cm. Im Frühjahr und Sommer vor allem in den Gebirgen, wo sie an Gewässern in Felslöchern ihr Nest baut. Im Winter kommt sie oft in die Ebene herab und ist dann an Flüssen, Teichen und Seen zu beobachten.

Schafstelze *Motacilla flava*
16 cm. Kommt in sumpfigen Gebieten und auf Feldern in der Nähe von Gewässern vor. Nistet auf dem Boden. In Europa gibt es mehrere Unterarten, die sich durch die Färbung des Kopfes unterscheiden. Sie bewohnen verschiedene Gebiete, wo diese aber zusammenstoßen, gibt es oft Zwischenformen. In Südskandinavien und Mitteleuropa lebt die **Blaukopfige Schafstelze** *(Motacilla flava flava)*. In England gibt es die **Gelbe Schafstelze** *(Motacilla flava flavissima)* und in Spanien, Portugal und Südfrankreich die **Spanische Schafstelze** *(Motacilla flava iberiae)*. In Italien und Albanien kommt die **Graukopfige Schafstelze** *(Motacilla flava cinereocapilla)* vor und in Südosteuropa die **Schwarzkopfige Schafstelze** *(Motacilla flava feldegg)*.

WICHTIGE KENNZEICHEN

Bachstelze Schwarz-weiß, mit sehr langem Schwanz, Rücken grau.

Trauerbachstelze Der vorigen ähnlich, aber der Rücken im Frühjahr und Sommer schwarz.

Gebirgsstelze Rücken grau, Unterseite gelblich, Kehle schwarz (beim Männchen nur im Sommer).

Schafstelze Rücken graubraun, Unterseite hellgelb (beim Weibchen fahl).

Kopfzeichnungen:

Blaukopfige Schafstelze Scheitel blaugrau, weißer Streifen über dem Auge, gelbe Kehle.

Gelbkopfige Schafstelze Olivgrün und gelb gefärbter Kopf.

Spanische Schafstelze Scheitel grau, vom Auge nach hinten verlaufender weißer Streifen, Kehle weiß.

Graukopfige Schafstelze Kopf grau, ohne Augenstreifen, Kehle weiß.

Schwarzkopfige Schafstelze Kopf schwarz, kein Augenstreifen, Kehle gelb.

Seidenschwänze

Familie Bombycillidae

Seidenschwänze sind ungewöhnliche Vögel, die sich ständig auf der Wanderschaft befinden. Außer zur Brutzeit ziehen sie ständig in kleinen Trupps umher, auf der Suche nach Früchten, Beeren und Insekten. An einem Ort sind sie vielleicht für kurze Zeit zu beobachten und dann jahrelang nicht mehr. In Europa sind sie mit nur einer Art vertreten.

Seidenschwanz *Bombycilla garrulus*
18 cm. In Wäldern, Parks und Gärten, eifrig Früchte und Beeren fressend. Nistet im hohen Norden und zieht im Winter auf Nahrungssuche bis nach Mitteleuropa. Offenbar kommt es in Abständen zu einer Übervermehrung und in deren Folge zu einer Nahrungsverknappung. In größerer Zahl wandern die Seidenschwänze dann nach West- und Südeuropa und erreichen die Britischen Inseln, Frankreich, Norditalien und Jugoslawien.

Würger

Familie Laniidae

Würger ähneln kleinen Greifvögeln. Sie sitzen auf hervorragenden Aussichtsplätzen oder gleiten oder rütteln zum Beispiel über einer Hecke, die Umgebung stets aufmerksam beobachtend. Hat der Würger ein Beutetier erspäht – ein größeres Insekt, eine Maus oder einen kleinen Vogel –, dann stürzt er sich auf sein Opfer und ergreift es mit dem hakenförmig gebogenen Schnabel. Anschließend spießt er die Beute auf einen starken Dorn, auf Stacheldraht oder klemmt sie in eine Astgabel.

Raubwürger *Lanius excubitor*
24 cm. An Waldrändern, in Gelände mit vereinzelten Bäumen, Buschwerk und Hecken sowie in Obstgärten. Nistet meist in Dorngestrüpp.
Schwarzstirnwürger *Lanius minor*
20 cm. In offenem Gelände mit verstreuten Bäumen und Büschen.
Rotkopfwürger *Lanius senator*
18 cm. In offenem Gelände, Feldgehölzen, Obstgärten, gelegentlich auch Wäldern. Nistet auf Bäumen.
Neuntöter *Lanius collurio*
18 cm. In Feldgehölzen, Dickichten und verwilderten Hecken. Nistet in Büschen und auf kleinen Bäumen.

WICHTIGE KENNZEICHEN

Seidenschwanz Auffallende Haube; gelbe Schwanzspitze.

Raubwürger Schwarz-weißes Gefieder mit grauem Scheitel und Rücken.

Schwarzstirnwürger Wie der Raubwürger, aber mit schwarzer Stirn.

Rotkopfwürger Rostrotbrauner Oberkopf mit weißer Flügelbinde und hellem Bürzel (Weibchen blasser als das Männchen).

Neuntöter Männchen: grauer Scheitel, Rükken und Flügel kastanienbraun. Weibchen: einfarbig brauner Rücken, unterseits braune Querflecken.

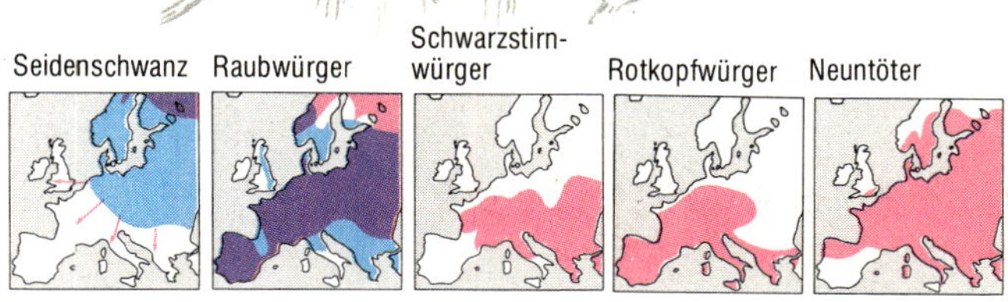

Stare

Familie Sturnidae

Stare sind sehr gesellige Vögel und schließen sich im Winter zu riesigen, Tausende von Vögeln zählenden Schwärmen zusammen. Sie wandern über den Boden, suchen und picken geschäftig nach Nahrung und schwatzen dabei ständig. Häufig ahmen sie auch Vogelstimmen oder sonstige Geräusche nach. In Europa kann man zumeist zwei Arten beobachten.

Star *Sturnus vulgaris*
21 cm. Überall im Kulturland und auch in Städten, wo er in großer Zahl auf Gebäuden und Bäumen übernachtet. Brütet in Baumhöhlen, in Mauerlöchern und Nistkästen. Im Frühjahr verliert er die weißen Flecken des Winterkleides, da sich die weißen Spitzen der Federn abstoßen. Auch der im Winter dunkle Schnabel wechselt ins Gelbe.

Einfarbstar *Sturnus unicolor*
21 cm. Lebt und nistet an denselben Plätzen wie der Star. Trotz seines Namens ist er im Winter leicht gefleckt.

Finken

Familie Fringillidae

Wie die Meisen sind auch die Finken wohlbekannte und beliebte Vögel, die nicht zuletzt durch ihr oft buntes Gefieder Gärten und Parks beleben. Zur Brutzeit im Sommer sieht man sie seltener. Zu anderen Zeiten kann man verschiedene Finkenarten oft in kleinen Trupps beobachten, wenn sie auf Bäumen, Stauden oder am Boden nach Samen suchen, die sie mit ihrem meist kräftigen Schnabel leicht zu öffnen vermögen.

Kernbeißer
Coccothraustes coccothraustes
18 cm. In Wäldern, Obstgärten und Parks, meist in den Baumwipfeln verborgen. Nistet auf Bäumen. Kann mit seinem mächtigen Schnabel auch sehr harte Samen knacken.

Grünling *Carduelis chloris*
15 cm. Häufig in Feldgehölzen, Parks und Gärten. Hängt sich wie Meisen an Futterkörbchen. Nistet in Bäumen und Büschen.

WICHTIGE KENNZEICHEN

Star Sommer: schwärzlich, mit grünlich-purpurfarbenem Glanz, schwach gefleckt. Winter: schwarz, dicht weiß getüpfelt.

Einfarbstar Sommer: wie der Star, aber ungefleckt, tiefschwarz. Winter: wie der Star, aber nur kleine Fleckchen.

Kernbeißer Mächtiger Schnabel, schmaler schwarzer Kinnfleck; weiße Flügelbinde.

Grünling Olivgrün mit gelben Flügel- und Schwanzrändern (Weibchen heller als das Männchen).

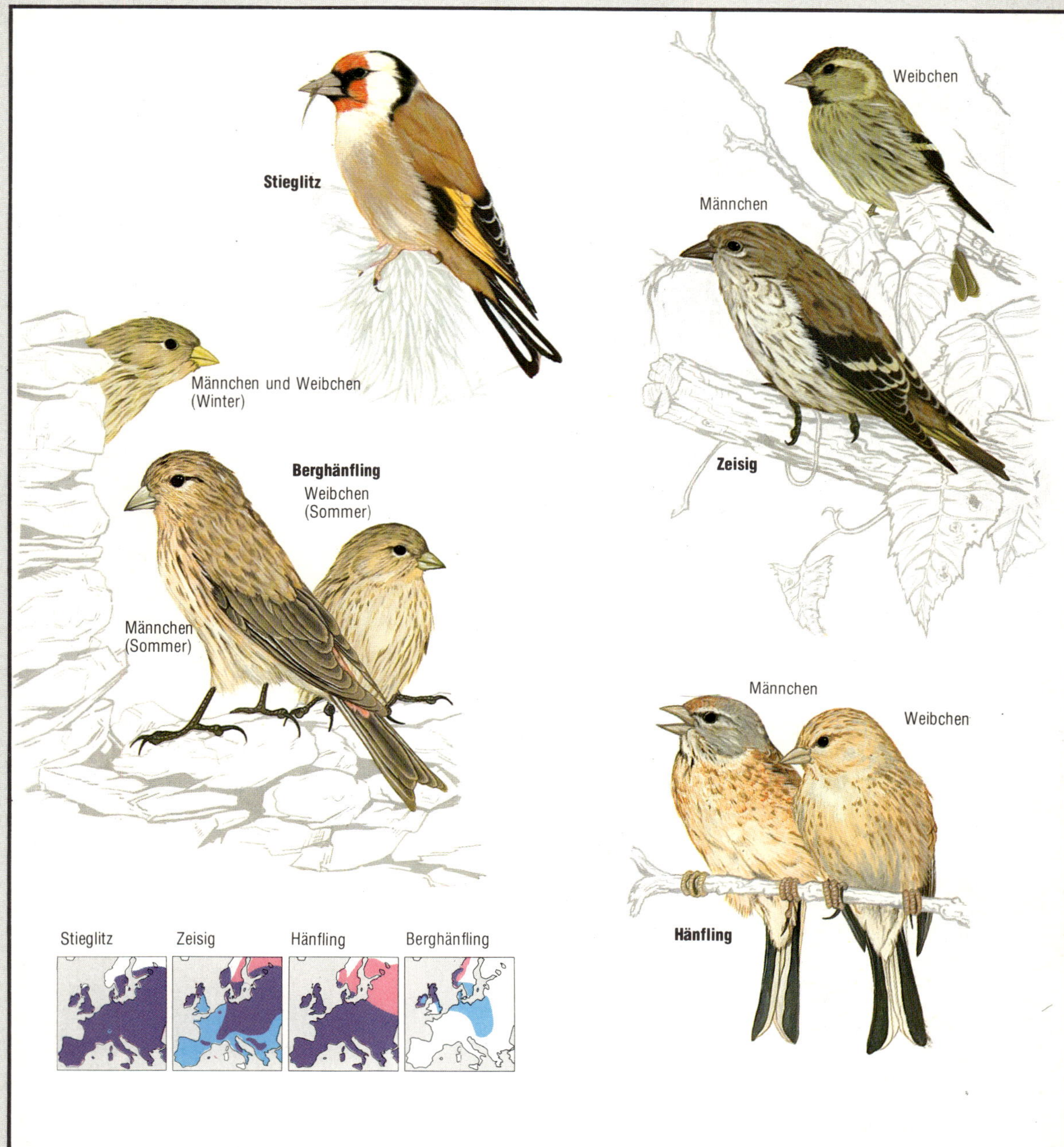

Stieglitz *Carduelis carduelis*
13 cm. Lebt und nistet an denselben Plätzen wie der Grünling, geht jedoch nicht an ausgehängte Nüsse. Im Herbst und Winter finden sich – besonders auf Ödland – ganze Trupps zur Nahrungssuche an Disteln ein.

Zeisig *Carduelis spinus*
12 cm. In Wäldern, wo er gewöhnlich auf Nadelbäumen nistet; im Winter in Erlen- und Birkenbeständen. Auch in Parks und Gärten.

Hänfling *Acanthis cannabina*
13 cm. Nistet in niedrigem Gebüsch und Hekken, meist in offenem Gelände, mitunter auch in Parks und Gärten. Im Winter streift er in großen Schwärmen über Felder, Sümpfe und Ödländereien.

Berghänfling *Acanthis flavirostris*
14 cm. Auf Mooren und in hügeligem Gelände während des Sommers, wo er zwischen Heidekraut, in Steinmauern oder Kaninchenbauen nistet. Streift im Winter in Schwärmen über Sümpfe und Felder, besonders in den Küstengebieten.

WICHTIGE KENNZEICHEN

Stieglitz Rotes Gesicht; breite gelbe Flügelbinde.

Zeisig Männchen: gelblich-grün mit schwarzem Scheitel und Kinn. Weibchen: graugrün mit gestreifter Brust, gelbe Schwanzränder.

Hänfling Männchen: Scheitel und Brust karminrot (im Winter blasser), grauer Flügelfleck. Weibchen: wie der Berghänfling (S. 187), aber mit gestreifter Kehle und grauem Flügelfleck.

Berghänfling Rücken, Kopf und Brust braun gestreift; Kehle ungestreift; Schnabel gelb (nur im Winter); Bürzel rötlich (Männchen).

Birkenzeisig *Acanthis flammea*
13 cm. Gewöhnlich in Wäldern, aber auch in Parks und Gärten. Nistet in Bäumen und Büschen. Im Winter oft auf Birken und Erlen, zusammen mit dem Zeisig. Im Norden ist der Birkenzeisig heller.

Polarbirkenzeisig *Acanthis hornemanni*
13 cm. Nistet in der Arktis. Im Winter in Wäldern, oft in Gesellschaft des Birkenzeisigs.

Girlitz *Serinus serinus*
11 cm. An Waldrändern, in Parkanlagen und Gärten. Nistet in Büschen und Bäumen.

Gimpel *Pyrrhula pyrrhula*
15 cm. In Wäldern, Obstgärten und heckenreichen Parks. Nistet in Bäumen, Büschen und Hecken. Frißt die Knospen der Obstbäume.

Hakengimpel *Pinicola enucleator*
20 cm. Lebt und nistet in Wäldern, besonders in Koniferen- und Birkenbeständen.

WICHTIGE KENNZEICHEN

Birkenzeisig Rote Stirn und schwarzes Kinn; rötliche Brust (nur beim Männchen).

Polarbirkenzeisig Wie der Birkenzeisig, aber mit weißem Bürzel.

Girlitz Wie der Zeisig, aber ohne gelbe Schwanzränder und das Männchen ohne schwarzen Scheitel; gelber Bürzel und gelbe (Männchen) oder gestreifte (Weibchen) Stirn und Brust.

Gimpel Schwarzer Scheitel und leuchtend rote (Männchen) oder rötlich-graue (Weibchen) Brust.

Hakengimpel Rot (Männchen) oder grünlichgoldbraun (Weibchen) mit zwei weißen Flügelbinden; sehr kräftiger Schnabel.

Fichtenkreuzschnabel *Loxia curvirostra*
16 cm. Lebt und nistet in Nadel-, hauptsächlich Fichtenwäldern. Die Spitzen des Schnabels sind gekreuzt, so daß er die Zapfen leicht öffnen und an den Samen gelangen kann. Bei Nahrungsmangel zieht er nach Süden und gelangt in großer Zahl bis nach Frankreich und Italien.

Kiefernkreuzschnabel
Loxia pytyopsittacus
17 cm. Lebt und nistet vor allem in Kiefernbeständen, wo er sich auf die gleiche Weise wie die vorige Art ernährt. Sein wissenschaftlicher Name deutet auf das papageienartige Verhalten beim Klettern und Fressen hin.

Buchfink *Fringilla coelebs*
15 cm. Häufig in Wäldern, Feldgehölzen, Parkanlagen und Gärten mit zerstreuten Baumgruppen und Hecken. Nistet in Bäumen und Büschen. Im Winter in mehr offenem Gelände.

Bergfink *Fringilla montifringilla*
15 cm. Nistet im Wald, besonders auf Birken, und kommt im Winter in Parks, Gärten und in die Felder, oft in Gesellschaft von Buchfinken und anderen Finken.

WICHTIGE KENNZEICHEN

Fichtenkreuzschnabel Gekreuzter Schnabel (nicht immer leicht zu erkennen). Orangerot (Männchen) oder grünlich (Weibchen) mit dunklen Flügeln und dunklem Schwanz.

Kiefernkreuzschnabel Wie die vorige Art, der Schnabel jedoch kräftiger und der Kopf größer.

Buchfink Männchen: rosa Brust, schieferblauer Scheitel (im Sommer) und grüner Bürzel; zwei weiße Flügelbinden und weiße Schwanzränder. Weibchen: gelblich-braun mit zwei weißen Flügelbinden und weißen Schwanzrändern.

Bergfink Männchen: orangefarbene Brust und Flügelbasis, weißer Bürzel; schwarzer (Sommer) oder brauner (Winter) Kopf und Rücken. Weibchen: wie das Männchen im Winter, aber heller.

Ammern

Familie Emberizidae

Ammern sind kleine körnerfressende Vögel, ähnlich den Finken, und haben auch dieselben kurzen, kräftigen Schnäbel. Sie sind aber weniger bekannt als die Finken, da sie gewöhnlich nicht in Parks und Gärten anzutreffen sind und die Mehrzahl von ihnen auch nicht so bunt gefärbt ist. Ammern sieht man meist truppweise im Winter, wenn sie auf dem Boden nach Nahrung suchen.

Einige der Ammern, besonders die Weibchen, sehen aus wie andere gestreifte, braune, am Boden lebende Vögel, wie etwa Lerchen, Sperlinge und Pieper. Ammern und Sperlinge haben aber kräftige Schnäbel; Sperlinge (S. 192) sind ihrerseits durch auffallende Zeichnung leicht zu erkennen.

Grauammer *Emberiza calandra*
18 cm. In offenem Feldgelände mit vereinzelten Hecken und Bäumen, oft auch an Landstraßen. Versteckt ihr Nest im hohen Gras am Grunde von Büschen oder unter Disteln.

Goldammer *Emberiza citrinella*
16 cm. Auf Waldlichtungen und an Waldrändern, auf offenem Gelände mit vereinzelten Hecken und Büschen sowie auf Feldern. Nistet am Boden oder in niedrigem Gebüsch. Singt das ganze Frühjahr und den Sommer hindurch. Im Winter kommt die Goldammer oft in Höfe und Feldscheunen.

Kappenammer *Emberiza melanocephala*
16 cm. In offenem Gelände mit zerstreuten Baumgruppen und Gebüsch, kommt auch in Gärten. Nistet in niedriger Vegetation. Nicht die einzige Ammer mit schwarzem Kopf.

Zaunammer *Emberiza cirlus*
16 cm. In Kulturland mit hohen Hecken und Bäumen, wo sie in Bodennähe nistet.

Grauortolan *Emberiza caesia*
16 cm. Auf trockenem und felsigem Gelände mit schütterer Vegetation, besucht auch Gärten. Nistet am Boden.

WICHTIGE KENNZEICHEN

Grauammer Groß; bräunlich gestreift.

Goldammer Männchen: gelber Kopf und gelbe Unterseite, rotbrauner Bürzel. Weibchen: Kopf und Brust blaßgelb gestreift, kastanienbrauner Bürzel.

Kappenammer Männchen: schwarzer Kopf und gelbe Brust. Weibchen: ungestreifte ledergelbe Unterseite mit gelbem Fleck unter dem Schwanz.

Zaunammer Männchen: schwarze Kehle. Weibchen: wie das Männchen der Goldammer, aber mit braunem Bürzel.

Grauortolan Männchen: blaugrauer Kopf mit zimtbrauner Kehle, Weibchen: braun gestreift mit zimtbrauner Kehle.

Ortolan *Emberiza hortulana*
16 cm. Auf trockenem Gelände mit vereinzelten Bäumen und Büschen, in Feldgehölzen und Gärten. Nistet auf oder nahe dem Boden zwischen niedriger Vegetation.

Zippammer *Emberiza cia*
16 cm. An felsigen Berghängen mit Bäumen und Buschwerk, auch in Weinbergen. Nistet am Boden oder in niedrigen Büschen.

Rohrammer *Emberiza schoeniclus*
15 cm. Vorwiegend im Röhricht der Sümpfe, aber auch in Büschen und Hecken auf trockenerem Gelände, wo sie auf oder niedrig über dem Boden nistet. Durchstreift im Winter die Felder und kommt auch zum Futtertisch in den Garten.

Spornammer *Calcarius lapponicus*
15 cm. Nistet in der arktischen Tundra und in der Moosheide. Kommt im Winter an die Küste sowie auf Felder und Moore in Küstennähe.

Schneeammer *Plectrophenax nivalis*
16 cm. Nistet in Felsspalten, meist in höheren Bergregionen. Kommt im Winter in größeren Scharen in Felder, an die Meeresküsten und in Niederungen im Binnenland.

WICHTIGE KENNZEICHEN

Ortolan Männchen: olivgrüner Kopf mit gelber Kehle. Weibchen: braun gestreift mit gelber Kehle.

Zippammer Männchen: grauer Kopf mit schwarzen Streifen. Weibchen: braun gestreift mit aschgrauer Kehle.

Rohrammer Männchen: Kopf und Kehle schwarz (Sommer) oder braun (Winter) mit weißem Bartstreif und Halsband. Weibchen: braun gestreift mit weißem Bartstreif.

Spornammer Männchen: kastanienbrauner Nacken, Kopf und Kehle schwarz mit gelblichem Augenstreifen (Sommer). Weibchen: wie bei der Rohrammer, aber mit kastanienbraunem Nacken.

Schneeammer Breiter weißer Flügelfleck mit weißem Kopf (Männchen im Sommer), sandfarbenem Kopf (Männchen im Winter) oder graubraunem Kopf (Weibchen).

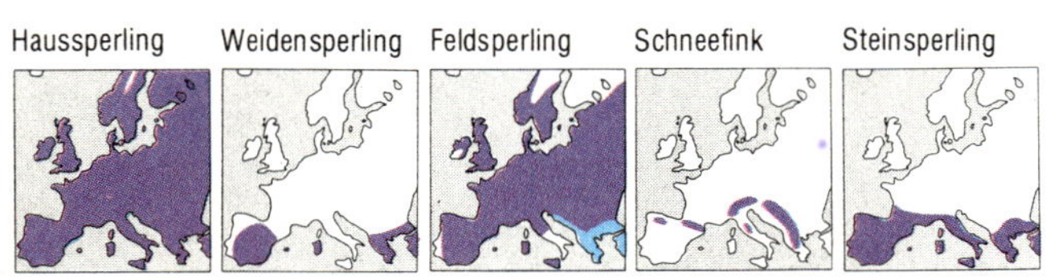

Sperlinge

Familie Passeridae

Kein Vogel ist bekannter als der Haussperling, der dem Menschen fast überall hin gefolgt ist. In Europa leben noch vier weitere Sperlingsarten, die ebenfalls oft in der Nähe des Menschen anzutreffen sind. Sperlinge sind kleine, gestreifte, braune Vögel mit kräftigen Schnäbeln, ähnlich wie einige Ammern. Sie treten meist in kleinen Trupps auf und sind stets auf der Suche nach etwas Freßbarem.

Haussperling *Passer domesticus*
15 cm. In Städten und Ortschaften, Parks und Gärten, auf Farmen und Feldern. Nistet in Spalten oder Löchern von Gebäuden, in Mauerhöhlen und in Nistkästen, baut gelegentlich aber auch freistehende Nester in Bäumen. In Italien, auf Korsika und Kreta kommt der **Italiensperling** *(P. domesticus italiae)* vor. Er ist eine Unterart des Haussperlings mit kräftig kastanienbraunem Scheitel und weißen Wangen.

Weidensperling *Passer hispaniolensis*
15 cm. In Wäldern und in Gelände mit vereinzelten Bäumen und Buschwerk. Nistet in Bäumen und Büschen, oft in den alten Nestern anderer Vögel. Seltener in Ortschaften als der Haussperling.

Feldsperling *Passer montanus*
14 cm. In Wäldern, buschbestandenem Gelände, in Gärten und auf Feldern. Nistet in Baumhöhlen. Vor allem in Süd- und Osteuropa lebt und nistet er auch in Ortschaften.

Schneefink *Montifringilla nivalis*
18 cm. Auf nackten Berggipfeln und an Berghängen. Nistet in Felsspalten. Ist im Winter in der Nähe von Almhütten zu beobachten.

Steinsperling *Petronia petronia*
14 cm. In felsigem und steinigem Gelände, manchmal auch in Gärten und an Gebäuden. Nistet in Baumhöhlen und Felsspalten.

WICHTIGE KENNZEICHEN

Schneefink Weiße Flügel mit schwarzen Spitzen, grauer Kopf und dunkles Kinn.

Haussperling Männchen: grauer Scheitel, schwarzes Kinn. Weibchen: gestreifter Rücken mit einfarbig heller Brust, dunkler Augenstreifen.

Italiensperling Männchen: kastanienbrauner Scheitel mit schwarzem Kinn, kein Wangenfleck. Weibchen: wie beim Haussperling.

Weidensperling Männchen: wie beim Italiensperling, aber mit großem schwarzen Brustfleck. Weibchen: wie beim Haussperling, aber mit gestreiften Flanken.

Feldsperling Kupferbrauner Scheitel mit schwarzem Fleck auf den Wangen (beide Geschlechter).

Steinsperling Hell mit Streifen auf dem Kopf, geflecktem Schwanz und gelbem Brustfleck.

Erklärung der wichtigsten Fachausdrücke

Allesfresser Ein Tier, das pflanzliche und tierische Nahrung frißt.

Amphibien Eine halb im Wasser, halb auf dem Land lebende Tierklasse, zu der Frösche, Kröten und Molche gehören.

Art Eine Gruppe innerhalb der biologischen Klassifizierung. Mehrere Arten bilden eine Gattung.

Balz Paarungszeit der Vögel, bei der die Männchen durch bestimmte Zeremonien wie Balztänze, Balzflüge oder Zurschaustellung von Gefiederpartien um ein oder mehrere Weibchen werben.

Bastardierung Erzeugung von Nachkommen zwischen Tieren, die nicht derselben Art angehören.

Beringen Kennzeichnung von Vögeln durch Anpassen von numerierten Ringen, u.a. zur Erforschung des Vogelzuges.

Beute Opfer eines Raubtieres.

Brut Gruppe von Jungvögeln, die aus einem Gelege stammen und gleichzeitig großgezogen werden.

Brutparasitismus Profitieren am Nestbau und Brutinstinkt anderer Vögel durch Unterlegen fremder Eier zum Schaden der Wirtsvögel. Das bekannteste Beispiel ist der Kuckuck.

Brutrevier Ein genau abgegrenztes Territorium, das ein Vogel zum Schutze seines Nestes gegen Artgenossen verteidigt.

Brutzeit Die Jahreszeit, in der Vögel sich fortpflanzen, Eier legen, brüten und ihre Jungen großziehen. In Europa erstreckt sich die Brutzeit vom zeitigen Frühling bis zum Spätsommer.

Bürzel Drüse oberhalb des Schwanzes, die ein Sekret erzeugt, mit dem der Vogel seine Federn ölt.

DDT Dichlor-Diphenyl-Trichloräthan; eine giftige Chemikalie zur Insektenbekämpfung, die sich auch für Vögel und andere Tiere als giftig erwiesen hat.

Deckfedern Die Federn, die zusammen mit den Schwungfedern die Flügel bilden.

Dotter Das Eigelb, von dem sich der Embryo bis zum Schlüpfen ernährt.

Dunen Flaumfedern, die einen Jungvogel bedecken. Altvögel haben Dunen unter den Rumpfkonturfedern; sie halten den Vogel warm.

Durchzügler Vögel, die zur Zugzeit, im Frühjahr und Herbst, vorübergehend bei uns Rast machen.

Eiklar Gelatineartige Flüssigkeit, die den Dotter umgibt und diesem als Pufferung dient.

Eingeführter Vogel Eine Vogelart, die durch den Menschen aus dem ursprünglichen Verbreitungsgebiet in ein fremdes Gebiet gebracht wird. Die Mandarinente zum Beispiel wurde von China nach Europa eingeführt.

Eizahn Kalkgebilde an der Schnabelspitze des Vogelembryos zum Aufbrechen der Eischale. Kurz nach dem Schlüpfen verliert der Jungvogel den Eizahn.

Embryo Der sich entwickelnde Keimling im Ei-Innern.

Evolution Die stammesgeschichtliche Entwicklung der Lebewesen, die nach Jahrmillionen durch Umweltveränderungen zu den heute lebenden Arten geführt hat.

Fahne Der Federteil, der zusammen mit dem Federkiel die Feder bildet. Die Fahne besteht aus Federästen, die wiederum die Federstrahlen tragen.

Familie Eine Gruppe innerhalb der biologischen Klassifizierung. Eine Familie setzt sich aus verwandten Gattungen zusammen. Verwandte Familien werden in einer Ordnung zusammengefaßt.

Flügge Sobald ein Jungvogel das Fliegen gelernt hat, ist er flügge.

Gänsevögel Die Vogelordnung, die Enten, Gänse und Schwäne umfaßt.

Gattung Eine Gruppe innerhalb der biologischen Klassifizierung. Engverwandte Arten gehören zu einer Gattung; engverwandte Gattungen bilden eine Familie.

Gefieder Federkleid eines Vogels.

Gelege Die Anzahl von Eiern, die gleichzeitig bebrütet werden.

Gesang Spezielle Tonfolge, die ein Vogel von sich gibt, um sein Brutrevier gegenüber Artgenossen zu verteidigen, ein Weibchen anzulocken oder den Zusammenhalt von Vogelpaaren zu gewährleisten. Der Gesang setzt sich aus wiederholten Strophenfolgen zusammen.

Greifvögel Eine Ordnung von Vögeln, die andere Tiere jagen und die Beute mit ihren Krallen greifen. Eulen, ebenfalls Raubvögel, jagen in der Nacht und gehören einer anderen Ordnung an.

Gründeln Schwimmvögel, die mit Kopf und Vorderkörper nach Nahrung tauchen und den Hinterkörper über Wasser halten, gründeln.

Habitat Der natürliche Lebensraum eines Tieres, zum Beispiel der Nadelwald oder das Moor.

Hahn Männliches Tier der Hühnervögel.

Henne Weibliches Tier der Hühnervögel.

Hormone Chemische Stoffe, die ins Blut abgegeben werden und das Verhalten beeinflussen.

Invasionen Unperiodische Wanderungen, die vorwiegend durch Nahrungsmangel ausgelöst werden.

Instinkte Angeborene Verhaltensweisen, die vererbt werden. Die meisten Aktionen der Vögel sind Instinkthandlungen.

Klasse Eine Gruppe innerhalb der biologischen Klassifizierung. Das Vogelreich bildet eine Klasse. Andere Klassen sind Insekten, Reptilien, Amphibien etc. Eine Klasse umfaßt mehrere Ordnungen.

Klassifizierung Einteilung der Tier- und Pflanzenwelt in ein allgemein gültiges Ordnungssystem. Die Unterteilungen sind Art, Gattung, Familie, Ordnung, Klasse.

Kolonien Gemeinsame Brutplätze bestimmter Vögel, vorwiegend an der Meeresküste. Das Zusammenleben bietet den Koloniebrütern Schutz.

Läufe Die Beine der Vögel.

Mauser Wechsel des Federkleids der Vögel, meist im Frühjahr und Herbst.

Nestflüchter Jungvögel, die das Nest bald nach dem Schlüpfen verlassen.

Nesthocker Jungvögel, die noch längere Zeit nach dem Schlüpfen im Nest bleiben und von ihren Eltern gefüttert werden müssen.

Nestlinge Jungvögel, die noch nicht flügge sind.

Ordnung Eine Gruppe innerhalb der biologischen Klassifizierung. Sie setzt sich aus mehreren Familien zusammen. Mehrere Ordnungen bilden eine Klasse.

Pickordnung Bei verschiedenen Vögeln kann am Futterplatz eine Hierarchie entstehen, das heißt, stärkere Vögel dürfen sich vorrangig bedienen.

Population Die Bevölkerung einer bestimmten Vogelart in einem bestimmten Gebiet.

Prägung Der Lernvorgang innerhalb einer kurzen Phase nach dem Schlüpfen.

Putzen Die Gefiederreinigung mit Hilfe des Schnabels oder des Fußes.

Raubtiere Tiere, die sich von lebendiger Beute ernähren.

Reptilien Tierklasse der Kriechtiere, zu denen u.a. Schlangen und Salamander gehören.

Schwungfedern Flugfedern, die sich aus Handschwingen und Armschwingen zusammensetzen.
Seevögel Vögel, die sich vorwiegend am Meer aufhalten, so zum Beispiel Sturmvögel, Kormorane, Seeschwalben, Alken, Sturmtaucher, Baßtölpel und Wellenläufer.
Singvögel Unterordnung der Sperlingsvögel.
Standvögel Alle Vögel, die keine Wanderungen unternehmen.
Strichvögel Alle Vögel, die nur Wanderungen über kleine Entfernungen unternehmen.

Tarntracht Der natürlichen Umgebung angepaßtes Federkleid, das den Vogel fast unsichtbar macht.

Teilzieher Vögel, deren Populationen nur teilweise fortziehen.

Umweltverschmutzung Der Mensch hat durch umweltgefährdende Maßnahmen, zum Beispiel durch Verwendung von DDT oder Kunstdünger und andere Eingriffe in die Natur, Land, Flüsse, Seen und das Meer derart verseucht, daß viele Tiere und Pflanzen bedroht sind.
Unterart Eine Art, die sich durch geographische Trennung in zwei oder mehrere Unterarten leicht auseinanderentwickelt hat, aber noch gemeinsam fortpflanzen kann.

Verbreitungsgebiete Die geographischen Breiten, in denen ein Tier gewöhnlich anzutreffen ist. Zug- und Strichvögel haben im Sommer und Winter verschiedene Verbreitungsgebiete.
Verleiten Vortäuschen einer Verletzung, um Eindringlinge vom Nest abzulenken.
Verwilderte Vögel Ein gezüchteter Vogel, der später in die freie Natur zurückkehrt, zum Beispiel die Kanadagans.
Vogelzug Oft über große Entfernungen reichende Vogelwanderungen zwischen Sommer- und Winterquartieren

Wissenschaftlicher Name Lateinisch-griechische Nomenklatur zur internationalen Verständigung über Art-, Gattungs-, Familien-, Ordnungs- und Klassenzugehörigkeit der Tiere und Pflanzen.

Bibliographie

Austin & Singer: *Birds of the World* Hamlyn
Brunn & Singer: *The Hamlyn Guide to the Birds of Britain & Europe* Hamlyn
Campbell & Watson: *The Oxford Book of Birds* Oxford
Fitter: *Collin's Guide to Birdwatching* Collins
Gooders: *The Bird Watcher's Book* David & Charles
Gooders: *Where to Watch Birds in Europe* Andre Deutsch/Pan
Hammond & Everett: *Birds of Britain and Europe* Pan
Heinzel, Fitter & Parslow: *The Birds of Britain & Europe* Collins
Keith & Gooders: *Collins' Bird Guide* Collins
Peterson, Mountfort & Hollom: *A Field Guide to the Birds of Britain and Europe* Collins
Perrins: *Birds* Collins
Saunders: *RSPB Guide to British Birds* Hamlyn
Sparks: *Bird Behaviour* Hamlyn
Tuck & Heinzel: *A Field Guide to the Seabirds of Britain and the World* Collins

Bildnachweis

Autor und Verlag möchten sich herzlich für die zur Verfügung gestellten Bilder bedanken bei:

Dr. N. Collar, S. 74; Brian Hawkes, S. 10–11, 19, 26 *(Mitte)*, 32, 34, 35, 36, 40 *(Mitte)*, 47 *(unten)*, S. 54–55, 57, 65 *(links oben)*, 69, 74, 93 *(links unten)*, 98, 107, 110, 111, 112, 116 *(unten)*, 118; Eric und David Hosking, S. 5, 8–9, 12–13, 14–15, 20–21, 25, 26 *(oben)*, 30–31, 37, 38 *(oben)*, S. 39, 40 *(oben)*, 42, 44, 45 *(rechts unten)*, 47 *(oben)*, 48, 50 *(oben)*, 58, 60 *(oben)*, 61 *(Mitte)*, S. 62, 63, 71, 75, 78–79, 82–83, 87, 94, 101, 114 *(oben)*, 119, 120–121; J. Jeffery, S. 50–51; P. Morris, S. 20 *(oben)*, 21 *(Mitte)*, 22 *(links oben)*, 28–29, 77, 108; N.H.P.A., S. 6–7, 16, 20 *(links unten)*, 22 *(rechts oben)*, 26 *(rechts unten)*, 29 *(oben)*, 31 *(links unten)*, 33, 38 *(Mitte links, links unten)*, 41, 43, 45 *(oben, links unten)*, 52, 60 *(unten)*, 61 *(rechts unten)*, 65, 72, 76, 84, 86, 89, S. 93 *(Mitte links)*, 103, 114 *(links unten)*, 115, 116 *(rechts oben)*.
Autor und Verlag möchten sich außerdem bedanken bei André Deutsch Limited, die das Material aus John Gooders, *Where To Watch Birds in Europe*, für die Karte von Seite 104/105 aufbereitet haben.

Register